国家出版基金项目
NATIONAL PUBLICATION FOUNDATION

《新时代的中国人口》丛书

U0501734

新時代的
中国人口

福建省第七次全国人口普查领导小组办公室　编

中国统计出版社
China Statistics Press

© 中国统计出版社有限公司 2023
版权所有。未经许可，本书的任何部分不得以任何方式在世界任何地区
以任何文字翻印、拷贝、仿制或转载。

图书在版编目（CIP）数据

新时代的中国人口. 福建卷 / 福建省第七次全国人
口普查领导小组办公室编. -- 北京 ： 中国统计出版社，
2023.9

ISBN 978-7-5230-0212-4

Ⅰ. ①新… Ⅱ. ①福… Ⅲ. ①人口普查－福建 Ⅳ.
①C924.25

中国国家版本馆 CIP 数据核字(2023)第 167521 号

新时代的中国人口——福建卷

作　　者/福建省第七次全国人口普查领导小组办公室
责任编辑/李冲
封面设计/李雪燕
出版发行/中国统计出版社
通信地址/北京市丰台区西三环南路甲 6 号　邮政编码/100073
发行电话/邮购（010）63376909　书店（010）68783171
网　　址/http://www.zgtjcbs.com/
印　　刷/福州万紫千红印刷有限公司
经　　销/新华书店
开　　本/787mm×1092mm　1/16
字　　数/300 千字
印　　张/20
版　　别/2023 年 9 月第 1 版
版　　次/2023 年 9 月第 1 次印刷
定　　价/86.00 元

如有印装差错，请与发行部联系退换。

《新时代的中国人口》
总编委会

编 委 会

顾　问：康　义

主　编：毛有丰

副主编：王萍萍　叶礼奇

编　委：（以姓氏笔画为序）

万　玲	卫永杰	王　舸	王素君	石日灿	叶福生
田新茹	白玛卫东	朱静蕾	刘雅杰	江永平	李　涛
李　睿	李希如	李绍文	李珠桥	杨弘毅	杨洪春
吴定伟	张　明	张子政	张兴华	张跃文	卓　玲
庞江倩	孟灿文	赵玉西	侯运红	徐　良	曹宗泉
崔红艳	康　玲	蒋春华	程龙干	靳　力	

总编辑部成员：（以姓氏笔画为序）

马玉德	马永春	马旭东	王　娟	王梦轩	白　菲
权少伟	任　强	米清奎	杜　若	杜明翠	李　姝
李万海	李方启	李永章	李两聪	杨　康	杨　毅
张　丹	张忠阳	张定新	陈光曙	武　超	周心奕
赵社领	班成英	袁　红	徐鸿峰	黄昭朝	辜　阳
喻　荣	赖晓东	雷炳建	鲍建辉	燕慧军	魏巍峰

《新时代的中国人口——福建卷》

一、编委会

主　　任：叶飞文

副主任：杨洪春

编　　委：（按姓氏笔画为序）

王克让　甘岱锦　叶一标　何尚旺　陈道雯　郭善耘

黄向晖　黄映东　黄昭朝

二、编辑部

总　编　辑：黄昭朝

副总编辑：甘岱锦　林凤杰

编辑人员：郑　盈　李丽精　徐　林

责任编辑：第一章　黄昭朝　　　第二章　李丽精

第三章　吴天文　　　第四章　甘岱锦

第五章　邹宾宇　　　第六章　曾健荣

第七章　林　宇　　　第八章　连晓毅

第九章　张伟豪　　　第十章　唐国华

第十一章　曾开灶　　第十二章　李　萌

第十三章　郑　盈

丛书总序

习近平总书记在党的二十大报告中深刻指出："中国式现代化是人口规模巨大的现代化。我国十四亿多人口整体迈进现代化社会，规模超过现有发达国家人口的总和，艰巨性和复杂性前所未有，发展途径和推进方式也必然具有自己的特点。"作为世界上的人口大国，人口问题始终是我国的全局性、战略性问题。当前，我国人口发展出现了一些显著变化，必须全面认识、正确看待我国人口发展新形势，深刻厘清人口发展对现代化事业产生的复杂影响，以系统观念统筹谋划人口问题，以改革创新推动人口高质量发展。

第七次全国人口普查恰逢全面建成小康社会决胜收官，担负着在"两个一百年"历史交汇点上，为开启全面建设社会主义现代化国家新征程提供人口基础资料的重大使命。面对艰巨繁重的普查任务，谋划筹备、现场登记、数据汇总、成果开发的每个环节都倾注了大量人力物力，特别是登记期间正值新冠肺炎疫情肆虐，各项工作在攻坚克难中砥砺前行。在以习近平同志为核心的党中央坚强领导下，按照国务院第七次全国人口普查领导小组统一部署，我们建立高效完备的组织体系，制定科学可行的普查方案，组建业务过硬的普查队伍，开展全面细致的准备工作，进行广泛深入的普查动员，完成极为不易的现场登记，发布丰富翔实的普查成果，按期圆满完成了第七次全国人口普查的各项任务，为完善人口发展战略和政策体系、制定经济社会发展规划、推动经济高质量发展提供了真实准确的统计信息支撑。

由国务院第七次全国人口普查领导小组办公室组织编写的《新时代的中国人口》系列丛书，以第七次全国人口普查资料为主，辅以历次人口普查数据和相关资料文献，从人口的发展、性别年龄构成、老龄化、出生、死亡、婚姻家庭、受教育状况、少数民族人口、人口迁移、城镇化、居住状况、资源环境、人口展望等方面，系统阐述了新时代的中国人口状况，反映了我国推动高质量发展、决胜全面建成小康社会的实践历程，是集科学性、知识性、可读性为一体的综合性国情读物。丛书分为全国卷和各省分卷。全国卷回顾了新中国成立以来的人口情况，重点是近十年来的发展变化情况，力求全面描述我国人口概貌。各省分卷在此基础上，结合各地实际情况、突出本地特点，尽可能反映了各地人口状况。

组织出版一套系列丛书，是一项要求极高、任务极重的系统工程。我们的初衷是用更加直观、更加通俗易懂的文字和图表来展现新时代中国人口的现状和结构变化，不仅为政府和有关部门咨政建言，也要不断满足社会各界了解人口发展情况的需求。全书既便于闲暇品读，又利于研修查证，这是我们编辑此书的一个愿望，也是希望大家在阅读时有一种感受——这套丛书具有重要的参考价值，值得一读。

人口发展是关系中华民族伟大复兴的大事。以人口高质量发展支撑中国式现代化，关键在党，力量源自人民。在中国共产党的坚强领导下，十四亿多人口与祖国一起成长，一起奋进，一起为新时代喝彩！

《新时代的中国人口》总编委会

前　言

2020年进行的福建省第七次全国人口普查，是重要的国情国力和省情省力调查。普查获得了大量丰富翔实的人口基础数据，为研究福建人口发展的历史、现状和未来，探讨人口与社会、经济、资源、环境协调发展的途径，奠定了很好的基础。为充分开发利用好普查资料，根据全国统一部署和要求，福建省第七次全国人口普查领导小组办公室组织编写了《新时代的中国人口——福建卷》。

《新时代的中国人口——福建卷》从人口的发展、性别年龄构成、老龄化、生育状况、死亡状况、婚姻与家庭、受教育状况、民族、迁移流动、城镇化、居住状况、资源环境、人口发展展望等方面，系统地阐述了2010年以来的福建人口状况。本书引用的大量人口数据和社会经济数据，主要来源于历次人口普查和福建省统计局历年统计年鉴以及省直有关部门的年度统计资料。编委会在组织撰写和编辑过程中力求理论联系实际，努力做到理论性与实用性相结合，科学性与可读性相结合。因此，本书是了解福建人口情况、制定社会经济发展规划的重要依据，也是开展人口科学研究、普及和宣传人口知识的重要资料。

《新时代的中国人口——福建卷》，主要反映了2020年人口普查时的人口状况，书中涉及的有关行政区划建制均是2020年的区划和建制。为了进行数据比对，对于以往人口普查数据已按2020年的行政区划进行了调整。此外，书中涉及的有关全国的数据和分析，均指大陆31个省、自治区、直辖市，如无特殊说明，不包括香港、澳门、台湾。

《新时代的中国人口——福建卷》在编撰过程中，得到了各地市统计局的大力支持。在此，特表示衷心的感谢。同时，向参与编写的执笔人员和为配合本书顺利出版付出辛勤劳动的所有同志致以诚挚的谢意。

由于本书涉及面广，系统性强，加上我们经验不足，水平所限，虽作了很大的努力，但在编撰过程中难免出现疏漏和差错，希望广大读者批评指正。

《新时代的中国人口——福建卷》编委会

目　　录

第一章 人口发展回顾

福建位于中国东南沿海，北邻浙江、西接江西、南连广东、东濒东海，隔台湾海峡与台湾省相望。陆地平面形状似一斜长方形，东西最大间距约 480 千米，南北最大间距约 530 千米。全省土地面积 12.40 万平方千米，海域面积 13.6 万平方千米，地形以山地、丘陵为主，山地面积约占全省面积的 75%，丘陵约占 15%，平原约占 10%，素有"八山、一水、一分田"之称。福建属于亚热带湿润季风气候，西北有山脉阻挡寒流，东南又有海风调节，年平均气温 18℃~26℃，常年气候宜人，温暖湿润，雨量充沛，四季常青。

全省设 9 个设区市和 1 个综合实验区，有 12 个县级市、44 个县（含金门县）和 29 个市辖区，1107 个乡镇（街道，含马祖乡）。截止到 2020 年 11 月 1 日，全省常住人口 4154.01 万人（不包括金门、马祖等岛屿的人口，下同），占全国人口的 2.94%。

在历史变迁的绵绵长河中，福建所处的地理位置、自然环境特殊，伴随着国家的兴衰，人口发展独具特点。一是人口起落变化大。第一次人口增长高潮是在唐宋时期，从唐建中（780—783）到南宋嘉定十六年（1223），440 年间人口从 53.65 万人增加到 323.06 万人，增长了 5 倍。之后，从明洪武二十六年（1393）到清顺治十八年（1661），268 年间人口减少 63%。第二次人口大增长是在清代，从雍正二年（1724）到清咸丰元年（1851）人口从 142.92 万人激增到 2009.86 万人，127 年间增长了 13 倍；紧接着人口急剧下降，到民国 36 年（1947）为 1105.73 万人，96 年间减少 45%，下降速度惊人。二是人口迁移流动量大。宋代以前以北方人口迁入为主，宋代以后逐渐演变为向国外和台湾省迁出人口为主。三是人口增长速度比全国快。西汉元始二年（2）

全国人口 5959.5 万人，福建在籍人口约 4 万人，到 1949 年，全国人口约 5.4 亿人，比公元 2 年增长 8 倍，福建在籍人口 1188 万人，较公元 2 年增长 296 倍；新中国成立后，全国总人口从 1949 年的 5.42 亿人增加到 2020 年的 14.12 亿人，增长了 1.36 倍，年均增长速度为 1.36%。而福建总人口由 1949 年的 1186 万人增加到 2020 年的 4154 万人，71 年的时间增加 2968 万人，增长了 2.50 倍，平均每年增加 41.80 万人，年均增长速度为 1.78%，年均增幅比全国高 0.42 个百分点。

福建与台湾一水相连，闽台人民语言相通，习俗相近，血缘相亲，闽台关系源远流长；福建沿海港口众多，对外交往十分方便。邻近香港、澳门，面对东南亚，与港澳的经贸合作与交流十分密切；福建海外乡亲众多，是全国第二大侨乡和台湾汉族同胞主要祖籍地。至 2019 年底，闽籍华侨华人有 1580 万人，约占全球华侨华人总数的 1/4，仅次于广东，居全国第二位。闽籍华侨华人分布在世界 188 个国家和地区，以亚洲、北美洲、欧洲为主，东南亚地区占 87%，人数排名前三的是印度尼西亚（400 万人）、马来西亚（360 万人）和菲律宾（180 万人）。改革开放以来，福建新侨数量增长迅速，约有 200 万人，位居全国前列，新侨区也从传统的东南亚一带向美、欧、澳、非等地扩展。目前，台湾同胞有 70% 左右祖籍在福建，港澳同胞有 120 多万人祖籍在福建。

一、2010-2020 年福建人口发展状况

（一）人口总量保持较快增长

21 世纪以来，福建常住人口规模保持较快的增长，居全国位次不断前移。在近三次人口普查中，2000 年福建常住人口总量为 3471.48 万人，居全国第 18 位；2010 年增至 3689.42 万人，居全国第 17 位；2020 年继续增加到 4154.01 万人，位次前移到全国第 15 位。人口规模的持续扩大充分体现了福建在统筹人口与经济社会、产业布局、城市发展、公共服务等方面协调发展的成果，也因此形成了当前的人口总量规模。2020 年，福建常住人口比 2010 年增加 464.59 万人，人口十

年增量列广东、浙江、江苏、山东、河南之后，居全国第 6 位。人口十年平均增速为 1.19%，增幅高出全国 0.66 个百分点，居全国第 7 位，在东部地区 10 个省（市）中居第 4 位[①]，列于广东、浙江、海南之后。但从时间发展序列看，2010—2020 年福建人口年均增速比前一个十年（2000—2010 年）年均增速提高了 0.58 个百分点，均快于同期广东、浙江、海南的速度。过去十年，福建人口增长提速加快，人口总量保持较快增长，为经济社会发展营造了良好人口环境。

（二）人口年龄结构呈现"两升一降"发展格局

反映人口年龄结构最生动直观的方式就是"人口金字塔"，人口金字塔可以形象直观地反映人口年龄状况的特征、类型和未来发展趋势以及过去各时期出生、死亡和迁移对人口构成的影响。

图 1-1 2020 年福建人口年龄金字塔

单位：人

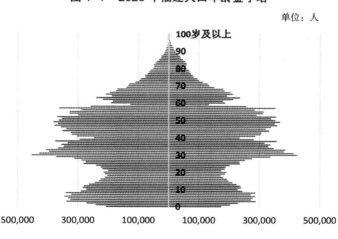

■男 ■女

从图 1-1 可以看出，福建人口年龄金字塔塔形下端少儿人口和塔尖老年人口呈明显缩减趋势，塔腰成年人口则向外扩张，呈纺锤形，塔顶、塔底宽度基本一致，在塔尖处才逐渐收缩，属于成年型的人口

---

① 东部地区是指北京、天津、河北、上海、江苏、浙江、福建、山东、广东、海南 10 个省（市），详见第七次全国人口普查公报第三号。

金字塔。塔的中部有两次明显的加宽，三十岁和五十岁左右的人口形成两个波峰，这两个波峰人口所形成的劳动力对福建经济社会高速增长起到了重要的支撑作用。与 2010 年对比，福建年龄结构呈现三个特征：一是少儿人口数量回升。2020 年，全省 0—14 岁少儿人口 802.52万人，比 2010 年增加 231.95 万人，扭转了前十年少儿人口整体减少的状况。0—14 岁少儿人口占全省人口的比重为 19.32%，比 2010 年上升 3.86 个百分点（见表 1-1），上升速度为全国最快。随着"单独二孩""全面二孩"政策相继实施，从 2015 年起，全省人口出生率重新高于并保持高于全国水平，从而增加了少儿人口数量。二是劳动力人数微减但比重降幅大。2020 年，全省 15—59 岁劳动力人口 2687.70 万人，比 2010 年略微减少 9.91 万人，下降 0.37%。全国有超过 2/3 的省（区市）劳动力人口十年间呈现减少趋势，福建降幅最小。同时，劳动力比重下降加快。2020 年全省 15—59 岁劳动力人口占比为 64.70%，比 2010年下降了 8.42 个百分点，降幅比全国大 1.63 个百分点，在东部地区，福建劳动力比重仅高于河北、江苏、山东这 3 个省。三是老龄化加深，整体仍相对年轻。2020 年全省 60 岁及以上人口 663.79 万人，比 2010年增加 242.55 万人，老年群体规模不断扩大。全省 60 岁及以上人口占

表 1-1　全国及福建分年龄段人口占比情况

单位：%

指标	2020 年		2020 年比 2010 年增减幅度	
	福建	全国	福建	全国
占全部人口的比重				
#0—14 岁人口	19.32	17.95	3.86	1.35
15—59 岁人口	64.70	63.35	−8.42	−6.79
60 岁及以上人口	15.98	18.70	4.56	5.44
#65 岁及以上人口	11.10	13.50	3.21	4.63

资料来源：1. 福建省第七次全国人口普查领导小组办公室 福建省统计局编，《福建省人口普查年鉴 -2020》，中国统计出版社，2022 年 9 月；2. 福建省第六次人口普查办公室编，《福建省 2010 年人口普查资料》，中国统计出版社，2013年 1 月。

比 15.98%，比 2010 年提高 4.56 个百分点，但比全国比重低 2.72 个百分点，说明福建人口老龄化加深的同时，整体仍比全国年轻。福建人口老龄化率由低到高排位居全国第 9 位，在东部地区仅次于广东、海南。

（三）人口性别结构趋于动态平衡

2010—2020 年期间，福建总人口性别比略有上升，出生人口性别比下降明显，结构逐步优化。2020 年福建总人口性别比为 106.94，比 2010 年的 105.96 有所上升，高于全国 105.07 的性别比水平。福建人口性别比上升主要受外来常住人口性别比升高影响。2020 年全省外来常住人口性别比为 139.49，比 2010 年提高 7.54。而户籍常住人口性别比为 103.26，比 2010 年的 102.95 略有上升，处于国际公认的 103—107 的合理区间，比全国人口性别比低 1.81。从出生人口性别看，2020 年福建出生人口性别比为 118.73，比全国平均水平高 7.43，但较十年前下降了 6.87，降幅与全国降幅一致。随着国家生育政策的调整完善，福建出生人口性别比偏高的局面逐步改善。

（四）人口流动更加频繁

2010—2020 年期间，福建流动人口的流迁规模持续增长、但增速趋缓，由内陆向沿海集聚程度加深。省际净流入优势减弱，西部省份取代中部省份成为首要来源地。省内流动主导地位强化，市辖区内人户分离增长迅速，由南平和宁德流入福州、由泉州和漳州流入厦门成为两大重要流向。乡—城流动是主流，镇—城流动、城—城流动有所增强。厦门和福州由中心向外围扩散，其余地区外围向中心集聚；县域内以乡镇向县城集聚为主，沿海少数乡镇"截流"明显。流动过程趋向长期化。流动人口性别年龄趋向均衡化，教育程度优化，流动原因由高度单一的工作就业趋向多元。2020 年，全省人户分离人口有 1646.46 万人。其中，市辖区内人户分离人口为 280.34 万人，流动人口为 1366.12 万人。在流动人口中，跨省流入福建的人口有 488.99 万人，比 2010 年增加 57.63 万人，增长 13.34%；省内流动人口有 877.14 万人，与 2010 年 593.05 万人相比，十年增加 284.09 万人，增长 47.90%，省内人口流动频繁，增幅比跨省流入人口高 34.56 个百分点。

（五）人口分布集聚差异扩大

福建人口分布多年来一直呈东部密、西部稀，沿海密、内地稀，且人口相对集中在沿海地区的总体格局。十年来，沿海的福州（含平潭，下同）、厦门、泉州、漳州、莆田五个设区市的常住人口达 3050 万人，与 2010 年相比，增加 414 万人，增长 15.70%。其中，厦门人口集聚能力最强，十年增加 163 万人，增长 46.23%，福州增加 116 万人，增长 16.53%，泉州增加 65 万人，增长 8.04%。而三明、南平、龙岩、宁德四个设区市的常住人口只有 1104 万人，与 2010 年相比，增加 50.70 万人，增长 4.82%。三明为全省唯一十年人口负增长的设区市，十年间常住人口减少 2.00 万人，下降 0.68%。全省的人口密度为每平方公里 335 人，比 2010 年增加了 37 人。其中，厦门人口密度最高，达到每平方公里 3039 人，十年增加了 961 人（见表 1-2）。

表 1-2　分设区市常住人口分布情况

地　区	2020 年			2010 年		
	人口数（万人）	人口比重（%）	人口密度（人/平方公里）	人口数（万人）	人口比重（%）	人口密度（人/平方公里）
全　省	4154.01	100.00	335	3689.42	100.00	298
福州市	829.13	19.96	677	711.54	19.29	581
＃平潭	38.60	0.93	1044	35.78	0.97	968
厦门市	516.40	12.43	3039	353.13	9.57	2078
莆田市	321.07	7.73	777	277.85	7.53	673
三明市	248.65	5.99	108	250.34	6.79	109
泉州市	878.23	21.14	778	812.85	22.03	720
漳州市	505.43	12.17	392	481.00	13.04	373
南平市	268.06	6.45	102	264.55	7.17	101
龙岩市	272.36	6.56	143	255.95	6.94	135
宁德市	314.68	7.58	234	282.20	7.65	210

资料来源：1.福建省第七次全国人口普查领导小组办公室　福建省统计局编，《福建省人口普查年鉴-2020》，中国统计出版社，2022 年 9 月；2.福建省第六次人口普查办公室编，《福建省 2010 年人口普查资料》，中国统计出版社，2013 年 1 月。

（六）人口文化素质稳步提高

随着福建教育事业不断推进，常住人口学历结构得以优化。2010—2020 年期间，福建小学、初中学历人口比重稳步下降，高中、大专及以上学历人口比重快速上升。一是接受高等教育的人口比例上升。2020 年，福建常住人口中具有大专及以上学历的人口有 587.71 万人，比 2010 年增加 279.24 万人，增长 90.52%。具有大专及以上学历的人口占全省常住人口的比重由 2010 年的 8.36% 上升到 14.15%。二是劳动力文化素质明显提高。2020 年福建 15—59 岁年龄段人口中，具有高中及以上学历的人口占比达 40.88%，比 2010 年提高 12.06 个百分点。三是人口平均受教育年限提高。2020 年，福建 15 岁及以上人口平均受教育年限由 2010 年的 9.02 年提高到 9.66 年。其中，男性 10.10 年，十年提高了 0.57 年；女性 9.20 年，十年提高了 0.70 年。

（七）已婚群体比例上升

2010—2020 年期间，福建家庭婚姻结构比较稳定，已婚人口比例提高。2020 年，福建 15 岁及以上常住人口中，已婚有配偶的人口比例占 73.75%，比 2010 年提高 3.19 个百分点。受经济发展和社会进步，特别是年轻人观念转变影响，福建人口婚育行为也发生着一些变化。一是初婚年龄推迟。从当年结婚的常住人口平均初婚年龄看，2020 年福建平均初婚年龄为 28.82 岁，比 2010 年的 25.24 岁延迟 3.58 岁。从性别看，女性初婚年龄延迟比男性明显。其中，女性初婚年龄 28.03 岁，比 2010 年延迟 3.85 岁，男性初婚年龄 29.59 岁，比 2010 年延迟 3.33 岁。二是育龄重点年龄组群体未婚比例有所上升。2020 年，福建 20—29 岁女性常住人口中，有 52.68% 未婚，比 2010 年提高 4.55 个百分点。其中，20—24 岁女性常住人口有 80.61% 未婚，比 2010 年提高 9.46 个百分点；25—29 岁女性常住人口有 32.67% 未婚，比 2010 年提高 11.48 个百分点。

（八）少数民族人口增长较快

2020 年，福建共有 55 个少数民族，人口为 111.19 万人，占全省总人口的 2.68%，与 2010 年相比，十年间增加 31.50 万人，年均增长 3.68%，比全省总人口年均增速高 2.49 个百分点。其中，少数民族人口超过 10 万人的有畲族、苗族、土家族和回族，这四个民族人口占全省少数民族人口的比重达 73.28%。苗族、土家族、彝族、布依族、壮族、侗族等 6 个民族人口由 2010 年的 25.88 万人增加到 2020 年的 49.96 万人，十年间增加 24.08 万人，增长 93.04%。

（九）平均预期寿命延长

人口平均预期寿命是综合反映人口健康状况的重要指标，随着经济社会的发展，人民生活质量越来越高，人口平均寿命越来越长。2020 年福建人口的平均预期寿命为 78.49 岁，比 2010 年的 75.76 岁提高 2.73 岁。其中，男性 75.81 岁，比 2010 年的 73.27 岁提高 2.54 岁；女性 81.55 岁，比 2010 年的 78.64 岁提高 2.91 岁。从人口发展的历史看，女性人口的平均预期寿命往往高于男性，2020 年女性比男性高 5.74 岁。

（十）家庭户构成进一步小型化

2020 年，福建共有家庭户 1437.11 万户，平均家庭户规模从 20 世纪 80 年代以来持续缩小，2020 年为 2.68 人，比 2010 年的 2.98 人继续减少 0.30 人。家庭结构日趋简单化，"两口、三口之家"成为现代家庭的主流。2020 年户均规模与 2010 年相比，全省家庭户中一人户的比重由 18.35% 上升到 27.31%，二人户的比重由 23.64% 上升到 26.28%，三人户比重由 25.02% 下降到 19.45%，四人户比重由 17.37% 下降到 14.25%，五人户比重由 9.61% 下降到 6.94%。从家庭代际关系上看，全省一代户 690.46 万户，二代户 519.32 万户，二者占到了家庭总户数的 84.19%，三代及以上户共有 227.33 万户，占全省家庭总户数的 15.81%，与 2010 年相比，一代户所占比重上升了 10.79 个百分点，二代户和三代户及以上户所占比重分别下降了 8.85 个和 1.94 个百分点，二代户家庭向一代户家庭转变的趋势明显，家庭代际关系更趋简单化。家庭户规模持续缩小的主要原因：一是随着人口生育水平的下降，每个家庭所拥有的子女数量减少；二是随着社会经济的发展和生活水平的提高，人们的居住条件日益改善，加之家庭观念和生活方式的变化，孩子成家后独立居住增多；三是人口迁移流动日趋频繁，原来血缘意义上的家庭由于工作等原因被分割成了多个独立生活的家庭单元，致使一人户、二人户大量增加。

（十一）人居条件得到改善

2020 年福建平均每户住房间数为 3.46 间，比 2010 年增加 0.09 间，增长 2.67%。从人均来看，人均住房建筑面积 48.72 平方米，比 2010 年增加 11.77 平方米，增长 31.85%。其中，城镇人均住房建筑面积从 2010 年 33.39 平方米提高到 2020 年 41.16 平方米，增长 23.27%；乡村人均住房建筑面积从 2010 年 41.24 平方米提高到 2020 年 64.38 平方米，增长 56.11%。全省家庭户人均住房间数为 1.26 间，比 2010 年增加 0.13 间，增长 11.50%。其中，城镇人均住户间数 1.08 间，比 2010 年增加 0.08 间，增长 8.00%；乡村人均住户间数 1.63 间，比 2010 年增加 0.33 间，增长 25.38%。可见，福建平均每个家庭户超过 3 间住房，人均至少有 1 间住房，乡村居住舒适度比城镇改善得更快更好。

二、人口发展变化的特点及原因

（一）人口增长由常住外来人口增加为主转变为常住户籍人口增加为主

2010—2020 年期间，福建常住户籍人口和常住外来人口呈同步增长。2020 年，全省常住户籍人口 3665.02 万人，比 2010 年增加 406.96 万人，增长 12.49%；常住外来人口 488.99 万人，比 2010 年增加 57.63 万人，增长 13.36%。福建常住人口结构中，常住户籍人口和常住外来人口之比为 88.23∶11.77，与 2010 年人口结构保持基本一致。但从近两个普查周期内的人口增量变化看，常住外来人口增量占全省人口增量的比重由上一个普查周期的 77.54% 下降到 12.40%；而常住户籍人口增量占全省人口增量的比重由 22.46% 提高到 87.60%。反映出过去十年，福建常住人口较快增长的主要因素已经由上一个普查周期的以常住外来人口增加为主转变为以常住户籍人口增加为主（见表 1-3）。

（二）福厦泉人口净流入，其他城市人口净流出的特征愈发明显

从各设区市人口流动看，福州、厦门、泉州保持人口净流入。2020

表 1-3　常住人口分户籍和外来人口变动情况

单位：万人

指标	2020 年	2010 年	2020 年比 2010 年 人数增减
常住人口数	4154.01	3689.42	464.59
# 常住户籍人口	3665.02	3258.06	406.96
常住外来人口	488.99	431.36	57.63

资料来源：1.福建省第七次全国人口普查领导小组办公室 福建省统计局编，《福建省人口普查年鉴-2020》，中国统计出版社，2022 年 9 月；2.福建省第六次人口普查办公室编，《福建省 2010 年人口普查资料》，中国统计出版社，2013 年 1 月。

年按人口净流入规模由大到小，厦门人口净流入 247.80 万人、福州净流入 108.35 万人、泉州净流入 108.29 万人。与 2010 年比，厦门、福州人口净流入分别增加 73.86 万人、30.03 万人，泉州人口净流入减少 33.71 万人，显示福厦人口集聚优势进一步增强，泉州人口集聚优势有所减弱。莆田等其他设区市均延续人口净流出的特征，且人口净流出规模均比 2010 年扩大。其中，莆田、三明、南平和龙岩人口净流出规模均为 2010 年的一倍以上。可见，福建人口净流入主要源于福厦泉的人口虹吸效应，省内人口分布集中度更高，地区差异更加明显。

（三）常住户籍人口"人户分离"增加，主要是县域内人口流动

2010—2020 年期间，随着福建公共交通、基础设施的不断发展，城镇化进程持续推进，加之不同城市经济发展差异，促使福建省内人口流动更加频繁。2020 年福建常住户籍人口中，人户分离人口达 1157.47 万人，比 2010 年增加 481.38 万人，增长 71.20%，占全省常住户籍人口的比重由 2010 年的 20.75% 提高到 31.58%。其中，县域内的人户分离人数比十年前增加了 230.86 万人，占全部人户分离增加人数的 47.96%；地市内跨县的人户分离人数增加了 113.85 万人，占 23.65%；省内跨地市的人户分离人数增加了 136.67 万人，占 28.39%。可见，过去十年，福建常住户籍人口中人户分离人口增量主要来自县域内人户分离人数的增加，占比接近一半（见表 1-4）。

表 1-4　福建常住户籍人口"人户分离"情况

单位：万人

指标	2020 年	2010 年	2020 年比 2010 年人数增减
常住户籍人口的人户分离人数	1157.47	676.09	481.38
#县域内人户分离人数	547.06	316.20	230.86
地市跨县的人户分离人数	277.54	163.69	113.85
省内跨地市的人户分离人数	332.87	196.20	136.67

资料来源：1.福建省第七次全国人口普查领导小组办公室 福建省统计局编，《福建省人口普查年鉴-2020》，中国统计出版社，2022 年 9 月；2.福建省第六次人口普查办公室编，《福建省 2010 年人口普查资料》，中国统计出版社，2013 年 1 月。

三、人口变化对经济社会发展的影响

人口和社会经济发展息息相关，在社会经济发展过程中，人口始终是一个重要因素，其人口规模、年龄、性别、受教育程度和生育、就业等因素对一个国家或地区的经济发展潜力、社会进步状态有全面而深远的影响。2010—2020 年期间，福建人口保持较快增长，人口素质不断提高，人口结构不断改善，人口对全省社会经济发展的效应也在陆续显现。

（一）人口变化对经济高质量发展的影响分析

1. 人口红利有力促进了地区生产总值的提高

2010 年以来，福建充分发挥地理区位和政策叠加发展优势，加快打造改革开放新高地，经济发展取得显著成就。全省地区生产总值从 2010 年 1.50 万亿元增加到 2012 年的 2.02 万亿元，2017 年的 3.38 万亿元，再到 2020 年的 4.39 万亿元，连跨三个万亿台阶，GDP 总量实现翻番，居全国的位次从 2010 年的第 12 位前移至第 7 位，进入全国十强。福建经济的快速增长得益于人口保持较快增长，少儿与老年抚养负担相对较轻，虽然劳动力人口数量与十年前相比有微弱减少，但总体上还是有较充足的劳动力资源作为支撑，人口红利对促进经济增长发挥了重要作用。

但劳动年龄人口总量逐渐缩减将成为一个长期趋势，人口红利即将消失，未来每年新进入劳动力市场的人口逐渐减少，劳动力补充的后继性受到挑战。福建劳动人口年龄结构已经开始老化，而今后这种老化的程度将继续提高。福建已不具备通过大量的廉价劳动力实现经济飞跃的人口基础。因此，要促进福建经济的持续健康发展，必须转变经济增长方式，依靠科技创新和进步，促进产业结构升级换代，在建设中国式现代化经济体系上取得更大进步，在服务和融入新发展格局上展现更大作为，在探索海峡两岸融合发展新路上迈出更大步伐，在创造高品质生活上实现更大突破。

2. 人口就业结构改善支撑福建服务业快速发展

2010—2020 年，福建第一产业增加值年均增长 3.35%，第二产业年均增长 9.48%，第三产业年均增长 8.98%。经济增长由主要依靠第二产业带动向二、三产业协同带动转变，三次产业结构由 2010 年的 8.5∶51.4∶40.2 调整为 2020 年的 6.2∶46.3∶47.5，产业格局实现了从"二三一"向"三二一"的升级转变。从就业人口分布看，十年来，福建就业人口规模稳定在 2200 万人左右，但结构继续得到调整、优化。全省就业总量 2020 年末达 2206 万人，比 2010 年末增加 92 万人。其中，福建第一产业就业人员 323 万人，比 2010 年减少 277 万人，第二产业就业人员 719 万人，比 2010 年减少 55 万人，第三产业就业人员首次超过一半，达 1164 万人，比 2010 年增加 424 万人。就业产业结构由 2010 年的 28.4∶36.6∶35.0 转变为 2020 年 14.6∶32.6∶52.8，十年间，第一产业就业人员占比减少 13.8 个百分点，第二产业就业人员占比减少 4.0 个百分点，第三产业就业人员占比增加 17.8 个百分点，第三产业作为就业大户，成为吸纳就业的蓄水池。

3. 人口城镇化进程快速推进体现了经济高质量发展的程度

2010—2020 年期间，福建城镇化水平处于高速增长期。2020

年，福建城镇常住人口为 2861 万人，较 2010 年增加 752 万人，增长 35.66%；城镇人口占总人口的比重为 68.75%，比 2010 年的 57.09% 提高 11.66 个百分点，比全国平均水平 63.89% 高 4.86 个百分点。城镇化水平与经济发展存在密切联系，经济发展快速地区易出现农村人口向城镇转移，由人口迁移所带来的人口红利又会进一步促进地区经济。厦门一枝独秀，人口城镇化率高达 89.41%，福州、泉州人口城镇化率分别为 73.40% 和 68.46%。与 2010 年相比，各设区市人口城镇化率均有不同程度的提升，反映了福建推进以人为核心的新型城镇化建设取得的成就，体现了福建经济社会发展的程度。

4. 城乡居民收入、消费水平快速提高为经济高质量发展带来活力

经济发展的最终目的和结果是提高人民的生活水平和生活质量，不断满足人民日益增长的美好生活需要。伴随着经济快速发展，福建城乡居民收入不断提高。2013—2020 年，全省城镇居民人均可支配收入、农村居民人均可支配收入年均增长速度分别为 7.6%、9.0%，2020 年分别达 47160 元、20880 元。同时，随着"钱袋子"越来越鼓，福建居民越来越注重生活质量，人均生活消费支出快速提高，消费支出绝对值始终高于全国平均水平，人民更有获得感、幸福感。全省居民人均生活消费支出从 2013 年的 16177 元增加至 2020 年的 25126 元，累计增长 55.3%，年均增长 6.5%；消费支出高于全国平均水平的额度由 2013 年的 2955 元增加至 2020 年的 3916 元。

从人口构成变化对消费的影响看，不同性别、不同年龄层次人口，其消费市场需求是不同的。低龄人口与老龄人口对不同种类商品的偏好，对福建未来产业升级的发展产生影响。十年来，福建 14 岁及以下少年儿童人口从 2010 年的 570.57 万人增加到 2020 年的 802.52 万人，造成儿童娱乐用品、学习用品、服装、营养品的需求量逐年增加，刺激了儿童消费品市场的发展。60 岁及以上老年人口从 2010 年的 421.24 万人增加到 2020 年的 663.79 万人，对老年人保健、养老等消费产生巨大需求，有力刺激老年消费市场的发展。研究表明，少儿抚养比和消费结构呈现明显的负相关关系。少儿抚养比的下降会引发消费结构变

化，一定程度上减少了家庭在衣物和食品方面的基础开销，同时进一步促进家庭进行消费结构升级，更多的资源倾注在文化教育、娱乐、旅游、医疗保健方面，从而提升了家庭消费的层次。老年抚养比与消费结构呈现显著的正相关关系。未来十年老年人口也将继续快速增长，随着年龄增长，健康问题显现，增长了对医疗保健、交通、旅游等方面的需求，老年人口的增加能够促进消费升级，因此，需要进一步完善老龄人口的消费，发展"银发经济"，满足老年人在医疗康养和社交娱乐方面的消费需求。

5. 人口发展变化对经济高质量发展中存在的结构性矛盾和问题所产生的影响

（1）劳动适龄人口相对高龄化影响经济活力。劳动适龄人口是指16—59 岁人口（不分男女年龄上限）。从不同年龄构成划分劳动适龄人口，16—34 岁为青年劳动力，35—49 岁为壮年劳动力，50—59 岁为老年劳动力。在劳动适龄人口中，2020 年，福建 16—34 青年劳动力近十年出现较大幅度下降，2020 年为 1048.84 万人，比 2010 年减少213.70 万人，降幅达 16.93%；50—59 岁老年劳动力人口呈现不断增加的趋势，2020 年为 606.58 万人，占劳动适龄人口比重达 22.93%，比

表 1-5 福建劳动适龄人口分年龄变动情况

年龄组	2020 年		2010 年		2020 年比2010 年人数增减（万人）
	人数（万人）	比重（%）	人数（万人）	比重（%）	
合计	2644.83	100.00	2651.82	100.00	−6.99
16—34	1048.84	39.66	1262.54	47.61	−213.70
35—49	989.41	37.41	981.18	37.00	8.24
50—59	606.58	22.93	408.10	15.39	198.48

资料来源：1. 福建省第七次全国人口普查领导小组办公室 福建省统计局编，《福建省人口普查年鉴-2020》，中国统计出版社，2022 年 9 月；2. 福建省第六次人口普查办公室编，《福建省 2010 年人口普查资料》，中国统计出版社，2013 年 1 月。

2010 年提高 7.54 个百分点；35—49 岁壮年劳动力人口规模变动不大，十年来只增加 8.24 万人（见表 1–5）。劳动力相对高龄化，劳动适龄人口平均年龄为 38.69 岁，较十年前提高 3.12 岁，将不利于劳动生产率和工作效率的提高，影响经济活力。

（2）劳动者素质仍不适应经济高质量发展的需要。人口文化素质是影响经济发展质量和水平的重要基础性因素，福建经济已经由高速增长阶段转向高质量发展的阶段。一方面，要充分发挥人口文化素质对经济发展的重要能动作用，为经济高质量发展提供高质量的人力资本和消费支撑；另一方面，也要高度重视经济发展对人口文化素质提升的影响，提高人口文化素质与经济高质量发展的耦合协调度。2020 年，福建 15 岁及以上人口的平均受教育年限为 9.66 年，全国为 9.91 年，福建比全国低 0.25 年。从东部地区 10 个省（市）看，北京、上海、天津、广东、江苏、海南 6 个省（市）15 岁及以上人口的平均受教育年限都超过 10 年，福建则排在河北、浙江、山东之后，为最低。每 10 万人具有大学文化程度的人数，全国为 15467 人，福建为 14148 人，福建比全国少 1319 人。从东部地区 10 个省（市）每 10 万人具有大学文化程度的人数情况来看，北京最多，河北最少；福建仅比河北、海南两省稍多一些，在东部地区 10 个省（市）中排名第 8。每 10 万人中具有高中（含中专）文化程度的人数，全国为 15088 人，福建为 14212 人，福建比全国少 876 人。从东部地区 10 个省（市）每 10 万人具有高中（含中专）文化程度的人数情况来看，福建仅比河北稍多一些，排名第 9。由此可见，福建人口文化素质与经济结构调整、产业转型升级的需求相比还有差距。

（3）人口老龄化对经济发展带来影响。在经济高质量发展与人口老龄化问题上，党的十九届五中全会以"推动高质量发展"为主题，提出"实施积极应对人口老龄化国家战略"。当前，学术界对人口老龄化对经济的影响主要有三种观点。一是人口老龄化有利于经济高质量发展。人口老龄化通过人力资本积累、技术进步、健康消费等中介变量正向影响经济高质量发展；通过"倒逼"机制，促进产业结构升级、催生一系列制度的改革，促进经济高质量发展。二是人口老龄化对经济高质量发展起抑制作用。老龄化程度的加深导致劳动力供给减少、资本形成效率下降及全要素生产率降低，进而在一定时期内对经济高质量发展造成不利影响。三是人口老龄化与经济高质量发展之间的关系比较复杂。一方面，经济高质量发展能够促进人口迁移，从而影响迁入地的人口老龄化情况；另一方面，人口老龄化对经济高质量发展具有负的空间溢出效应，在促进本地区经济高质量发展的同时，也会对周边地区经济高质量发展产生不利影响。从福建来说，人口老龄化的不断加深加快，给全省经济社会发展带来的挑战主要体现在居民消费水平的降低、劳动力供给占比持续缩减等方面。一是老龄化降低居民消费水平，进而抑制经济发展。这是因为与年轻人相比，老年人的消费水平较低，老龄化的加深改变了人口结构，使得消费水平低的人群增多，因此老龄化降低了居民消费水平，而伴随着消费水平的降低，减少了资金的流动，阻碍了生产力的提升，减少了就业机会，这就抑制了经济发展；二是老龄化减少了劳动力的供给，进而抑制经济发展。造成这一现象的原因在于老龄化进程的推进，劳动力趋于老化，单位劳动效率自然会下降，进而降低了生产效率，抑制了经济发展。

（4）乡村人口流出对经济发展带来影响。实施乡村振兴战略，是党的十九大作出的重大决策部署，是决胜全面建成小康社会的重大战略举措，是新时代 "三农" 工作的总抓手。农村居民外出经商务工不仅可以增加农民收入，又可以缓解土地承载压力，对促进土地有效集中，促进农业规模经营起到推动的作用；农民不仅学到新的知识和技能，而且有的还带资金回乡，成为推动农村经济发展的新生力量，同时收入增加和受城市生活的影响，有利于促进返乡农民消费结构升级，转变生活理念，提高生活质量。但农村人口大量外出，尤其是文化素质较高、体力较好的青壮年大量流出，造成农村缺乏有效的劳动力；许多地方和家庭由老人接替本应由青壮劳力承担的农活，加上现在农户不需要交公粮，许多家庭种粮仅以解决自家口粮为目标，部分农户降低对生产的投入，致使农业生产率有所下降，边远田和山垄田也有出现抛荒现象；随着新农村建设和造福工程力度加大，一片片美丽的新村新房随处可见，许多乡村呈现繁华景象，但一些乡村，尤其是人口流出比例高的偏远乡村，出现不少的"空心村"，许多农户家门紧锁，商店门市、文化网点关闭，乡村建设和发展感觉不到一点新鲜气息，人口流出对农村建设和发展的负面影响逐步显现。

（二）人口变化对社会发展的影响分析

福建在实现经济快速稳定发展的同时，努力把统筹经济社会发展，积极改善民生，加快社会事业发展步伐作为扩大内需、调整结构、转变经济发展方式的重要途径，并取得了显著成效。十年来，全省社会事业不断取得新进步，共享发展取得新成效，民生福祉达到新水平。财政对社会各项事业支出持续增长，对教育、文化体育与传媒、社会保障和就业、医疗卫生以及城乡社区事务等关系民生发展的支出从2010年的728.37亿元增加到2020年的2661.16亿元，年均增长13.83%，2020年占一般预算支出的比重达51.02%，比2010年提高8.05个百分点。全省基本公共服务均等化程度明显提高，文化建设迈上新台阶，教育事业迅速发展，社会保障体系建设效果显著，全民医保基本实现，社会保持和谐稳定。

1. 人口增加促使各级各类教育规模不断扩大

2010—2020年期间，福建省总人口一直在稳步增长，尤其是0—14岁少儿人口上升速度为全国最快。少儿人口增长就意味着教育需求的相应增长和教育规模的相应扩大。2020年，全省幼儿园在园儿童有169.90万人，比2010年增加53.27万人；小学在校学生数有343.61万人，比2010年增加104.72万人；普通中学在校生数有211.66万人，比2010年增加13.45万人；高等教育接近普及化阶段，高等教育在校生人数从2010年的64.78万人大幅增加到2020年的94.72万人，高等教育毛入学率达57.88%，比2010年提高31.28个百分点。全省劳动年龄人口（16—59岁）人均受教育年限达11.42年，比全国平均水平高0.52年，比2010年提高2.41年，为建设人力资源强省奠定了扎实基础。

需要指出的是：受人口惯性的影响，出生人口数量变化对常规教育发展影响深远。2010 年至 2017 年，福建出生人口总体呈平稳缓慢增长趋势，之后，出生人口开始逐年下降。众所周知，常规教育是按年龄逐步进行的，因此人们对常规教育的需求因年龄而异。出生人口数是形成未来各级常规教育适龄人口规模的基础，因此出生人口的变化是影响教育发展最直接、最普遍、最全面且最重要的因素。人口出生率的降低，出生人口的减少，将会影响教育结构，对学制和学校内部结构也会产生很大影响。过去，教育发展的主要矛盾长期表现为量的矛盾，即教育资源在量上的短缺问题，但目前，教育总量矛盾日趋缓和，层次结构和地域结构的结构性矛盾却日益突显。

2. 人均预期寿命提高得益于卫生医疗服务水平显著提高

2010—2020 年期间，福建不断深化医药卫生体制改革，增加医疗资源，优化区域城乡布局，医疗服务能力和水平稳步提升。2020 年，全省常住人口人均预期寿命为 78.49 岁，比 2010 年提高 2.73 岁。婴儿死亡率、5 岁以下儿童死亡率分别为 2.54‰ 和 3.53‰，比 2010 年分别下降 5.02 个和 6.15 个千分点；孕产妇死亡率从 2010 年的 19.84/10 万下降到 2020 年的 10.35/10 万，甲乙类传染病报告发病率从 2010 年的 559.18/10 万下降到 2020 年的 385.24/10 万，继续保持在较低水平，居民主要健康指标保持在全国前列。从卫生资源总量看，截至 2020 年底，全省医疗机构床位 21.68 万张，比 2010 年增长 75.12%；每千人口医疗机构床位 5.2 张，比 2010 年增加 2.2 张。从人员来看，医疗机构卫生技术人员 27.84 万人，比 2010 年增长 98.67%；其中执业（助理）医师 10.55 万人，比 2010 年增长 90.51%；每千常住人口执业（助理）医师 2.5 人，比 2010 年增加 1.0 人。公共卫生服务体系更加完善，疾病防控综合能力不断提高，在对新冠肺炎疫情防控阻击战中，始终坚持中西协同，中医药全程深度介入抗疫防治，迅速阻断疫情传播蔓延。严格防范埃博拉出血热、登革热等传染病从境外输入，艾滋病、结核病等疾病防控持续加强，全省传染病报告发病率保持在较低水平。

3. 人口发展有助于社会保障体系更加完善

2010 年以来，福建率先合并新农保和城居保，实施机关事业单位养老保险制度改革，把扩大社会保障覆盖面和提高社会保障水平及能力作为重要目标，加大公共财政对社会保障的投入，社会保障制度不断完善，逐步形成覆盖城镇职工、城乡居民、机关事业单位工作人员、农村被征地农民、农民工等各类群体的多层次社会保障体系，各项社会保险参保人数持续增长。截至 2020 年底，全省企业职工基本养老保险参保人数为 894.36 万人，机关事业单位职工基本养老保险参保人数为 97.24 万人，比 2010 年分别增加 427.48 万人和 42.31 万人，年均分别增长 6.72% 和 5.88%。基本医疗保险参保人数达 3840.48 万人，其中，城镇职工医疗保险参保人数达到 893.13 万人，城乡居民基本医疗保险参保人数达到 2947.35 万人，十年来年均分别增长 12.09%、4.88% 和 15.94%。全省工伤保险参保人数达到 936.85 万人，2010 年以来年均增长 8.41%；失业保险参保人数达到 664.41 万人，年均增长 5.91%。与此同时，福建不断创新优化社会救助供给，实施社会救助兜底脱贫行动，困难群众生活保障水平不断提高。截至 2020 年底，全省有 13.39 万名建档立卡贫困人口纳入兜底保障范围，占脱贫人口总数的 29.6%；51.56 万人纳入低保最低生活保障范围，城乡低保平均标准达到每人每年 8260 元。

4. 乡村人口流出对社会发展的影响

农村居民是推进乡村振兴实现产业发展的主体力量，也是解决"三农"问题的核心因素，农村人口的数量、质量、结构、分布和流动，以及他们的愿望、利益、态度和倾向，是影响实现乡村振兴的投入和成效的关键因素。农村人口向城镇集中，举家外出和送小孩进城读书能享受到城市良好的教学资源和教育环境，这本身就是社会进步的体现。但大量农村流出人口既不属于城市，又不愿回到农村，游离于城市和农村之间，存在家庭安定、子女教育、生活情感等许多方面问题；尽管务工提高了农村家庭对老人的经济支持力度，但外出人员对老人的赡养力度却出现下降趋势，许多老人生活无法得到更好照料，精神支持更是无法得到满足，老年人赡养问题、生活问题日益突出；留守儿童长期跟随老人生活，父母减少了对子女学习和成长的关注，容易产生被遗弃感，影响他们的心理健康，增加他们产生心理和行为偏差的概率。

四、福建人口发展趋势展望

近十年来，福建人口发展发生了积极变化，人口总量保持较快增长，人口素质稳步提升，劳动力规模依然比较丰富，人口集聚进一步增强，新型城镇化质量和水平持续提高。但也面临着人口结构老龄化等风险挑战。今后一段时期，福建人口发展将面临的主要趋势：一是人口继续较快增长的动力减弱。从生育水平看，受育龄妇女总量减少、生育意愿偏低等因素影响，全省妇女生育率将继续下降。同时近十年外省流入人口增量比上一个十年的增量减少约四分之三，外省人口流入福建的增速将继续放缓；二是人口老龄化加深加快。随着 20 世纪 60 年代生育高峰群体步入退休年龄，全省老年人口增速将明显加快，规模进一步扩大；三是劳动力资源减少幅度将加大。面对人口发展的机遇和挑战，我们要坚持以习近平新时代中国特色社会主义思想为指导，以促进人口长期均衡发展为主线，不断强化人口发展的战略地位和基础作用，加强人口管理、优化人口服务、提升人口素质、夯实人口根基，筑牢实现福建高质量发展的稳固的人口支撑。

第二章　人口性别、年龄构成

性别和年龄是人的自然属性，性别是指男女两性的区别，年龄是一个人从出生时起到计算时止生存的时间长度。一个地区的人口性别、年龄状况，在一定程度上反映了该地区人口发展的历史过程，同时也是未来人口再生产的基础。本章节基于人口普查数据，对福建人口性别和年龄构成现状和主要特征开展分析研究。

一、人口性别构成状况

人口性别构成是人口最基本的特征之一，是指在一定范围内和一定时点上，人口总数中男女两性人口的性别分布和比例关系。反映总人口性别构成的统计指标通常使用性别比，即人口中男性人口与女性人口之比，一般用每 100 个女性人口中相应的有多少男性人口来表示，它反映一个地区人口的性别结构是否合理或协调，直接影响着人口再生产进程。

（一）总体特征

人口普查数据显示，2020 年 11 月 1 日零时，福建常住人口总数为 4154.01 万人。其中，男性人口 2146.68 万人，占 51.68%；女性人口 2007.33 万人，占 48.32%，性别比为 106.94。与 2010 年第六次人口普查相比，性别比提高了 0.98 个百分点。从历次人口普查来看，福建人口性别比总体较为稳定，基本呈小幅度波浪式变动，除 1964 年人口性别比达到 107.80 外，其他几次普查的性别比基本在 106 上下波动，波动幅度不超过 1 个百分点。与全国相比，1990 年福建人口性别比比全国低 1.01 个百分点，2000 年两者基本持平，2010 年和 2020 年福建分别高出全国 1.06 个和 1.87 个百分点，近 30 年福建人口性别比相对于全国的正向差距逐步加大（见表 2-1）。

表 2-1　历次人口普查常住人口性别比变动情况

女 =100

年份	福建	全国	福建 – 全国
1953	106.40	107.56	−1.16
1964	107.80	105.46	2.34
1982	105.90	106.28	−0.38
1990	105.61	106.60	−1.01
2000	106.29	106.30	−0.01
2010	105.96	104.90	1.06
2020	106.94	105.07	1.87

资料来源：1. 国家统计局编，《中国统计年鉴 2021》，中国统计出版社，2021 年 9 月；2. 福建省统计局编，《福建统计年鉴 2021》，中国统计出版社，2021 年 9 月。

（二）分年龄人口性别比

分年龄人口性别比是反映人口性别构成的基本形式，根据人口发展一般规律，人口性别比总体上应该保持平衡，但在不同年龄组会产生较大变动。2020 年福建分年龄人口性别比继续保持前高后低的基本规律，即少儿阶段男性人口多于女性人口，青壮年阶段性别比相对均衡，老年阶段女性人口多于男性人口，随着年龄增长人口性别比相应下降。与 2010 年第六次人口普查时相比，2020 年福建人口性别比呈现两点变化：一是性别比峰值降低年龄段后移。2010 年性别比峰值为 0—4 岁组的 124.66，2020 年为 5—9 岁组的 119.18；二是性别比低于 100 的年龄组有前移趋势，从 2010 年的 75—79 岁组变化为 2020 年的 65—69 岁组。

1. 规范年龄分组人口性别构成

（1）0—14 岁少儿人口性别比有所改善

2020 年，0—4 岁、5—9 岁、10—14 岁少儿人口性别比分别为 118.16、119.18 和 117.85，仍然是性别比最高的三组，远远高于国际公认的人口性别比正常范围（103—107），性别结构矛盾问题依然存在。但与 2010 年相比，0—4 岁、10—14 岁组性别比分别下降 6.50 个和 2.63 个百分点，5—9 岁组略微提高 0.39 个百分点，少儿人口性别比状况有所改善，主要原因是省外流入人口性别比大幅下降导致。2020 年，户籍在省外居住在福建的 0—4 岁、5—9 岁和 10—14 岁组人口性别比分别为 115.37、119.76 和 123.35，分别比 2010 年下降 12.56 个、15.14 个和 11.57 个百分点，对福建少儿人口性别比起到正向调节作用。

（2）15—29 岁青年人口性别比显著提高

2020 年，15—19 岁、20—24 岁、25—29 岁青年人口性别比为 116.13、116.65 和 114.48，比 2010 年分别提高 4.55 个、16.29 个和 13.01 个百分点，这三个年龄段人口出生于 1990 年至 2005 年，出生时人口性别比高，1990 年和 2000 年出生人口性别比分别为 110.14 和 117.93，加上省外流入人口中男性人口占比不断提高，双重因素叠加导致福建 15—29 岁青年人口性别比显著提高。2020 年，15—19 岁、20—24 岁、25—29 岁省外流入人口性别比为 129.45、130.44 和 139.67，比 2010 年分别提高 12.09 个、7.62 个和 10.74 个百分点。

（3）30—59 岁人口性别比保持平稳

30—59 岁劳动年龄人口性别比控制在 101—106 区间，相对比较均衡，主要原因是该年龄段人群大都已成家立业，拥有相对稳定的生活状态，人口流动驱动性减弱，因此性别比在过去十年间变化不大，除 50—54 岁组人口性别比比 2010 年下降 2.98 个百分点外，其余组别变动幅度均不超过 1 个百分点。

（4）60—74 岁老年人口性别比下降

随着人口老龄化进程的不断推进，福建 60—74 岁老年人口数量迅速增长。2020 年，60—74 岁老年人口数为 498.07 万人，比 2010 年增加 197.44 万人，其中男性人口增加 91.87 万人，女性人口增加 105.57 万人，新增老年人口性别比为 87.02。分年龄组来看，60—64 岁组新增 72.76 万人，性别比为 89.38；65—69 岁组新增 90.84 万人，性别比为 83.29；70—74 岁组新增 33.84 万人，性别比为 92.35。由于新增老年人口男少女多，全面拉低了 60—74 岁组人口性别比。2020 年，60—64 岁、65—69 岁、70—74 岁组人口性别比比 2010 年分别降低 7.45 个、13.70 个和 2.80 个百分点。

（5）75 岁及以上高龄老年人口性别比继续提高

由于经济发展，人民生活水平和医疗卫生技术改善，人均预期寿命延长，老年人口特别是 75 岁及以上高龄老年人口数持续增加。2020

表 2-2　福建分年龄人口性别比

女 =100

年龄组	2020 年	2010 年	2000 年
合计	106.94	105.96	106.29
0—4	118.16	124.66	123.84
5—9	119.18	118.79	120.53
10—14	117.85	120.48	107.28
15—19	116.13	111.58	101.01
20—24	116.65	100.36	101.63
25—29	114.48	101.47	104.93
30—34	104.94	104.75	105.17
35—39	105.17	105.20	105.31
40—44	105.35	104.57	109.06
45—49	104.57	104.30	106.11
50—54	103.70	106.68	114.62
55—59	101.75	102.60	117.53
60—64	101.45	108.90	112.94
65—69	95.34	109.04	102.28
70—74	98.62	101.42	92.58
75—79	94.66	87.93	75.50
80—84	81.85	74.98	58.43
85—89	66.47	57.63	42.56
90—94	55.38	43.56	30.94
95—99	43.46	34.47	31.75
100 岁及以上	33.29	26.40	14.07

　　资料来源：1.福建省第七次全国人口普查领导小组办公室 福建省统计局编，《福建省人口普查年鉴 -2020》，中国统计出版社，2022 年 9 月；2.福建省第六次人口普查办公室编，《福建省 2010 年人口普查资料》，中国统计出版社，2013 年 1 月。

年，福建 75 岁及以上老年人口数为 165.71 万人，比 2010 年增加 45.11
万人。其中，75—79 岁组增加 11.58 万人，新增老年人口性别比为
139.31，80—84 岁组增加 13.80 万人，新增老年人口性别比为 103.82，
说明福建 75—84 岁男性老年人口的增长速度显著快于女性。2020 年，
福建 75—79 岁、80—84 岁、85—89 岁、90 岁及以上老年人口性别比
分别为 94.66、81.85、66.47、82.65，随着年龄增长性别比随之下降的
基本趋势没有改变，但与 2010 年相比，性别比分别提高 6.73 个、6.87 个、
8.84 个、11.13 个百分点（见表 2-2）。

2. 特殊年龄分组人口性别构成

（1）出生人口性别比

出生人口性别比，是指一个国家或地区在一定时期内出生婴儿中
男婴和女婴人数之比，通常用每出生 100 名女婴所对应的男婴数量表
示。出生人口性别比是构成总人口性别比现状与发展变化的基本要素，
合理稳定的出生人口性别比对社会稳定和可持续发展具有深远影响。

长期以来，受传统的性别偏好影响，福建出生人口性别比一直居

表 2-3 2020 年各省（自治区、直辖市）出生人口性别比

女 =100

地 区	性别比	地 区	性别比	地 区	性别比
海 南	122.38	江 苏	109.02	云 南	107.50
江 西	120.33	河 北	108.81	吉 林	107.35
福 建	118.72	天 津	108.68	内 蒙古	107.02
广 东	115.50	河 南	108.36	青 海	106.80
广 西	114.49	陕 西	108.33	黑龙江	106.18
湖 北	114.31	北 京	108.30	辽 宁	105.80
湖 南	114.20	四 川	108.17	宁 夏	105.66
贵 州	113.15	上 海	108.04	西 藏	105.41
安 徽	113.06	重 庆	107.98	山 西	105.11
山 东	111.95	新 疆	107.53		
浙 江	110.16	甘 肃	107.52		

资料来源：国务院第七次全国人口普查领导小组办公室编，《中国人口普查
年鉴 -2020》，中国统计出版社，2022 年 4 月。

高不下。人口普查数据显示，福建 2019 年 11 月 1 日至 2020 年 10 月 31 日期间出生的总人口为 38.18 万人，其中男性婴儿为 20.72 万人，女性婴儿为 17.46 万人，性别比为 118.72，比 2010 年降低 6.92 个百分点，比全国平均水平 111.25 高出 7.47 个百分点，在 31 个省（区、市）中居第 3 位（见表 2-3），位次比 2010 年后移一位，表明福建在出生人口性别比偏高的综合治理方面取得一定成效。

分孩次来看，由于近十年来中国生育政策连续作出重大调整，特别是"全面两孩"政策实施后，福建出生孩次结构及性别比发生了重大变化。2020 年，福建出生人口中，一孩占比 41.13%，二孩占比 47.31%，三孩及以上占比 11.56%，二孩占比持续走高，已经全面超过了一孩；此外，所有孩次的性别比均有不同程度的下降，2020 年，福建出生人口中，一孩性别比为 111.53，比 2010 年下降 1.17 个百分点，比全国低 1.64 个百分点；二孩性别比为 118.40，比 2010 年下降 30.37 个百分点，比全国高 11.62 个百分点；三孩及以上的性别比高达 167.13，比 2010 年骤降 80.80 个百分点，比全国高出 34.89 个百分点（见表 2-4）。

表 2-4　2020 年福建与全国出生人口分孩次性别比

女 =100

地　区	合　计	第一孩	第二孩	第三孩及以上
全　国	111.25	113.17	106.78	132.24
福　建	118.72	111.53	118.40	167.13

资料来源：国务院第七次全国人口普查领导小组办公室编，《中国人口普查年鉴 -2020》，中国统计出版社，2022 年 4 月。本表除合计项数据外，其余使用的是长表抽样汇总数据。

分城乡来看，农村出生人口性别比仍然高于城市。2020 年，福建农村地区出生人口性别比为 120.64，比城市、镇分别高出 4.65 个和 0.17 个百分点，对比 2010 年农村出生人口性别比比城市、镇分别高出 2.67 个和 5.22 个百分点，农村和城市的差距有所扩大，和镇的差距显著缩小。主要的原因是农村仍有部分重男轻女观念残留，在短时间内难以改变，部分地方还有女婴出生后迟报户口现象。

分设区市来看，各设区市出生人口性别比有不同程度的改善。全省9个设区市中，有4个设区市出生人口性别比超过120，分别是泉州市125.31、三明市122.27、莆田市120.86和龙岩市120.82，性别比仍然较高，但与2010年相比，分别下降13.99个、9.07个、9.69个和9.29个百分点，下降幅度显著，出生人口性别比明显改善；福州市出生人口性别比为115.82，比2010年下降7.43个百分点；厦门市和宁德市出生人口性别比变化趋势基本一致，都是从2010年的118以上下降为2020年的115左右，降幅都在3个百分点以上；漳州市、南平市出生人口性别比与2010年相比差距不大。2020年全省出生人口性别比最高和最低的地市相差13.47个百分点，比2010年缩小了近15个百分点，出生人口性别比地区间的差距在快速缩小。

（2）婚育年龄人口性别比

婚育年龄（20—34岁）人口性别结构对人口自然增长将产生直接影响。2020年，福建20—34岁常住人口有890.49万人，比2010年减少136.17万人，其中男性有467.57万人，占比52.50%，女性有422.92万人，占比47.50%，性别比为110.56，比2010年提高8.56个百分点。分年龄段来看，20—24岁、25—29岁和30—34岁性别比分别为116.65、114.48和104.94，比2010年分别提高16.29个、13.01个和0.19个百分点。

分城乡来看，乡村婚育年龄人口性别比明显高于城镇地区。2020年，福建乡村婚育年龄人口性别比为124.08，比城市、镇分别高出16.94个和19.19个百分点。与2010年城市婚育年龄人口性别比高于镇、乡村的情况相比，形势发生了根本性的转变，说明随着女性受教育程度的提高，参加社会劳动更加充分，越来越多的女性离开农村到城镇地区就业，导致农村地区女性人数快速减少。

（三）分城乡性别构成

随着新型城镇化水平不断推进，大量农村劳动力转移到城镇地区就业定居，对福建城乡人口性别结构产生了较大的影响。2020年，福建城市、镇和乡村人口性别比分别为 105.47、104.73 和 110.94（见表 2-5），乡村人口性别比分别高于城市和镇 5.47 个、6.21 个百分点。而在 2010 年，福建城市人口性别比是高于镇和乡村的，十年间城乡人口性别比构成发生了根本性转变。

表 2-5　2020 年福建分城乡分年龄人口性别比

女 =100

年龄	城市	镇	乡村
总 计	105.47	104.73	110.94
0—4	117.20	119.14	118.50
5—9	118.62	120.32	118.73
10—14	117.35	118.41	117.88
15—19	114.83	109.87	128.84
20—24	109.83	115.40	136.61
25—29	110.76	109.08	127.61
30—34	103.09	97.85	116.57
35—39	102.49	98.35	118.39
40—44	104.91	99.41	112.66
45—49	104.52	102.07	107.00
50—54	100.94	103.78	106.55
55—59	97.91	102.79	104.90
60—64	95.92	101.96	105.99
65—69	91.45	94.28	98.87
70—74	93.81	97.02	103.00
75—79	91.63	92.61	97.76
80—84	83.48	78.55	82.65
85—89	70.46	62.66	66.15
90—94	63.46	51.94	52.81
95—99	47.83	39.76	42.97
100＋	30.70	34.04	34.41

资料来源：福建省第七次全国人口普查领导小组办公室 福建省统计局编，《福建省人口普查年鉴 -2020》，中国统计出版社，2022 年 9 月。

分年龄组来看，0—14 岁少儿人口迁移流动较少，基本保持着出生时的原始性别比，城市、镇和乡村的人口性别比基本保持在 117—120 之间，差距相对较小；在结束九年义务教育后，为了获得更优质的教育资源或者就业机会，大量农村家庭会离开乡村到城镇地区，人口自此开始大量流动，其中有部分农村女性在初中毕业后没有继续求学，而是选择进城务工，导致从15岁起乡村人口性别比就显著高于城市和镇。2020年，15—19岁和20—24岁组乡村人口性别比分别为128.84、136.61，是所有年龄组中性别比最高的两组，比城市人口性别比分别高出14.01、26.78个百分点，比镇的人口性别比分别高出18.97、21.21个百分点；随着福建产业结构不断升级，城镇地区相对发达的第三产业创造了大量的服务性岗位，吸纳了大量25—44岁乡村劳动年龄女性人口留在城镇地区就业定居，而男性作为主要的农业生产力被留在了乡村地区。2020年，25—29岁、30—34岁、35—39岁和40—44岁组乡村人口性别比分别为127.61、116.57、118.39和112.66，与相同年龄组城市和镇的人口性别比差距基本在两位数以上；自45至79岁，只有60—64岁组的乡村人口性别比高于城市10.07个百分点，其他年龄组的人口性别比差距都缩小到个位数；80至99岁，由于城市地区良好的医疗卫生条件，男性人口寿命显著延长，城市人口性别比又超过镇和乡村地区。

（四）分地区性别构成

城乡人口流动造成人口性别比的差距，不同地区性别构成也不一样。2020年，福建下辖的九个设区市中有八个设区市的人口性别比在100到110之间，只有厦门的人口性别比超过110，达111.34，高于全省4.4个百分点，比2010年提高3.51个百分点（见表2-6），主要原因是厦门在十年间人口大量流入，其中男性多于女性，调高了厦门人口性别比。泉州作为福建常住人口数最多的设区市，历来人口性别比都较高，2020年人口性别比为109.31，比2010年的107.31提高2.00个百分点；宁德的人口性别比在历次普查中一直保持稳定的高水平，2020年为109.09，2010年为109.71,2000年为114.49。福州、三明、漳州、南平和龙岩的人口性别比较为合理，保持在104—106区间，与2010相比变动相对较小；莆田市人口性别比为101.94，比2010年提高了3.39个百分点，性别结构改善较为明显，但仍为全省最低，主要原因是莆田有大量男性外出务工经商，使得当地男性人口大量减少。

表2-6　2020年和2010年福建分设区市人口性别比变动情况

女=100

地　区	2020年性别比	2010年性别比	差距
全　省	106.94	105.96	0.98
福州市	105.24	104.16	1.08
厦门市	111.34	107.83	3.51
莆田市	101.94	98.55	3.39
三明市	106.76	109.44	−2.68
泉州市	109.31	107.31	2.00
漳州市	105.86	105.46	0.40
南平市	104.05	105.58	−1.53
龙岩市	105.12	106.52	−1.40
宁德市	109.09	109.71	−0.62

资料来源：1.福建省第七次全国人口普查领导小组办公室 福建省统计局编，《福建省人口普查年鉴-2020》，中国统计出版社，2022年9月；2.福建省第六次人口普查办公室编，《福建省2010年人口普查资料》，中国统计出版社，2013年1月。

（五）迁移人口性别比

福建作为东部沿海经济相对发达的省份之一，吸引了大量省外人口流入就业定居。2020年，居住在福建户籍在省外的流入人口有488.99万人。其中，男性284.81万人，女性204.18万人，性别比为139.49。户籍在福建居住在省外的流出人口有261.40万人。其中，男性154.81万人，女性106.59万人，性别比为145.24。不论是流出还是流入，男性都明显多于女性。全省净流入人口227.59万人。其中，男性130.00万人，女性97.59万人，净流入人口性别比133.22，比全部常住人口性别比高出26.28个百分点，人口的迁移流动拉高了福建的人口性别比。分年龄来看，2020年福建流入人口性别比呈现"先高后低"趋势，70岁以下的流入人口中，性别比最低的是0—4岁组，而后随着年龄增长小幅波动上升，55—59岁组达到166.41的最高值，到70岁以上，流入人口性别比随着年龄的增长不断下降。

（六）独居人口性别比

人口普查数据显示，2020年，福建独居人口为392.52万人，其中男性224.50万人，女性168.02万人，男女性别比为133.61。分设区市来看，独居人口性别比最高的是厦门，为168.84，最低为莆田，为112.07，三明、泉州、龙岩和宁德均超过130的水平，分别为132.80、132.82、132.99和130.72，南平、漳州和福州则低于130的水平，分别为128.06、125.45和120.10。分年龄来看，14岁及以下独居人口为13.40万人。其中，男性7.43万人，女性5.97万人，男女性别比为124.56。15—64岁独居人口为309.80万人。其中，男性190.39万人，女性119.41万人，男女性别比为159.43。65岁及以上独居人口为69.33万人。其中，男性26.68万人，女性42.65万人，男女性别比为62.56，老年独居女性人口远远多于男性。

二、人口年龄构成状况

人口年龄构成，是指一定时点、一定区域各年龄组人口在全体人口中的比重，即人口在各年龄上的分布，是最基本的人口结构，在一定程度上反映了人口发展的历史过程。分析研究人口年龄结构，对于控制人口增长，制定人口发展规划，发展教育、卫生事业等社会经济各个方面都有着重要意义。

（一）人口年龄构成现状和变化特点

人口普查资料显示，2010年至2020年间福建人口实现较快增长，2020年全省常住人口4154.01万人，与2010年的3689.42万人比，增加464.59万人，增长12.59%，年平均增长率为1.19%，比2000—2010年的年平均增长率提高0.58个百分点。常住人口中0—14岁人口为802.52万人，占19.32%，比2010年提高3.85个百分点；15—64岁人口为2890.49万人，占69.58%，比2010年降低7.05个百分点；65岁及以上人口为461.00万人，占11.10%，比2010年提高3.2个百分点。全省人口年龄结构仍呈青壮年人口比重大、老年少儿人口比重小的结构，但老少"两端"人口比重扩大，适龄劳动力减少，人口老龄化继续加快。

1. 五龄组人口变化状况

（1）0—14 岁人口较快增长

2020 年福建 0—14 岁人口 802.52 万人，比 2010 年增加了 231.95

表 2-7　2020 年和 2010 年福建分年龄人口构成

年龄	2020 年		2010 年		2020 年比 2010 年增减	
	人数（万人）	占比（％）	人数（万人）	占比（％）	人数（万人）	占比（％）
总　计	4154.01	100.00	3689.42	100.00	464.59	0.00
0—4 岁	254.93	6.14	212.73	5.77	42.21	0.37
5—9 岁	299.39	7.21	185.68	5.03	113.71	2.17
10—14 岁	248.20	5.97	172.16	4.67	76.04	1.31
15—19 岁	201.21	4.84	281.68	7.63	−80.47	−2.79
20—24 岁	203.94	4.91	391.85	10.62	−187.92	−5.71
25—29 岁	286.37	6.89	329.99	8.94	−43.62	−2.05
30—34 岁	400.19	9.63	304.81	8.26	95.38	1.37
35—39 岁	332.52	8.00	360.42	9.77	−27.90	−1.76
40—44 岁	301.14	7.25	342.66	9.29	−41.51	−2.04
45—49 岁	355.75	8.56	278.10	7.54	77.65	1.03
50—54 岁	336.26	8.09	212.65	5.76	123.61	2.33
55—59 岁	270.33	6.51	195.45	5.30	74.87	1.21
60—64 岁	202.79	4.88	130.03	3.52	72.76	1.36
65—69 岁	181.92	4.38	91.09	2.47	90.84	1.91
70—74 岁	113.36	2.73	79.52	2.16	33.84	0.57
75—79 岁	71.94	1.73	60.36	1.64	11.58	0.10
80—84 岁	51.74	1.25	37.93	1.03	13.80	0.22
85—89 岁	28.82	0.69	16.29	0.44	12.53	0.25
90—94 岁	10.67	0.26	4.85	0.13	5.83	0.13
95—99 岁	2.24	0.05	1.07	0.03	1.17	0.02
100 岁及以上	0.30	0.01	0.11	0.00	0.20	0.00

资料来源：1. 福建省第七次全国人口普查领导小组办公室 福建省统计局编，《福建省人口普查年鉴 -2020》，中国统计出版社，2022 年 9 月；2. 福建省第六次人口普查办公室编，《福建省 2010 年人口普查资料》，中国统计出版社，2013 年 1 月。

万人，占常住人口的比重也提高了 3.85 个百分点（见表 2-7）。主要原因有两个：一是 25—34 岁生育旺盛期妇女人数有所增加，2020 年 25—34 岁女性人口数为 328.79 万人，比 2010 年的 312.67 万人增加了 16.12 万人；二是十年来中国计划生育政策连续作出重大调整，2013 年"单独两孩"政策实施后，长期积累的生育势能释放，2014 年全省出生人口数达到近十年最高水平，2020 年 6 岁少儿人口为 63.04 万人，达到少儿组峰值。2015 年"全面两孩"政策实施后，出生率继续保持较高水平，3—5 岁少儿人口都接近 60 万人的高水平。

（2）15—29 岁人口减少 300 多万人

2020 年福建 15—29 岁人口 691.52 万人，比 2010 年减少 312.01 万人，占常住人口比重也下降了 10.55 个百分点，为 16.65%。其中 20—24 岁组人口减少了近 200 万，是所有年龄组中人口减少最多、比重下降最快的，占常住人口比重下降到 4.91%。这说明 20 世纪 90 年代以来的计划生育政策得到有力执行，人口出生率稳定在一个较低水平，控制人口增长成效显著。

（3）30—34 岁人口占比最大

2020 年福建 30—34 岁人口 400.19 万人，比 2010 年增加 95.38 万人，是所有年龄组中人数最多的一组，主要原因是 20 世纪 60 年代初"第二次人口生育高峰"中出生的人口于 1986 年开始陆续进入生育年龄，生育旺盛期妇女在总人口中所占比重较高，人口生育规律导致生育高峰在代际重复出现。

（4）35—44 岁组人口减少近 70 万人

2020 年福建 35—44 岁人口 633.66 万，占常住人口比重为 15.25%，人口数比 2010 年减少 69.41 万人，占比下降了 3.80 个百分点。主要原因是 1983 年中国全面实施计划生育政策，提倡晚婚、晚育、少生、优生，一对夫妇只生育一个孩子，从而有计划地控制人口。从 35—44 岁单岁人口变化情况看，2020 年的 35 岁和 36 岁人口数与 2010 年同年龄人口数相差不大，到计划生育开始实施，出生人口数迅速得到控制，2020 年 37 岁人口数比 2010 年的 37 岁人口数减少近 10 万人，39 岁人口数减少近 18 万人，40 岁人口数减少超过 25 万人，41 岁和 42 岁减少也超过 10 万人。

（5）45—69 岁人口数大幅增长

2020 年福建 45—69 岁的人口 1347.05 万人，比 2010 年增加了 439.73 万人，占常住人口的比重提高了 7.84 个百分点。该年龄组人口出生于 1951 年至 1975 年，这段时期中国还未制定人口控制政策，人口增长处于自然无序状态，主要受经济和自然环境影响。1950—1958 年新中国成立初期，经济恢复和社会改革推动生产发展，人民生活改善，促进人口逐年增长，全省平均每年净增近 40 万人；1959—1961 年，由于自然灾害，全省人口出生率下降，死亡率大幅上升，2020 年 59 岁、60 岁和 61 岁人口数分别为 25.87 万人、37.71 万人和 36.38 万人，明显少于 62 岁的 43.04 万人和 63 岁的 47.50 万人，自然增长速度放缓；1962—1975 年，随着国民经济形势开始好转，出现了补偿性生育高潮，2020 年 45—58 岁组人口均超过 50 万，其中人口数最少的是 58 岁人口 51.54 万人，最多的是 49 岁人口 74.91 万人。需要关注的是，45—49 岁组和 50—54 岁组是人口数第二和第三多的组别，未来 15 年，这两个年龄组的人口陆续迈入老年阶段，全省 60 岁及以上老年群体将快速增加，对积极应对人口老龄化工作提出巨大挑战。

（6）70 岁及以上人口数有所增长

随着老龄化进程持续推进，福建老年人口增长呈现速度快和高龄化特点。2020 年，福建 70 岁及以上人口 279.07 万人，占总人口比重为 6.72%，比 2010 年增加 78.95 万人，占比提高 1.29 个百分点。其中，70—74 岁组老年人口 113.36 万人，比 2010 年增加 33.84 万人，75—79 岁组 71.94 万人，比 2010 年增加 11.58 万人，80 岁及以上高龄老年人口 93.77 万人，比 2010 年增加 33.53 万人。人口老龄化程度加深将对医疗费用支出、养老机构和适老化设施改造提出更高要求。

2. 特定年龄组人口变化状况

（1）0—6 岁学龄前儿童人数有所增长但增速趋缓

受生育政策调整影响，2020 年福建 0—6 岁学龄前儿童总量达到

378.99 万人，比 2010 年的 291.99 万人增加 87 万人，占常住人口比重为 9.12%，比 2010 年提高 1.21 个百分点，说明生育政策的调整对全省人口出生起到了积极的促进作用。随着累积的生育势能逐渐释放、育龄妇女人数减少，出生人口在经历一个小高峰后逐年回落，特别是 2020 年初新冠肺炎疫情暴发，给正常的生育行为带来影响。从单岁组看，2020 年，全省 3—6 岁人口数均在 60 万人左右，分别为 62.60 万人、59.76 万人、61.01 万人和 63.04 万人，2 岁人口减少到 50.05 万人，1 岁人口再减少至 44.43 万人，0 岁人口跌破 40 万人，仅为 38.10 万人。出生人口在短期内剧烈波动将对医疗卫生以及基础教育资源的快速调度配置带来考验。

（2）7—15 岁学龄组人数较快增加

2020 年全省 7—15 岁人口有 466.40 万人，占常住人口的比重为 11.23%，比 2010 年增加 142.03 万人，占比相对 2010 年提高 2.44 个百分点。从单岁年龄来看，自低学龄到高学龄人口分布呈现"上下波动，总体向下"的变化趋势，人口数最多的是 8 岁人口，为 62.64 万人，9 岁和 10 岁人口逐步递减，11 岁人口小幅增加，12 岁至 15 岁人口保持逐年减少趋势，15 岁人口仅为 42.87 万人，与人口数最多的 8 岁人口相比差距接近 20 万人。小学和初中学龄人口规模较大变化将对义务教育阶段学校布局、办学规模、经费投入、师资配备等教育资源配置带来影响。

（3）19—22 岁大学适龄人口减少近一半

2020 年全省 19—22 岁人口有 158.19 万人，比 2010 年减少 156.26 万人，降幅达 49.69%，占常住人口比重为 3.81%，比 2010 年降低 4.71 个百分点。大学适龄人数急剧减少，一方面是由于福建长期以来计划生育政策得到严格执行，另一方面也说明了福建大学教育资源相对其他发达省份还有差距。19—22 岁大学适龄人口是高质量就业人口的后备部队，规模大幅缩小将对劳动力资源供给产生负面影响。

（4）15—49 岁育龄妇女人数减少且年龄结构老化

2020 年全省 15—49 岁育龄妇女人数为 998.63 万人，比 2010 年减少 122.00 万人，降幅为 10.89%，主要原因是近 15 年来进入育龄期的妇女数量持续缩减，由此导致育龄妇女总数持续下降；此外，育龄妇女内部年龄结构也出现老化问题，20—29 岁生育旺盛期妇女规模下降明显，2020 年为 227.65 万人，比 2010 年减少 131.72 万人，占全部育龄妇女人口的比例为 22.80%，比 2010 年下降了近 10 个百分点，育龄妇女人数减少且年龄结构老化将给出生人口带来较大下行压力。

（二）人口年龄构成的地区差异

1. 分地区人口年龄结构

地区间自然人文环境、经济发展水平和人口发展基础不同，对人口在地区间的分布有着不同程度的影响。福建拥有 12.4 万平方公里的土地面积，各设区市和城乡之间的自然、社会环境存在着较大差异，影响着地区间的人口发展变化情况，决定了人口年龄构成在地区之间和城乡之间存在着差异。

2020 年，全省 9 个设区市中年龄中位数超过 35 岁的有 8 个，比 2010 年增加 4 个；0—14 岁人口比重超过 20% 的设区市有 5 个，2010 年时所有设区市均低于 20%；15—64 岁人口比重超过 70% 的设区市有 3 个，比 2010 年减少 6 个；65 岁以上老年人口比重超过 10% 的设区市有 7 个，比 2010 年增加 5 个（见表 2-8）。各设区市人口年龄结构均呈现老少人口比重扩大，整体年龄老化特点。

厦门作为与深圳、珠海、汕头同时设立的四大经济特区之一，40 年来一直走在改革开放的前沿，经济发展活跃、生活环境宜居吸引了大量年轻劳动力前来就业定居，对厦门本地人口年龄结构起到良好的优化调整作用，使厦门成为全省最年轻的地级市。2020 年，厦门净流入人口为 247.80 万人，比 2010 年增加 73.86 万人，净流入趋势增强。从年龄中位数来看，厦门为 34.42 岁，是全省唯一低于 35 岁的地级市；从不同年龄段来看，0—14 岁人口占比 17.16%，略高于福州，15—64 岁人口占比全省最高，为 76.67%，65 岁及以上人口占比仅为 6.17%，比 2010 年提高 1.61 个百分点，占比全省最低且增长速度最慢。

泉州作为传统人口大市，依靠发达的制造业，吸纳了大量的外来

表 2-8　2020 年福建各设区市分年龄人口构成

地　区	占总人口比重（%）			年龄中位数（岁）		
	0—14 岁	15—64 岁	65 岁及以上	2020 年	2010 年	差距
全　省	19.32	69.58	11.10	37.71	33.51	4.24
福州市	17.08	71.20	11.72	37.56	33.20	4.36
厦门市	17.16	76.67	6.17	34.42	29.00	5.42
莆田市	20.73	66.64	12.63	37.60	33.06	4.54
三明市	20.63	65.65	13.73	42.15	36.58	5.57
泉州市	20.62	70.38	9.00	36.29	31.06	5.23
漳州市	19.87	67.80	12.34	39.93	34.37	5.56
南平市	18.07	67.14	14.79	44.83	38.35	6.48
龙岩市	21.86	64.80	13.33	40.25	36.48	3.77
宁德市	20.64	66.66	12.70	39.34	35.30	4.04

资料来源：1. 福建省第七次全国人口普查领导小组办公室 福建省统计局编，《福建省人口普查年鉴-2020》，中国统计出版社，2022 年 9 月；2. 福建省第六次人口普查办公室编，《福建省 2010 年人口普查资料》，中国统计出版社，2013 年 1 月。

就业人口，其人口规模一直稳居全省首位。2020 年，泉州净流入人口 108.32 万人，比 2010 年减少 33.68 万人，净流入趋势有所减弱，主要原因是近年来泉州制造业行业集中度和自动化水平提升，用工减少。大量的外来人口优化了泉州的人口年龄结构，2020 年泉州人口年龄中位数为 36.29 岁，仅次于厦门，是全省第二年轻的地级市。从年龄结构来看，0—14 岁人口占比 20.62%，比 2010 年提高 6.12 个百分点，是九个设区市中提高最快的地级市；15—64 岁人口占比 70.38%，居全省第三位；65 岁及以上人口占比 9.00%，是全省低于 10% 分界线的两个地级市之一。

福州作为福建省会城市，在经济社会发展中起到至关重要的引领作用，其人口规模一直位居全省第二位。十年来，人口一直保持较快增长，增长速度仅次于厦门。2020 年福州年龄中位数为 37.56 岁，居全省第三位。0—14 岁人口占比 17.08%，比 2010 年提高 2.59 个百分点，提高幅度仅高于南平；15—64 岁人口占比 71.20%，仅低于厦门；65 岁及以上人口占比 11.72%，低于厦门和泉州，居全省第三位。

莆田与宁德的人口年龄结构相近，三个年龄段的占比相差都不大，不同的是莆田 0—14 岁人口占比略高于宁德，15—64 岁和 65 岁及以上人口占比略低于宁德，导致莆田人口年龄中位数低于宁德。2020 年，莆田人口年龄中位数为 37.60 岁，宁德为 39.34 岁，分别位居全省第四、五位，莆田仅比福州老 0.04 岁。

漳州的人口老龄化程度高于全省水平，0—14 岁、15—64 岁和 65 岁及以上人口占比分别为 19.87%、67.80% 和 12.34%，年龄中位数为 39.93 岁，居全省第六位。

南平、三明和龙岩作为山区市，产业相对不发达，对人口的吸引力不足，人口呈现净流出规模扩大态势。2020 年，三个地级市净流出人口分别为 48.87 万人、39.85 万人和 45.61 万人，净流出人口比 2010 年分别增加 24.76 万人、23.55 万人和 23.11 万人，增长分别为 102.70%、144.48% 和 102.71%，净流出人口规模均超过一倍，大量年轻劳动力外流加快了人口年龄结构老化，三个地级市的年龄中位数均超过 40 岁。

南平不仅是最"老"的地市同时也是"老化最快"的地级市，年龄中位数为 44.83 岁，比 2010 年提高 6.48 岁。分年龄段来看，0—14 岁人口占比为 18.07%，比 2010 年仅提高 0.34 个百分点，是少儿人口比重增长最少的地级市，65 岁及以上人口占比为 14.79%，比 2010 年提高 4.70 个百分点，是老年人口占比增长最快的地级市，未来社会抚养负担最大；三明是全省唯一一个人口负增长的地级市，年龄中位数为 42.15 岁，仅低于南平，比 2010 年增长 5.57 岁，老化速度居全省第二。0—14 岁人口占比 20.63%，比 2010 年提高 4.41 个百分点，65 岁及以上人口占比 13.73%，比 2010 年提高 4.16 个百分点；龙岩虽然是全省最"老"的三个地级市之一，但由于 0—14 岁人口占比在过去十年从 16.34% 提高到 21.86%，提高了 5.52 个百分点，仅次于泉州，使得龙岩成为全省"老化最慢"的地级市，年龄中位数为 40.25 岁，比 2010

年提高 3.77 岁。

2. 分城乡人口年龄结构

2020 年福建常住人口城镇化率为 68.75%，比 2010 年提高 11.16 个百分点，城镇化水平的持续推进使得城乡人口结构发生较大变化。总体上看，城市人口最年轻，年龄中位数为 35.14 岁；镇的人口年龄中位数为 37.32 岁，比城市老 2.17 岁；乡村人口年龄中位数为 43.11 岁，比城市老 7.97 岁，比镇老 5.79 岁，老龄化程度最深。与 2010 年相比，城市、镇和乡村的人口年龄都呈现不同程度的老化，城市的人口年龄中位数比 2010 年提高 3.78 岁，镇提高 3.95 岁，乡村提高 7.38 岁，老化速度最快（见表 2-9）。

表 2-9　2020 年和 2010 年福建分城乡人口年龄构成

单位：%

地　区	2020 年				2010 年			
	0—14	15—64	65+	年龄中位数（岁）	0—14	15—64	65+	年龄中位数（岁）
城市	18.26	73.61	8.13	35.14	13.29	80.88	5.82	31.36
镇	21.39	68.58	10.03	37.32	16.17	76.74	7.09	33.37
乡村	18.88	65.16	15.95	43.11	16.8	73.24	9.96	35.73

资料来源：1. 福建省第七次全国人口普查领导小组办公室 福建省统计局编，《福建省人口普查年鉴 -2020》，中国统计出版社，2022 年 9 月；2. 福建省第六次人口普查办公室编，《福建省 2010 年人口普查资料》，中国统计出版社，2013 年 1 月。

分年龄段来看，2020 年，城市、镇和乡村 0—14 岁少儿人口比重分别为 18.26%、21.39% 和 18.88%，占比相对较高的是镇，城市和乡村的差距不大，与 2010 年时城市低于镇和乡村的情况相比，形势发生了较大改变，主要原因是十年间生育政策陆续放开，城市妇女生育水平有所提高，镇作为城市和乡村的过渡地带，经济发达程度高于乡村，妇女生育意愿强于城市，抚养负担小于城市，更容易将生育多孩的意愿转化为实际生育行为，2020 年出生的人口中二孩及以上占比高于城市；15—64 岁人口占比最高的是城市，其次是镇，最后是乡村，表明劳动力资源分布与经济发展水平具有强烈的正向相关关系，经济越是发达就越容易吸引适龄劳动力流入，经济不发达的乡村地区要面临严重的劳动年龄人口流失问题；65 岁及以上老年人口占比最高的是乡村，为 15.95%，其次是镇，为 10.03%，最后是城市，为 8.13%。世界卫生组织将 65 岁及以上人口占总人口比重达到 7%、14%、20% 的状况，分别称为老龄化社会、深度老龄化社会和超级老龄化社会，对应来看，福建城镇地区已经进入老龄化社会，乡村地区已进入深度老龄化社会。

（三）人口年龄构成类型和人口再生产

根据少年儿童和老年在总人口中的比例关系，通常将人口类型划分为年轻型、成年型和老年型。按照划分标准，2000 年时，福建少儿人口系数为 23.00%，在老年型标准的区间范围；老年人口系数 6.68%，接近老年型标准；老少比 29.04%，逼近成年型标准的上限；年龄中位数 27.95 岁，属于成年型标准。判断人口类型的 4 个指标中，1 个已经达到老年型标准，3 个也很接近老年型标准，人口处于成年型向老年型

表 2-10　人口年龄构成类型

单位：%

指　标	国际通用人口年龄类型标准			福建		
	年轻型	成年型	老年型	2020 年	2010 年	2000 年
少儿人口系数（0—14 岁）	＞ 40	30—40	＜ 30	19.32	15.47	23.00
老年人口系数（65 岁及以上）	＜ 4	4—7	＞ 7	11.10	7.89	6.68
老少比	＜ 15	15—30	＞ 30	57.45	51.00	29.04
年龄中位数（岁）	＜ 20	20—30	＞ 30	37.71	33.51	27.95

资料来源：1. 福建省第七次全国人口普查领导小组办公室 福建省统计局编，《福建省人口普查年鉴 -2020》，中国统计出版社，2022 年 9 月；2. 福建省人口普查办公室编，《福建省 2010 年人口普查资料》，中国统计出版社，2013 年 1 月；3. 福建省第五次人口普查办公室编，《福建省 2000 年人口普查资料》，中国统计出版社，2002 年 8 月。

转变的过程中。到了 2010 年，少儿人口系数下降，为 15.47%；老年系数突破 7%，达到 7.89%；老少比超过 50%；年龄中位数增加到 33.51 岁，4 个指标全部符合老年型社会的特征，从成年型全面转变为老年型。2020 年福建少儿人口系数 19.32%，老年人口系数 11.10%，老少比 57.45%，年龄中位数 37.71 岁，已经全面进入老年型社会，人口老龄化程度进一步加深（见表 2-10）。

用人口金字塔可以更加形象地表示人口的年龄分布。人口金字塔是按人口年龄和性别表示人口分布的特种塔状条形图，其纵轴表示年龄，水平条代表每一年龄组男性和女性的数字或比例，金字塔中各个年龄性别组相加构成了总人口。金字塔底部代表低年龄组人口，塔上部代表高年龄组人口。人口金字塔反映了过去人口的情况，如今人口的结构以及今后人口可能出现的趋势。人口金字塔可分为三种类型：年轻型、成年型和老年型。年轻型：年轻人比重大，塔形下宽上尖；成年型：除极老的年龄组外，各年龄组人数差别不很大，塔形较直，只在高龄部分急骤收缩；老年型：年轻人越来越少，中年以上人口比重较大，塔形下窄上宽。

从第七次人口普查的人口金字塔来看（图 2-1），塔形总体呈现上

图 2-1　福建省 2020 年人口年龄金字塔

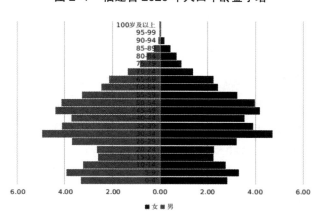

资料来源：福建省第七次全国人口普查领导小组办公室 福建省统计局编，《福建省人口普查年鉴-2020》，中国统计出版社，2022 年 9 月。

尖中宽下窄的结构，"两头小、中间大"的特点比较明显。5—9 岁组相对较宽，说明了近十年生育政策陆续放开对人口增长的正向促进作用，低龄组人口占比持续下降的情况在短期内得到抑制，随着育龄妇女总量减少和生育意愿减弱，0—4 岁的幼儿人口有所回落。

人口的再生产是通过生育行为实现的，因此育龄妇女的规模和结构，将对一个国家或地区的人口发展直接产生影响。从历次普查结果来看，福建育龄妇女规模呈现先提高后降低的发展态势，从 1953 年第一次人口普查到 2010 年第六次人口普查，育龄妇女规模不断扩大，到 2010 年时达到 1120.63 万人的最高峰，之后福建人口再生产类型过渡为减少型，进入婚育年龄的人口减少，加上生育率降低，人口总量保持低速增长趋势，到 2020 年全省育龄妇女人数减少到 998.63 万人，比 2010 年减少 122.00 万人。

三、劳动年龄人口的性别、年龄构成

劳动年龄人口是社会总人口中处于劳动年龄范围内的人口，按照国际标准，一般界定为 15—64 岁人口。在中国，最低就业年龄为 16 周岁，因此将劳动年龄人口下限规定为 16 周岁；国际上通常把 60 岁或者 65 岁及以上人口界定为老年人口，发展中国家人均预期寿命一般低于发达国家，老年人口按 60 岁标准，发达国家按 65 岁标准，中国作为发展中国家，适用于"60 岁及以上为老年人口"标准，因此劳动年龄人口上限为 59 周岁。按照中国 16—59 岁劳动年龄人口的标准，2020 年，福建劳动年龄人口有 2644.83 万人，比 2010 年减少 6.99 万人，下降 0.26%，占常住人口的比重由 2010 年 71.88% 下降到 63.67%，下降了 8.21 个百分点，虽然下降幅度不大，但表明福建劳动年龄人口增长已经达到拐点，未来如果没有大量新增年轻劳动力补充，人口红利将持续消退，社会抚养负担会不断加大。

在劳动年龄人口中，男性人口 1366.97 万人，占比 51.68%，女性人口 1277.86 万人，占比 48.32%，男性比女性多 89.11 万人，男女性别比为 106.95，比 2010 年提高 2.85 个百分点。分年龄来看，男女性别比总体上随着年龄增长逐步下降，年龄越大，性别比越低。16—19 岁、20—24 岁和 25—29 岁组的性别比最高，均超过 114，与 2010 年相比分别提高 6.26 个、16.29 个和 13.01 个百分点，青年男女性别比偏高不仅会影响结婚率和人口再生产速度，还会影响社会稳定。30—54 岁劳动年龄人口性别比变化比较平稳，2020 年和 2010 年都保持在 103—107 的正常范围内，55—59 岁组男女性别比下降到 101.75，低于正常区间的下限值。

从年龄构成来看，16—49 岁的青壮年劳动人口有 2038.25 万人，占劳动年龄人口的 77.07%，比 2010 年下降了 7.54 个百分点。其中，16—19 岁、20—24 岁、25—29 岁、30—34 岁、35—39 岁、40—44 岁和 45—49 岁的各组人口分别占劳动年龄总人口的 5.99%、7.71%、10.83%、15.13%、12.57%、11.39% 和 13.45%。各组中，比 2010 年升高的只有 30—34 岁、45—49 岁两个年龄组，提高最多的是 30—34 岁组，上升了 3.64 个百分点；比 2010 年下降的有 16—19 岁、20—24 岁、25—29 岁、35—39 岁和 40—44 岁组，下降最快的是 20—24 岁组，降低了 7.07 个百分点，劳动年龄人口中，青年人口明显减少。

四、人口结构对经济社会发展的影响

人是构成社会的基本要素，也是社会生产行为的主体，人口的规模、结构对经济和社会的发展都产生重大影响。

（一）人口红利促进经济发展

所谓"人口红利"，是指一个国家或地区生育高峰期过后，总人口中劳动年龄人口占总人口的比重上升，会形成一个劳动力资源比较丰富、少儿和老年人口抚养负担相对较轻、对经济发展十分有利的时期，人口经济学家称之为"人口红利期"，一般的判断标准是人口总抚养比小于或等于 50%。第七次人口普查数据显示，2020 年福建人口少儿抚养比为 27.8%，老年抚养比为 15.9%，总抚养比为 43.7%，低于 50%

的临界值，虽然仍处于对经济发展有利的"人口红利"的黄金时期，但已经临近消失。随着人口老龄化的不断发展，福建人口红利期预计将在未来五至十年内关闭，地方政府需要抓紧谋求新一轮红利模式，在全国人口总量增长停滞，各省人口增长从增量竞争转为存量竞争的情况下，加快引进高素质人才，推进"人口红利"向"人才红利"转变，为经济可持续发展做好人才储备。

（二）人口老龄化使社会养老保障体系面临挑战

根据联合国划分标准，60 岁及以上人口所占比重达到或超过总人口数的 10%，或者 65 岁及以上人口达到或超过总人口数的 7%，该国家或地区即进入人口老龄化社会。2020 年福建 60 岁及以上人口占比 15.98%，65 岁及以上人口占比 11.10%，已经进入老龄化社会，社会抚养负担不断增大，未来社会养老保障体系将面临更大挑战，需要加快推进养老体制改革，将实施健康老龄化战略纳入国民经济和社会发展中长期规划；积极推进家庭养老和社会养老、社区养老相结合，开展公共基础设施适老化改造；积极发展老龄产业，满足老年人物质和精神生活需要。

第三章 人口老龄化

人口老龄化是指人口生育率降低和人均寿命延长导致的总人口中因年轻人口数量减少、年长人口数量增加而导致的老年人口比例相应增长的动态。这个社会现象，具有两层含义。一是指老年人口相对增多，在总人口中所占比例不断上升的过程；二是指人口结构呈现老年状态，进入老龄化社会。国际上通常看法是，当一个国家或地区 60 岁及以上人口占人口总数的比重达到 10%，或 65 岁及以上人口占人口总数的比重达到 7%，即意味着这个国家或地区的人口处于老龄化社会。世界卫生组织把老龄化的社会进一步细分为"老龄化社会""老龄社会""超老龄社会"，分别是 65 岁以上人口占比达到 7%，14% 和 20%。按这一标准，21 世纪初期，福建就进入了老龄化社会。人口普查资料显示，2020 年福建常住人口中，60 岁及以上人口 663.79 万人，占 15.98%，65 岁及以上人口 461.00 万人，占 11.10%，与 2010 年相比，60 岁及以上人口比重上升 4.56 个百分点，65 岁及以上人口比重上升 3.21 个百分点，逐步向老龄社会迈进。

一、人口老龄化的现状和特点

（一）福建已迈入老年型社会中期阶段

在福建人口结构演变过程中，少儿人口比重总体下降，老年人口比重、老少比、年龄中位数不断上升，从而使全省人口类型逐步向老龄社会转变（见表 3-1）。

在福建人口老龄化进程中，少儿人口比重下降明显。1964 年，全省 0—14 岁少儿人口比重 42.30%，此后不断下降，2000 年降为

表 3-1 福建人口年龄结构变动情况

单位：%

人口系数	历次普查人口年龄构成						
	1953 年	1964 年	1982 年	1990 年	2000 年	2010 年	2020 年
65 岁及以上人口比重	3.31	3.15	4.38	5.07	6.69	7.89	11.10
0—14 岁人口比重	35.78	42.30	36.50	31.47	22.30	15.46	19.32
老少比	9.25	7.45	12.00	16.11	30.10	51.03	57.44
年龄中位数（岁）	21.86	19.60	20.51	23.45	27.95	34.44	37.71
人口年龄构成类型判断						老龄化社会	老龄化社会

资料来源：1. 福建省第七次全国人口普查领导小组办公室 福建省统计局编，《福建省人口普查年鉴 -2020》，中国统计出版社，2022 年 9 月；2. 福建省第六次人口普查办公室编，《福建省 2010 年人口普查资料》，中国统计出版社，2013 年 1 月；3. 福建省第六次全国人口普查办公室编，《迈向小康社会的中国人口》（福建卷），中国统计出版社，2015 年 2 月。

22.30%，2010 年进一步降至 15.46%，经过优化生育政策后，2020 年回升至 19.32%。但在少儿人口比重下降的同时，老年人口比重持续上升，并且在 20 世纪 90 年代以后增长速度明显加快。1953 年、1964 年全省 65 岁及以上老年人口占总人口的比重均在 4% 以下，1982 年升至 4.38%，1990 年超过 5%，2000 年接近 7%，2010 年接近 8%，2020 年大幅增长达到 11.10%，超过老龄化社会标准 4.10 个百分点，距离老龄社会还有 2.90 个百分点的差距。

老少比系数变动明显，上升幅度大。全省人口老少比 1990 年 16.11%，2000 年提高为 30.10%，2010 年大幅提高到 51.03%，2020 年达到 57.44%。

少儿人口比重下降和老年人口比重上升，必然引起年龄中位数的提高。1990 年全省人口的年龄中位数为 23.45 岁，2000 年升至 27.95 岁，2010 年升至 34.44 岁，2020 年达到 37.71 岁。

根据历次人口普查数据的分析判断，福建 1953 年至 2000 年的人口年龄结构一直保持较为年轻，未达到国际上的老龄化标准。2000 年至 2010 年之间迈入老龄化社会，2020 年进一步发展为老龄化社会中期，预计在 2030 年之前迈入老龄社会阶段。

（二）人口老龄化速度在加快

65 岁及以上人口比重、0—14 岁人口比重、老少比、年龄中位数等 4 个指标，是我们通常用来衡量人口年龄构成类型的主要指标。2020 年人口普查资料显示，福建 65 岁以上老年人口比重和年龄中位数都往上升且幅度较大，老少比仍保持上升趋势，说明福建的人口老龄化速度在加快，进一步加速了老年型社会的进程。

人口老龄化速度加快，除了老年人口总量增加较大外，一方面出生率下降是快速迈入老年型社会的主要原因。20 世纪 70 年代以来计划生育的成功实施，人口出生率迅速下降，少儿人口持续减少，引发人口年龄结构的转变，这是影响福建快速迈入老年型社会的根本原因。1964 年"二普"时全省人口出生率达 38.59‰，1982 年降至 27.91‰，2000 年为 11.60‰，2010 年为 11.27‰，2020 年出生率进一步降至 9.21‰。

另一方面死亡率稳定、平均预期寿命延长也是快速迈入老年型社会的重要因素。20 世纪 70 年代以来，福建人口死亡率稳定在较低的水平，1990 年为 6.71‰，2000 年为 5.85‰，2010 年为 5.16‰，2020 年为 6.24‰。

人口平均预期寿命持续上升，1982 年为 68.50 岁，1990 年为 70.50 岁，2000 年为 72.55 岁，2010 年为 75.76 岁，2020 年进一步提高为 78.49 岁。

图 3-1　福建省 2020 年人口年龄金字塔

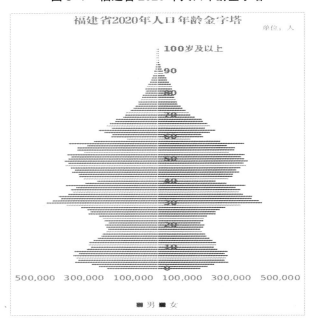

　　借助人口年龄金字塔图，可以更直观地感受到福建人口发展的历史。以 2020 年人口金字塔为例（见图 3-1），塔的中部有二次明显的加宽。第一次加宽是 1962—1978 年（42—58 岁）出生的人口，其间每年人口出生率均超过 25‰，多数年份超过 35‰，最高的 1963 年，达到 45.14‰；第二次加宽是 1982—1991 年（29—38 岁）出生的人口，其间每年人口出生率也都超过 20‰，多数年份在 24‰—25‰ 之间徘徊。从 1962 年到 1991 年出生的人口看，除 1980 年出生人口只有 480 多万人外，其他年份出生人口每年均超过 550 万人，其中 1968—1973 年出生的人口每年都在 700 万人左右。此外，2014 年（6 岁）附近的年份也呈现了一次金字塔加宽，对应的正是中国优化计划生育政策的实施。最后，在金字塔的最底部，近 5 年的出生人口呈现出了明显的大幅度下降趋势。可以预见，未来 30 年内，全省老年人口仍显现较快的增加趋势。而劳动年龄人口受近 25 年低出生率的影响，会大幅度减少，人口老龄化程度将会进一步深化。

（三）人口老龄化程度低于全国平均水平

从历史数据看，与全国相比，福建人口老龄化程度一直低于全国平均水平，属于较年轻的省份。"三普"（1982年）时，福建65岁以上人口比重比全国低0.5个百分点，"四普"（1990年）比全国低0.9个百分点，"五普"（2000年）比全国低0.5个百分点，"六普"（2010年）比全国低1.0个百分点。

人口普查数据显示，2020年，福建60岁及以上人口比重比全国平均水平低2.72个百分点，按从低到高排在各省（区、市）中居第9位，由2010年的第24位前进15位。其中，65岁及以上人口比重比全国平均水平低2.40个百分点，在各省（区、市）排第8位，由2010年的第11位前进3位。人口老龄化程度在全国位次大幅后移，与全国平均水平相比老龄化程度较低，主要是福建地处改革开放的前沿地带，近年来社会经济迅速发展，吸引了大量省外人口迁移流动，特别是劳动年龄人口的不断补充，这在一定程度上减缓了人口老龄化。

（四）老年人口大量增加，远高于其他年龄段人口增速

从改革开放以来历次人口普查及近年人口抽样调查数据来看，全省老年人口规模呈持续扩大态势。1982年65岁以上老年人口数量为113万人，1990年增加到152万人，2000年为228万人，2010年进一步增加到291万人，到了2020年，65岁以上老年人口数量达到461.00万人。从增量过程来看，全省老年人口数量增加的幅度在不断提高。1982—1990年平均每年增加4.9万人；1991—2000年平均每年增加7.6万人；2001—2010年平均每年增加6.3万人；2011—2020年，平均每年增加17.0万人。

从分年龄段人口增速来看，人口普查资料显示，2020年全省60岁以上人口数663.79万人，比2010年增加242.55万人，增长57.58%，分别高于0—14岁、15—59岁人口增速16.93个百分点、57.95个百分点。65岁以上人口数461.00万人，比2010年增加169.79万人，增长58.31%，分别高于0-14岁、15—59岁人口增速17.65个百分点、58.67个百分点。其中，65—69岁人口增速更是达到了99.71%，老年人口增

速远高于其他年龄段人口增速（见表 3-2）。

表 3-2 福建人口年龄结构变动情况

年龄段	人口数（万人）		增长（%）
	2020 年	2010 年	
合计	4154.01	3689.42	12.59
0—14	802.52	570.57	40.65
15—59	2687.70	2697.61	−0.37
60 岁及以上	663.79	421.24	57.58
65 岁及以上	461.00	291.21	58.31
65—69	181.92	91.09	99.71
70—79	185.30	139.88	32.47
80 岁及以上	993.78	60.24	55.68

资料来源：1. 福建省第七次全国人口普查领导小组办公室 福建省统计局编，《福建省人口普查年鉴 -2020》，中国统计出版社，2022 年 9 月；2. 福建省第六次人口普查办公室编，《福建省 2010 年人口普查资料》，中国统计出版社，2013 年 1 月；3. 福建省第六次全国人口普查办公室编，《迈向小康社会的中国人口》（福建卷），中国统计出版社，2015 年 2 月。

（五）老年人口受教育程度较低

人口普查资料显示，2020 年全省 65 岁及以上老年人口中，未上过学的占 18.16%，小学占 55.05%，初中占 17.12%，高中占 6.64%，大专及以上占 3.01%。与 2010 年相比，65 岁及以上老年人口初中及以上受教育程度提高 4.00 个百分点。此外，数据显示，女性老年人口受教育程度明显低于男性。（见表 3-3）

（六）隔代家庭户大量减少，空巢家庭户比重大

人口普查资料显示，2020 年全省有 65 岁及以上老年人的家庭户 336.88 万户，占全省家庭户数的 23.44%，与 2010 年相比，增加 110.54 万户，增长 48.84%。其中，隔代家庭户（指一个老年人与未成年的亲属户和一对老夫妇与未成年的亲属户）6.25 万户，占 1.86%，比 2010 年大幅减少 29.50 个百分点；空巢家庭户（指单身老人户和只有一对老夫妇的户）123.21 万户，占 36.58%，比 2010 年提高 7.74 个百分点。（见表 3-4）

表 3–3　2020 年福建 65 岁及以上老年人口分性别受教育程度构成

单位：%

受教育程度	合计	男性	女性
总计	100.00	100.00	100.00
未上过学	18.16	7.40	27.94
小学	55.05	54.61	55.45
初中	17.12	24.19	10.70
高中	6.64	9.15	4.37
大学专科及以上	3.01	4.64	1.53

资料来源：福建省第七次全国人口普查领导小组办公室 福建省统计局编，《福建省人口普查年鉴 –2020》，中国统计出版社，2022 年 9 月。

表 3–4　2020 年福建省 65 岁及以上老年人口户构成

家庭户类型	户数（万户）	比重（%）
有 65 岁及以上老年人的家庭户	336.88	100.00
#隔代家庭户	6.25	1.86
#一个老年人与未成年的亲属户	3.27	0.97
一对老夫妇与未成年的亲属户	2.98	0.88
空巢家庭户	123.21	36.58
#单身老人户	69.33	20.58
只有一对老夫妇的户	53.88	15.99

资料来源：福建省第七次全国人口普查领导小组办公室 福建省统计局编，《福建省人口普查年鉴 –2020》，中国统计出版社，2022 年 9 月。

（七）有配偶老年人口占比大

人口普查资料显示，2020 年全省 60 岁及以上老年人口中，未婚的占 1.16%，有配偶的占 74.85%，离婚的占 1.11%，丧偶的占 22.88%。分性别分析，男性老年人口未婚的比重为 2.16%，女性为 0.22%，女性未婚老年人口比重明显低于男性；男性老年人口有配偶的比重为 85.99%，女性为 64.34%，呈现男性明显高于女性特征；男性老年人口丧偶的比重为 10.38%，女性为 34.67%，呈现女性明显高于男性特征；

从老年人口离婚情况看，男性老年人口离婚的比重为 1.47%，女性为 0.77%，女性离婚比重明显低于男性。（见表 3-5）

表 3-5　2020 年福建 60 岁及以上老年人口婚姻构成状况

单位：%

婚姻状况	合　计	男	女
未　婚	1.16	2.16	0.22
有配偶	74.85	85.99	64.34
离　婚	1.11	1.47	0.77
丧　偶	22.88	10.38	34.67

资料来源：福建省第七次全国人口普查领导小组办公室 福建省统计局编，《福建省人口普查年鉴-2020》，中国统计出版社，2022 年 9 月。

（八）百岁老人数量增多

人口普查资料显示，1982 年全省百岁以上老年人口为 45 人，1990 年增加到 143 人，2000 年为 373 人，2010 年达 1058 人，2020 年进一步增加到 3023 人。百岁老人的大幅度增加，反映福建社会经济的稳健发展，人民生活水平的连续提高，医疗卫生条件的不断改善，老年人养生保健的进步，这是整个社会不断进步的标志，是现代文明不断发展的象征。

（九）老年人口生活来源以家庭其他成员供养为主

人口普查资料显示，福建 60 岁以上老年人口生活来源以"家庭其他成员供养"为主，占 45.36%，其次是"离退休金、养老金"及"劳动收入"，分别占 24.72% 和 24.15%。收入来源为"最低生活保障金""财产性收入""其他"等合计占 5.78%（详见表 3-6）。

进一步的分年龄组分析结果表明，不同年龄老年人的主要生活来源存在明显差异。低年龄的老年人有一部分仍在就业从而获得劳动收入，以 60—64 岁组为例，福建省有超过三分之一的该年龄段老年人仍有劳动收入。而 80 岁以上的高年龄老年人除了小部分有离退休金/养老金的收入作为主要生活来源外，绝大多数依靠家庭其他成员供养（见表 3-7）。

表 3-6　2020 年福建 60 岁及以上老年人口主要收入来源构成

单位：%

收入来源	比重
总　　计	100.00
劳动收入	24.15
离退休金 / 养老金	24.72
最低生活保障金	2.37
财产性收入	0.82
家庭其他成员供养	45.36
其他	2.58

资料来源：福建省第七次全国人口普查领导小组办公室 福建省统计局编，《福建省人口普查年鉴－2020》，中国统计出版社，2022 年 9 月。

表 3-7　2020 年福建分年龄组老年人主要生活来源

单位：%

主要收入来源	60—64 岁	65—69 岁	70—74 岁	75—79 岁	80—84 岁	85 岁及以上
合计	100.00	100.00	100.00	100.00	100.00	100.00
劳动收入	39.25	28.83	16.68	8.72	3.64	1.44
离退休金 / 养老金	22.67	22.89	26.77	28.91	28.93	24.66
最低生活保障金	1.58	2.15	2.66	3.27	3.46	3.54
财产性收入	1.04	1.02	0.76	0.52	0.30	0.20
家庭其他成员供养	32.87	42.39	50.56	56.16	61.25	67.69
其他	2.60	2.72	2.58	2.42	2.43	2.46

资料来源：福建省第七次全国人口普查领导小组办公室 福建省统计局编，《福建省人口普查年鉴－2020》，中国统计出版社，2022 年 9 月。

二、人口老龄化的区域差异

（一）各设区市之间人口老龄化不平衡

2020 年，全省只有厦门的 65 岁及以上老年人所占比重还处在成年型，其他指标已经达到老年型社会标准。其他设区市所有测算指标全部达老年型社会标准。9个设区市中，老年人口比重、老少比系数、年龄中位数最高的都是南平，分别达14.8%、81.8%和44.9岁（见表3-8）。

表3-8　2020年福建分设区市人口年龄构成情况

单位：%

指　标	合计	福州	厦门	莆田	三明	泉州	漳州	南平	龙岩	宁德
65岁及以上人口比重	11.1	11.7	6.2	12.6	13.7	9.0	12.3	14.8	13.3	12.7
0—14岁人口比重	19.3	17.1	17.2	20.7	20.6	20.6	19.9	18.1	21.9	20.6
老少比	57.4	68.6	35.9	60.9	66.5	43.7	62.1	81.8	61.0	61.5
年龄中位数（岁）	37.7	37.5	33.4	37.5	42.4	36.2	39.9	44.9	40.3	39.3

　　资料来源：福建省第七次全国人口普查领导小组办公室 福建省统计局编，《福建省人口普查年鉴–2020》，中国统计出版社，2022年9月。

（二）各县域之间的差异

　　2020年全省84个县（市、区）中，60岁及以上老年人口比重低于10%的有6个，在10%—15%之间有15个，超过15%的有63个。南平市浦城县老年人口比重最高，为25.09%，集美区的比重最低，仅占6.67%。从老年人口所占比重情况看，沿海经济发达地区老年人口比重低，内地山区经济欠发达地区老年人口比重高（见表3-9）。

（三）长寿老人水平差异

　　生活水平提高、生存环境改善、保障体系日益健全，使百岁老人增多、分布更广。2020年，福建80岁以上老年人口93.78万人，占常住人口比重2.26%，占65岁以上老年人口比重20.34%。全省共有百岁老人3023人，九个设区市百岁老人均超过100人。其中，福州百岁老人最多，有694人，泉州、漳州紧随其后，分别有524人、387人。在性别构成上，以女性百岁老人为主，女性比重远高于男性（见表3-10）。全省每10万人有百岁老人7.28人，其中，莆田最高，每10万人有10.03人，超过联合国确定的长寿标准（7.5/10万人）2.53人。

表 3-9　2020 年福建分县（市、区）老年人口比重

单位：人

地区	常住人口	60 岁及以上	老年人口比重（%）	地区	常住人口	60 岁及以上	老年人口比重（%）
集美区	1036987	69145	6.67	云霄县	411558	76616	18.62
湖里区	1036974	75047	7.24	政和县	179413	33635	18.75
海沧区	582519	46362	7.96	沙　县	250503	47085	18.80
同安区	855920	80502	9.41	建阳区	340843	64461	18.91
石狮市	685930	65856	9.60	东山县	219511	41616	18.96
丰泽区	698557	68632	9.82	诏安县	560969	106649	19.01
晋江市	2061551	208299	10.10	涵江区	479605	91434	19.06
翔安区	578255	62946	10.89	鼓楼区	669090	128142	19.15
龙文区	301883	34366	11.38	连江县	639498	123421	19.30
洛江区	247172	29673	12.01	霞浦县	475936	92231	19.38
鲤城区	428361	53181	12.41	仙游县	905068	175791	19.42
蕉城区	623840	82919	13.29	永春县	422531	82859	19.61
仓山区	1142991	155033	13.56	光泽县	130294	25566	19.62
新罗区	841745	114919	13.65	长汀县	397470	78925	19.86
德化县	332148	46626	14.04	台江区	411819	82377	20.00
闽侯县	988200	142040	14.37	连城县	250518	51148	20.42
城厢区	547422	81103	14.82	清流县	118029	24176	20.48
梅列区	220115	32712	14.86	永泰县	281216	57998	20.62
思明区	1073315	159577	14.87	邵武市	273721	56747	20.73
惠安县	1030626	153934	14.94	武平县	278238	57817	20.78
荔城区	673935	100876	14.97	泰宁县	104071	21741	20.89
马尾区	290554	44545	15.33	松溪县	130867	27342	20.89
安溪县	1003599	154354	15.38	尤溪县	341638	71468	20.92
晋安区	789775	123637	15.65	明溪县	98930	20829	21.05
南安市	1517514	237808	15.67	上杭县	376392	79326	21.08
芗城区	638060	100197	15.70	延平区	454605	95928	21.10
三元区	187936	30195	16.07	将乐县	144943	30595	21.11
武夷山市	259668	42098	16.21	华安县	134276	28377	21.13
福清市	1390487	229530	16.51	屏南县	139815	29636	21.20
泉港区	354296	58867	16.62	永定区	325880	69083	21.20

表 3-9 续

地区	常住人口	60 岁及以上	老年人口比重（%）	地区	常住人口	60 岁及以上	老年人口比重（%）
长泰县	228235	38330	16.79	平和县	455042	96465	21.20
平潭县	385981	65448	16.96	秀屿区	604684	128325	21.22
长乐区	790262	134711	17.05	建宁县	114400	24713	21.60
龙海市	952000	166642	17.50	寿宁县	177960	38802	21.80
福安市	609779	107904	17.70	南靖县	305259	66768	21.87
漳浦县	847535	150521	17.76	周宁县	149567	32824	21.95
大田县	299513	53228	17.77	建瓯市	434451	96150	22.13
永安市	344793	61998	17.98	宁化县	261579	58077	22.20
漳平市	253394	45619	18.00	闽清县	256181	57060	22.27
罗源县	255214	46047	18.04	古田县	323771	76110	23.51
柘荣县	92989	16840	18.11	顺昌县	179064	42175	23.55
福鼎市	553132	100416	18.15	浦城县	297719	74698	25.09

资料来源：福建省第七次全国人口普查领导小组办公室 福建省统计局编，《福建省人口普查年鉴–2020》，中国统计出版社，2022 年 9 月。

表 3-10　2020 年福建分设区市老年人口长寿水平

地　区	65 岁以上老年人口（人）	80 岁以上老年人口		100 岁以上老年人口（人）	百岁以上老人分性别所占比重（%）	
		数量（人）	比重（%）		男性	女性
总计	4609999	937759	20.34	3023	24.98	75.02
福州市	971594	190591	19.62	694	24.98	75.02
厦门市	318513	55935	17.56	187	27.09	72.91
莆田市	405441	79454	19.60	322	21.39	78.61
三明市	341318	77418	22.68	180	21.74	78.26
泉州市	790577	156550	19.80	524	32.22	67.78
漳州市	623456	129043	20.70	387	21.18	78.82
南平市	396449	82272	20.75	194	18.86	81.14
龙岩市	363126	86167	23.73	258	32.99	67.01
宁德市	399525	80329	20.11	277	21.71	78.29

资料来源：福建省第七次全国人口普查领导小组办公室 福建省统计局编，《福建省人口普查年鉴–2020》，中国统计出版社，2022 年 9 月。

（四）乡村人口老龄化程度高于城镇

数据显示，2020 年全省乡村 65 岁以上老年人口比重高达 15.95%，已经超过"老龄社会"标准 1.95 个百分点，比全省城镇 65 岁以上老年人口比重高 7.06 个百分点，全省乡村人口的老龄化程度高于城镇（见表 3–11）。

表 3–11　2020 年福建分城乡人口年龄构成

单位：%

指　标	合　计	城　镇	乡　村
65 岁及以上老年人比重	11.10	8.89	15.95
0—14 岁少年儿童比重	19.32	19.52	18.88
老少比	57.44	45.55	84.49
年龄中位数（岁）	37.71	35.91	43.35

资料来源：福建省第七次全国人口普查领导小组办公室 福建省统计局编，《福建省人口普查年鉴–2020》，中国统计出版社，2022 年 9 月。

2020 年福建城镇 65 岁以上老年人口 253.89 万人，占全省 65 岁以上老年人口比重为 55.07%，乡村 65 岁以上老年人口共 207.11 万人，占全省 65 岁以上老年人口比重为 44.93%。而福建 2020 年城镇化率为 68.75%，远高于城镇老年人口在全省老年人口中的比重。说明在福建城镇化进程中，大量乡村青壮年流向城镇，加剧了乡村的人口老龄化程度，延缓了城镇老龄化进程。

三、老年人口的健康状况

（一）老年人健康状况总体较好

人口普查资料显示，2020 年全省 60 岁及以上老年人口中，健康和基本健康的占 91.26%，不健康但生活能自理的占 7.01%，生活不能自理需要他人照顾的只占 1.72%，即有超过九成的老年人能保证健康和基本健康的生活和工作。（见表 3–12）

（二）男性老年人口健康状况略好于女性

人口普查资料显示，2020 年全省 60 岁及以上男性老年人口中，健康和基本健康的占 91.64%，不健康但生活能自理的占 6.78%，生活不能自理的仅占 1.57%；女性老年人口相应的比重分别为 90.90%、7.23% 和 1.87%。男性老年人口健康和基本健康的比重高出女性老年人口 0.74 个百分点，主要原因是女性预期寿命高于男性，高龄女性人口比男性多。（见表 3-12）

表 3-12　2020 年福建 60 岁及以上人口健康状况构成

单位：%

健康状况	合计	男	女
总计	100.00	100.00	100.00
健康	63.11	66.13	60.26
基本健康	28.15	25.51	30.64
不健康但生活能自理	7.01	6.78	7.23
生活不能自理	1.72	1.57	1.87

资料来源：福建省第七次全国人口普查领导小组办公室 福建省统计局编，《福建省人口普查年鉴 -2020》，中国统计出版社，2022 年 9 月。

（三）城镇老年人健康状况好于乡村

2020 年全省城镇 60 岁及以上老年人口中，健康和基本健康的比重为 93.10%，不健康但生活能自理的比重为 5.28%，生活不能自理的为 1.62%；乡村老年人口的相应比重分别为 88.86%、9.28% 和 1.86%。城镇老年人口健康状况好于乡村，主要是城镇的生活、医疗、卫生和养老条件优于乡村（见表 3-13）。

表 3-13　2020 年福建 60 岁及以上人口分城乡的健康状况构成

单位：%

城乡	健康	基本健康	不健康，但生活能自理	生活不能自理
城市	70.44	23.77	4.29	1.51
镇	64.80	26.93	6.52	1.76
乡村	56.82	32.04	9.28	1.86

资料来源：福建省第七次全国人口普查领导小组办公室 福建省统计局编，《福建省人口普查年鉴 -2020》，中国统计出版社，2022 年 9 月。

（四）有配偶老年人健康状况好于单身老人

2020 年，全省 60 岁及以上老年人口中，有配偶的老年人健康和基本健康所占的比重最高，达到 93.90%，而未婚、离婚以及丧偶的老年人口健康和基本健康所占的比重相对较低，分别为 72.19%、90.69%、83.63%（见表 3-14）。有配偶的老年人，生活上可以互相照顾，情感上可以沟通慰藉，生理心理状况良好，其健康状况比单身老人更好。

表 3-14　2020 年福建 60 岁及以上人口分婚姻情况的健康状况构成

单位：%

婚姻状况	健康	基本健康	不健康，但生活能自理	生活不能自理
未　婚	38.16	34.03	22.52	5.29
有配偶	68.69	25.21	4.98	1.12
离　婚	63.90	26.79	8.14	1.17
丧　偶	46.08	37.55	12.83	3.54

资料来源：福建省第七次全国人口普查领导小组办公室 福建省统计局编，《福建省人口普查年鉴-2020》，中国统计出版社，2022 年 9 月。

（五）生活来源对老年人健康状况影响较大

按主要生活来源分类，健康和基本健康的比重从高到低依次为：有劳动收入的老年人口（98.87%），有财产性收入的老年人口（95.47%），有离退休养老金的老年人口（94.56%），依靠家庭其他成员供养的老年人口（86.63%），依靠最低生活保障金的老年人口（67.20%）。有劳动收入、离退休养老金和财产性收入的老年人口健康状况明显好于依靠最低生活保障金和家庭成员供养的老年人口（见表 3-15）。

表 3-15　2020 年福建 60 岁及以上人口分生活来源的健康状况

单位：%

收入来源	健康	基本健康	不健康，但生活能自理	生活不能自理
劳动收入	79.68	19.19	1.08	0.05
离退休金养老金	70.46	24.10	4.08	1.36
最低生活保障金	30.86	36.35	26.94	5.85
财产性收入	72.74	22.73	4.03	0.50
家庭其他成员供养	51.87	34.76	10.77	2.60

资料来源：福建省第七次全国人口普查领导小组办公室 福建省统计局编，《福建省人口普查年鉴 -2020》，中国统计出版社，2022 年 9 月。

四、人口老龄化发展趋势及对社会经济影响

（一）人口老龄化发展趋势

人口老龄化是人类文明进步的标志，也是社会经济长期发展的必然。促进这一进程的，既有人口平均预期寿命延长的因素，也有出生人口规模缩小的因素，这是现代生育模式下人口出生率下降和平均预期寿命延长的必然结果。出生人口减少，使得低龄组人口比重下降，高龄组人口比重相应上升，由此形成的是结构的老龄化。而人口平均预期寿命延长所带来的不仅仅是老年人口比例提高，它还实实在在地使老年人口的规模不断扩大，由此形成数量的老龄化。结构和数量的同步老龄化，对未来福建人口发展提出了严峻的挑战。根据预测，福建老年人口数量的增长速度将不断加快，预计 60 岁以上老年人口将以每年 35 万人左右的速度递增，2030 年 60 岁以上老年人口突破 1000 万人，2040 年达到 1352.53 万人，其中 65 岁及以上老年人口将以每年 30 万人左右的速度递增，到 2038 年突破 1000 万人，2040 年达到 1061.88 万人。

（二）人口老龄化对社会经济发展的影响

人口老龄化是人类社会发展的必然趋势，其本身并不构成"问题"，

但由于人是生产者同时也是消费者的特性决定了老龄化会影响到社会结构变迁，并可能对社会经济发展带来一系列问题和影响。

1. 人口老龄化速度加快，劳动力负担加重

2020 年，福建老年人口抚养系数为 15.95%，比 2010 年上升了 5.66 个百分点，即近十年平均每百个劳动年龄（15—64 周岁）人口赡养负担的老年人口多了 5.66 人，老年人口抚养压力大幅度提高。1982 年福建人口类型由年轻型进入成年型早期，2010 年开始进入老龄化，2020 年达到老龄化中期，从 1982 年算起在不到 30 年的时间就完成了成年型向老年型的过渡。当今世界上一些经济发达国家进入成年型社会后，一般都有相对稳定的发展时期，从成年型向老年型的转化约用了上百年时间。而福建老龄化社会的到来，则大大超前于经济的发展，由此带来的后果是社会经济负担始终维持在较高水平，用于老年福利和相关公共设施的支出将不断增加。因此，围绕习近平总书记提出的"在加快建设现代化经济体系上取得更大进步，在服务和融入新发展格局上展现更大作为，在探索海峡两岸融合发展新路上迈出更大步伐，在创造高品质生活上实现更大突破"的"四个更大"重要要求，全方位推进高质量发展，为老龄化社会积累更多的经济储备是今后发展的重要课题之一。

2. 加重国家和社会负担

从经济角度看，老龄化速度加快将使政府用于老年人的费用大大增加：（1）由于人口老龄化速度加快，程度加深，离退休人员将会逐年增加。（2）养老方式的转变（即从"家庭养老为主，社会养老为辅"的模式，转向以"社会养老为主，家庭养老为辅"的模式），家庭供养老人的比例将逐步缩小，社会供养的比例将逐步加大，为使老年人口能分享更大的经济发展成果，政府需增加老年人口的福利项目，扩大对老年人口的福利供给。在老龄化社会里，虽然劳动人口抚养少儿系数有所下降，但随着老龄化进程的加快，赡养老年人口的社会负担系数增大，社会赡养老人的负担将不断加重。

3. 家庭养老负担大，养老方式亟待转变

福建现有的养老方式主要还是传统的居家养老，由社会负担的养老只占少部分，而且主要集中在城镇。同时，城乡差异导致的经济实力、资源不均的情况，使得大量农村劳动力外出。城乡老年人口生存环境和经济条件的差异，使得农村老龄化、高龄化面临更多的压力。

自实行计划生育政策以来，第一代独生子女现已陆续进入婚育年龄，随着社会经济的发展，家庭户规模逐渐缩小，将会出现越来越多的"四二一""四二二""四二三"家庭模式，即一对夫妇在承担对下一代 1-3 个孩子的抚养的同时，还要同时供养四位老人。社会竞争的加剧使得相当数量的子女在自身条件的限制和工作压力下，没有足够的时间和精力照顾好老人，同时过大的压力也降低了育龄夫妇生育意愿。随着人口老龄化、高龄化的出现，传统的居家养老方式受到严峻挑战，由以居家养老为主向"构建居家社区机构相协调、医养康养相结合的养老服务体系"过渡。

（三）对策建议

有效应对人口老龄化，事关发展全局，事关百姓福祉。当前福建省正处于老龄化社会向老龄社会转化的后半段，是加强老龄工作的重要窗口期。要深刻认识实施积极应对人口老龄化国家战略的重要意义，把积极老龄观、健康老龄观理念融入经济社会发展全过程，坚持以人民为中心，充分发挥地方积极性，抓紧解决好医养康养结合、可持续基本养老保险、银发经济发展、老年人权益保障等各种应对人口老龄化的短板弱项和重点问题，加快建立健全相关政策体系和制度框架，完善老龄化相关产业，推动新时代老龄事业高质量发展。

1. 持续推进经济高质量发展，增强经济承受能力

人口变动与经济发展息息相关，必须从经济方面找原因和出路。走经济发展的道路是解决人口老龄化带来问题的基础。加快经济的发展，增强经济承受能力，为养老提供坚实的经济基础。经济发展不但带来了大量资金解决没钱花的问题，同时产生更多的就业机会，既留住了过去外出打工的人口，也吸引了外来人口的流入。促进社会的协调发展，提高经济的承受能力，可以一定程度上解决老龄化社会带来

的各方面影响。

"要用发展中的办法解决前进中的问题"，坚持以习近平新时代中国特色社会主义思想为指导，完整准确全面贯彻新发展理念，全面落实习近平总书记对福建的"四个更大"重要要求，认真贯彻党中央、国务院决策部署，扎实做好"两稳一保一防"工作，持续稳定推动经济高质量发展。要坚定信心、增强定力，高效统筹经济社会发展，统筹发展和安全，保持经济运行在合理区间，努力为全国大局多作贡献。要鼓励科技创新，加快转型升级，畅通产业链供应链，发展数字经济、海洋经济、绿色经济、文旅经济，加快建设现代化经济体系，推动经济高质量发展；要着眼长远扩大有效投资，多措并举促进消费加快恢复，全力保持外贸稳定增长，保就业形势稳定，保基本民生稳固，保基层运转稳健；要稳中求进、脚踏实地，铆足劲、往实做、争上游，充分释放政策效应，加强经济运行分析调度，持续优化营商环境，确保社会安定稳定。

2. 全面提升养老保障能力，扩大养老服务供给能力

一是完善多层次养老保障体系。全面实施全民参保计划，推动实现城镇职工基本养老保险由制度全覆盖到法定人员全覆盖，积极促进城乡居民基本养老保险适龄参保人员应保尽保。贯彻落实企业职工基本养老保险全国统筹制度。完善基本养老保险待遇调整机制，合理确定养老金调整水平。完善企业年金、职业年金制度，推动发展个人养老金，促进和规范发展第三支柱养老保险。

二是大力发展居家社区养老服务。依托党群服务中心等各类设施，在街道层面建设居家社区养老服务中心，在社区层面建设居家养老服务站（点），以社区养老服务设施为中心，推动构建居家养老服务圈。探索推广应急呼叫服务，建设家庭养老床位，支持养老服务机构将专业服务延伸到家庭。发挥社区党组织作用，探索"社区＋物业＋健康＋养老服务"模式，大力发展老年人急需的助餐、助浴、助急、助医、助行、助洁等服务。将农村养老服务设施建设纳入乡村振兴战略重要内容，加强与农村建设等政策衔接。

三是规范发展机构养老。完善和落实养老机构扶持政策，通过直接建设、民建公助、委托运营、购买服务、鼓励社会投资等多种方式发展机构养老。健全公办养老机构入住综合评估和轮候制度，公办养老机构优先接收经济困难的失能、孤寡、残疾、高龄老年人以及计划生育特殊家庭老年人、为社会作出重要贡献的老年人，并提供符合质量和安全标准的养老服务。大力建设普惠型养老服务机构，为广大中低收入家庭老年人提供方便可及、价格可负担、质量有保障的养老服务。推动各级党政机关和国有企事业单位培训疗养机构转型为普惠型养老服务设施，并支持其可持续发展。加快建立统一的服务质量标准和评价体系，研究制定养老机构预收服务费用管理政策，严防借养老服务之名圈钱、欺诈等行为。

3. 构建养老孝老敬老的社会环境

一是丰富老年人精神文化生活。完善覆盖城乡的公共文化设施，在公共文化设施内开辟适宜老年人的文化娱乐活动场所，增加适合老年人的特色文化服务项目，广泛开展群众性老年文化活动，继续落实公共文化设施免费开放政策，引导和鼓励老年人积极参加全民健身活动。鼓励文化娱乐产业为老年人提供相应服务。

二是有序发展老年教育。鼓励社会力量举办老年大学或学习点，推动高校、部门、企业举办的老年大学向社会开放，多路径扩大老年教育供给。持续推进老年大学与社区治理相结合，健全社区办学网络，组织开展体验式教育。努力探索"党建＋老年教育"模式，依托社区党群服务中心、网格化管理中心、邻里中心举办健康讲座、书画展等活动。鼓励养老机构开展经常性的老年教育活动，推进养教融合，采取多种方式增加老年教育投入，形成政府、市场、社会组织等多主体分担机制。动员社会各方力量，帮助老年人消除"数字鸿沟"，融入"智慧社会"。

三是积极开展为老助老志愿服务。探索完善为老志愿服务登记制度与实践储蓄激励机制，试行为老年人志愿服务时间储蓄及公益积分制等激励机制，多形式引导、大力发展为老助老志愿服务。鼓励健康低龄老年人参加力所能及的志愿服务。将为老志愿服务纳入中小学综合实践活动和高校学生实践内容。

四是强化老年人权益保障。按照"谁执法谁普法"原则，加大老年人的普法宣传力度。打击养老领域非法集资犯罪、涉老诈骗犯罪。推动扩大老年人法律援助覆盖面，司法机关、行政机关开辟法律援助"绿色通道"。做好老年人随迁落户服务保障，依法依规保障老年人享受迁入地基本公共服务。

五是营造养老孝老敬老社会氛围。加强孝老敬老社会宣传，充分发挥新闻媒体作用，讲好福建老龄故事、传播老有所为事迹。践行社会主义核心价值观，传承弘扬中华民族传统美德，将人口老龄化国情省情教育纳入干部教育培训内容，深入推进敬老爱老助老活动和全国"敬老文明号""老年人维权示范岗""五好家庭"等创建活动，推动养老孝老敬老进学校、进家庭、进机关、进社区、进企业。加大敬老模范家庭、为老服务先进个人、助老优秀组织的宣传报道。加快发展适合农村老年人的社会优待服务，普遍建立与经济社会发展水平相适应的老年人优待制度。推动各级各类公共文化服务设施、城市公共交通设施、公路铁路客运设施等向老年人免费或优惠开放。

4. 开发老龄人力资源，积极发展老龄产业

一是鼓励老年人继续发挥作用。深入实施"银龄行动"计划，为医疗卫生、文化教育、农业科技等行业的老专家、老技术人才支援乡村建设搭建平台。支持老年人依法从事经营和生产活动，兴办社会公益事业。引导老年人以志愿服务形式积极参与基层民主监督、移风易俗、民事调解等活动。离退休科技专家可参与部分科技计划项目的评审、评估；担任企业申报的省级科技计划项目负责人，项目申报的年龄要求可放宽至项目结束时不超过65周岁。积极挖掘老年人中的红色资源，传承红色基因，赓续红色血脉，发挥各级机关工委和广大"五老"优势，关心下一代健康成长。全面清理阻碍老年人继续发挥作用的不合理规定。

二是推动老龄产业融合发展。引导养老服务业与教育培训、健康、

体育、文旅、家政等幸福产业融合发展。依托福建生态、中医药、温泉等资源优势，发展康养旅游，推进养老产业与中医药养生、温泉度假、文化体验等结合，培育一批乡村康养、森林康养、温泉康养、海洋康养等绿色康养旅游新业态，丰富旅游产品有效供给。鼓励和支持银行保险机构开发设计养老保障属性突出的金融保险产品。鼓励通过银行保险机构加大信贷支持、提供保险保障等方式，推动养老产业转型升级，扩大生产规模，培育一批带动力和竞争力强的龙头企业。

三是培育发展老年用品市场。争取将更多优质产品列入国家老年用品目录，积极发展智能监测、看护设备。加快研发为失能老年人提供助行、助浴、助餐的辅助产品。加快发展老年食品和满足特定人群需求的功能性食品。拓展矫正鞋、复健鞋等康复类产品，促进老年鞋服产业差异化、品牌化发展。严厉查处制售伪劣涉老产品、虚假宣传适老智能产品等违法行为。

5. 做好家庭生育友好政策配套，适当提高生育率

一是提高优生优育服务水平。着眼于保障孕产妇和儿童健康，补齐生育相关的公共服务短板，综合防治出生缺陷，加强婚前、孕前、产前健康检查等；规范人类辅助生殖技术的应用等，为有需求的年轻人解决不能生的问题。

二是发展普惠托育服务体系。鼓励支持托育服务机构，建设一批公办托育服务机构，支持承担指导功能的示范性综合型托育服务中心项目建设。扩大普惠性托育服务供给，探索发展家庭育儿共享平台、家庭托育点等新模式新业态。把"发展普惠托育服务体系"作为重要的配套支持措施，发挥重要投资的引导和撬动作用，发展多种形式的普惠服务，满足广大群众期盼的质量有保障、价格可接受、方便可及的普惠服务需求，切实改善照料难导致很多年轻人不愿生育的情况，让更多婴幼儿家庭不仅"养得起"而且"养得好"。

三是降低生育、养育、教育成本，有效消除生育对经济负担、子女养育、职业发展的不利影响。完善生育休假制度和生育保险制度，将3岁以下婴幼儿照护费用纳入个人所得税专项附加扣除。坚持教育公平和优质教育资源供给，解决择校热难题，推动课后托管、放学时间与父母下班时间衔接，完善校内教学质量评价，规范校外培训。保障女性就业合法权益，消除就业歧视，为生育中断就业的女性提供再就业培训公共服务，灵活休假和弹性工作方式。

参考文献：

1. 福建省第六次人口普查办公室．福建省人口老龄化趋势与社会保障问题研究〔R〕.

2. 福建省人口发展和计划生育委员会．福建省人口发展战略研究〔M〕.福州：海风出版社，2007.

3. 福建省人口普查办公室．世纪之交的中国人口：福建卷〔M〕.北京．中国统计出版社，2005.

第四章　生育状况

生育水平作为人口发展的风向标，是决定人口再生产过程和人口发展趋势的最主要人口因素。自 2010 年到 2020 年，十年来福建生育政策从严控到放松，生育政策逐步调整，福建人口的生育行为也随之发生深刻变化。本章利用福建省第七次全国人口普查资料，分析福建人口生育水平的发展现状、变化趋势及其影响因素，提出优化生育、促进福建人口长期均衡发展的具体措施和对策建议，以期对促进福建人口与社会经济的协调发展发挥参考作用。

一、妇女生育水平的现状及发展趋势

人口普查资料显示，2020 年福建出生人口 38.18 万人，比 2010 年普查时的 40.17 万人减少 1.99 万人，下降 4.95%。十年来，出生人口数量呈"∧"型先升后降趋势，从 2011 年 43.18 万人，增加到 2014 年 54.05 万人，到 2017 年达到 60.98 万人最高值。随后生育堆积效应逐失，出生人口开始逐年回落，2019 年下落到 53.37 万人，2020 年只出生 38.18 万人。

（一）出生率及孩次构成

1. 出生率

人口出生率指在一定时间（通常为一年）出生的活产婴儿数与同期平均人数的比率。人口普查资料显示，2020 年福建人口出生率为 9.21‰，与 2010 年 11.27‰相比，出生率下降 2.06 个千分点，降幅为 18.2%。人口出生政策经历 2010—2013 年的低生育水平阶段，实行独生子女政策、"一孩半"政策、"双独二孩"政策，人口出生率稳定在 11‰ –12‰ 左右；经历 2014 年到 2020 年放松生育政策阶段，从 2013 年末实行"单独二孩"到 2015 年末实行"全面二孩"，人口出生率从 2014 年开始攀升，到 2017 年二孩效应突显，人口出生率达到 15.00‰，随后 2018 年、2019 年二孩效应消退，人口出生率又分别下降到 13.20‰、12.90‰，到了 2020 年由于受诸多因素影响，人口出生率快速下滑到了个位数（见表 4–1）。2021 年 5 月，第七次全国人口普查数据发布后，中共中央、国务院于 2021 年 7 月公布了《关于优化生育政策促进人口长期均衡发展的决定》，实施一对夫妻可以生育三个子女政策，并取消社会抚养费等制约措施，清理和废止相关处罚规定，配套实施积极生育支持措施等。

表 4–1　2010 ～ 2020 年福建人口自然变动系数

单位：‰

年份	人口出生率	人口死亡率	人口自然增长率
2010	11.27	5.16	6.11
2011	11.41	5.20	6.21
2012	12.74	5.73	7.01
2013	12.20	6.01	6.19
2014	13.70	6.20	7.50
2015	13.90	6.10	7.80
2016	14.50	6.20	8.30
2017	15.00	6.20	8.80
2018	13.20	6.20	7.00
2019	12.90	6.10	6.80
2020	9.21	6.24	2.97

资料来源：福建省统计局编，《福建统计年鉴 –2021》，中国统计出版社，2021 年 8 月。

2. 孩次构成

孩次是指某个孩子出生时，在这个家庭所有现存孩子（包括收养及前妻或前夫留下的孩子）中的排列次序数。孩次率是指当年出生的活婴总数中，属于第一孩次、第二孩次及多孩次（三孩及以上）生育的孩子所占的百分比。人口普查资料显示，十年间福建出生人口一孩率从2010 年的 66.29% 降至 2020 年的 41.13%，下降 25.16 个百分点，幅度为 37.95%；二孩率从 30.03% 升至 47.31%，上升了 17.28 个百分点，幅度为 57.54%；多孩率从 3.68% 上升到 11.56%，上升 7.88 个百分点，增长了 2.14 倍（见表 4–2）。

表 4–2　福建出生人口孩次率变动情况

单位：%

孩次	2020 年	2010 年	2020 年与 2010 年对比	
			增减	增长
一孩率	41.13	66.29	−25.16	−37.95
二孩率	47.31	30.03	17.28	57.54
多孩率	11.56	3.68	7.88	2.14 倍

资料来源：1. 福建省第七次全国人口普查领导小组办公室 福建省统计局编，《福建省人口普查年鉴 –2020》，中国统计出版社，2022 年 9 月；2. 福建省第六次人口普查办公室编，《福建省 2010 年人口普查资料》，中国统计出版社，2013 年 1 月。

（二）生育率

1. 一般生育率

育龄妇女一般生育率是指一定时期（通常是一年）内出生人数与该年平均育龄妇女数之比。人口普查资料显示，2020 年全省育龄妇女一般生育率 39.56‰，比 2010 年的 32.99‰上升 6.57 个千分点。分孩次看，主要是二孩和多孩生育率上升。十年期间，一孩生育率从 2010 年的 21.91‰下降至 2020 年的 16.26‰，下降了 5.65 个千分点；二孩生育率从 2010 年的 9.87‰上升至 2020 年的 18.72‰，上升了 8.85 个千分点；多孩生育率从 2010 年的 1.21‰上升至 2020 年的 4.58‰，上升了 3.37 个千分点。分城乡看，镇和乡村一般生育率上升较快。2020 年镇和乡村的一般生育率为 40.55‰和 42.58‰，比全省水平分别高 0.99 和 3.02 个千分点；城市的一般生育率为 37.45‰，比全省水平低 2.11 个千分点（见表 4–3）。

表 4-3　福建育龄妇女一般生育率变动情况

单位：‰

孩次	2020 年				2010 年			
	合计	城市	镇	乡村	合计	城市	镇	乡村
总计	39.56	37.45	40.55	42.58	32.99	28.63	31.78	37.94
一孩	16.26	16.67	15.55	16.28	21.91	20.86	20.69	23.67
二孩	18.72	17.80	19.53	19.64	9.87	7.03	9.99	12.53
多孩	4.58	2.98	5.48	6.76	1.21	0.73	1.10	1.74

资料来源：1.福建省第七次全国人口普查领导小组办公室 福建省统计局编，《福建省人口普查年鉴 −2020》，中国统计出版社，2022 年 9 月；2.福建省第六次人口普查办公室编，《福建省 2010 年人口普查资料》，中国统计出版社，2013 年 1 月。

2. 年龄别生育率

年龄别生育率是指按年龄分别计算的妇女生育率，即一年内每千名某一特定年龄的妇女生育的活产婴儿数。两次普查间的变化如表 4-4 所示。（1）分年龄组生育率最高的是 25—29 岁组。该组的生育率为 108.14‰，比 2010 年提高了 20.18 个千分点；其次是 30—34 岁组，生育率为 68.72‰，比 2010 年提高了 26.06 个千分点，该组在不同年龄组中的生育率增加量最大。（2）中高龄育龄妇女生育水平显著上升。2020 年 35—39 岁、40—44 岁 2 个年龄组育龄妇女的生育率均比 2010 年同龄组生育率高。其中 35—39 岁年龄组育龄妇女的生育率为 27.87‰，比 2010 年高出 12.30 个千分点。（3）婚龄前低年龄组妇女生育率略微提高。2020 年 15—19 岁育龄妇女生育率为 5.98‰，比 2010 年提高 1.64 个千分点。（4）适婚低龄和高龄育龄妇女的生育率下降。20—24 岁适婚低龄妇女生育率为 57.01‰，比 2010 年下降了 8.20 个千分点，45—49 岁高龄妇女的生育率仅 1.66‰，比 2010 年也下降了 1.32 个千分点（见表 4-4）。

表 4-4　福建育龄妇女分年龄组生育率变动情况

单位：‰

年龄	2020 年	2010 年	2020 与 2010 对比增减
15—19	5.98	4.34	1.64
20—24	57.01	65.21	−8.20
25—29	108.14	87.96	20.18
30—34	68.72	42.66	26.06
35—39	27.87	15.57	12.30
40—44	6.30	5.18	1.12
45—49	1.66	2.98	−1.32

资料来源：1. 福建省第七次全国人口普查领导小组办公室 福建省统计局编，《福建省人口普查年鉴-2020》，中国统计出版社，2022 年 9 月；2. 福建省第六次人口普查办公室编，《福建省 2010 年人口普查资料》，中国统计出版社，2013年 1 月。

3. 总和生育率

总和生育率是指一定时期内（如某一年）各年龄组妇女年龄别生育率的合计数。它的含义是如果一群妇女按照某一年各年龄组妇女生育水平度过整个育龄期，并且在整个育龄期内无死亡，则每个妇女将可能生育的孩子数。人口普查资料显示，2020 年全省分年龄生育率累计为 1.38，比 2010 年的 1.12 提高 0.26。比全国的总和生育率 1.30 高出 0.08。福建妇女总和生育率自 1991 年的 1.9 低于世代更替水平 2.1后一路走低，在 1991—2000 年持续十年的下降后，2001—2020 年基本稳定在 1.1—1.4 的较小区间范围内。总体上看，2020 年全省妇女总和生育率仍然保持在较低的水平。

中国自 20 世纪 90 年代以来，总和生育率一直低于更替水平以下。人口普查资料显示，2020 年全国育龄妇女总和生育率为 1.30，福建育龄妇女总和生育率为 1.38，略高于全国平均水平。福建省内各设区市之间的总和生育率差距较大，厦门、福州和莆田的总和生育率均低于全省平均水平，分别为 1.15、1.21 和 1.36，其他设区市的生育水平与 2.1

的生育世代更替水平仍有一定的差距。在福建所有设区市中，龙岩的总和生育率最高，达到了 1.82（见图 4-1）。

图 4-1　2020 年福建各设区市总和生育率

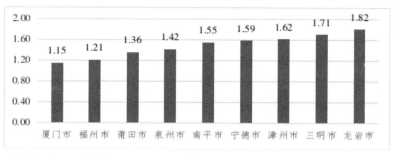

资料来源：福建省第七次全国人口普查领导小组办公室 福建省统计局编，《福建省人口普查年鉴-2020》，中国统计出版社，2022 年 9 月。

　　总和生育率分县来看，在全省 84 个县（市、区）中，大于全省总和生育率的有 58 个县（市、区）。其中连城县和大田县总和生育率大于世代更替水平，分别为 2.57 和 2.18，总和生育率低于 1.00 的有 2 个县（市、区），分别是思明区 0.96 和鼓楼区 0.99（见表 4-5）。

（三）生育水平的发展趋势

1. 育龄妇女人数大幅减少

　　随着中国人口年龄结构的变化，育龄妇女人数呈现减少趋势，十年来福建省育龄妇女减少明显。人口普查资料显示，2020 年，福建育龄妇女（15—49 岁女性）人口数为 998.63 万人，比 2010 年的 1120.63 万人减少了 122.00 万人；育龄人口数占女性人口的 49.75%，比 2010 时的 62.56% 减少了 12.81 个百分点，其中处于 20—29 岁生育旺盛期的育龄妇女人数 227.65 万人，比 2010 年减少了 131.72 万人，生育旺盛期的育龄妇女减少人数与育龄妇女减少的人数相当。与 2010 年相比，只有 30—34 和 45—49 两个年龄段的育龄妇女人数是增加的，分别增加了 46.40 万人和 37.78 万人，而 45—49 岁年龄组育龄妇女的人数增加，会使生育率下降（详见表 4-6）。

表 4-5　2020 年福建分县（市、区）总和生育率

分县名称	总和生育率	分县名称	总和生育率	分县名称	总和生育率
合计	1.38	清流县	1.91	龙海市	1.57
福州市	1.21	宁化县	1.93	**南平市**	1.55
鼓楼区	0.99	大田县	2.18	延平区	1.36
台江区	1.05	尤溪县	2.09	建阳区	1.62
仓山区	1.24	沙县	1.70	顺昌县	1.94
马尾区	1.09	将乐县	2.05	浦城县	1.62
晋安区	1.23	泰宁县	1.68	光泽县	1.32
长乐区	1.24	建宁县	1.78	松溪县	1.88
闽侯县	1.21	永安市	1.47	政和县	1.76
连江县	1.27	**泉州市**	1.42	邵武市	1.50
罗源县	1.48	鲤城区	1.25	武夷山市	1.43
闽清县	1.63	丰泽区	1.20	建瓯市	1.78
永泰县	1.26	洛江区	1.45	**龙岩市**	1.82
平潭县	1.27	泉港区	1.83	新罗区	1.55
福清市	1.36	惠安县	1.76	永定区	1.91
厦门市	1.15	安溪县	1.66	长汀县	2.04
思明区	0.96	永春县	1.81	上杭县	2.01
海沧区	1.29	德化县	1.79	武平县	2.08
湖里区	1.02	石狮市	1.27	连城县	2.57
集美区	1.16	晋江市	1.25	漳平市	1.49
同安区	1.47	南安市	1.56	**宁德市**	1.59
翔安区	1.33	**漳州市**	1.62	蕉城区	1.55
莆田市	1.36	芗城区	1.28	霞浦县	1.55
城厢区	1.16	龙文区	1.58	古田县	1.49
涵江区	1.39	云霄县	1.71	屏南县	1.43
荔城区	1.29	漳浦县	1.82	寿宁县	1.59
秀屿区	1.55	诏安县	1.96	周宁县	1.83
仙游县	1.49	长泰县	1.42	柘荣县	1.81
三明市	1.71	东山县	1.72	福安市	1.50
梅列区	1.38	南靖县	1.44	福鼎市	1.85
三元区	1.25	平和县	1.94		
明溪县	1.49	华安县	1.75		

　　资料来源：福建省第七次全国人口普查领导小组办公室 福建省统计局编，《福建省人口普查年鉴 -2020》，中国统计出版社，2022 年 9 月。

表 4-6　福建分年龄育龄妇女数及变动情况

年龄	2020 年（万人）	2010 年（万人）	2020 年与 2010 年对比	
			增减（万人）	增长（%）
总　计	998.63	1120.63	-122.00	-10.89
15—19	93.10	133.13	-40.03	-30.07
20—24	94.13	195.57	-101.44	-51.87
25—29	133.52	163.80	-30.28	-18.49
30—34	195.27	148.87	46.40	31.17
35—39	162.07	175.64	-13.57	-7.73
40—44	146.65	167.50	-20.85	-12.45
45—49	173.90	136.12	37.78	27.76

资料来源：1. 福建省第七次全国人口普查领导小组办公室 福建省统计局编，《福建省人口普查年鉴 -2020》，中国统计出版社，2022 年 9 月；2. 福建省第六次人口普查办公室编，《福建省 2010 年人口普查资料》，中国统计出版社，2013 年 1 月。

2. 平均活产子女数提高

平均活产子女数反映的是某一年龄组内平均每个妇女在某个特定时间以前曾经生育过的活产子女总数。随着生育政策的改革和全省医疗卫生条件的改善，妇女的活产子女数有了较大幅度的提高。人口普查资料显示，2020 年，15—64 岁妇女平均活产子女数为 1.47 人，存活子女数为 1.43 人，比 2010 年略有提高，2010 年妇女平均活产子女数和存活子女数分别是 1.41 人和 1.40 人。

3. 出生人口性别比偏高

出生人口性别比指在一定时期内出生男婴总数和女婴总数的比值，用每 100 名女婴所对应的男婴数来表示。人口普查长表资料显示，全国出生人口性别比为 112.28，福建出生人口性别比为 120.10，比全国平均水平高 7.82 个百分点。福建出生人口性别比在各设区市之间差距较大（见图 4-2），其中，福州为 121.48，厦门为 119.13，莆田为 123.32，三明为 128.77，泉州为 123.79，漳州为 115.03，南平为 110.25，龙岩为 122.16，宁德为 111.49。出生人口性别比最高的为三明，最低的为南平，相差 18.52 个百分点。大多数研究表明，高性别比的出现源于强烈的男孩偏好及性别选择等。

图 4-2　福建各设区市出生人口性别比　　　女 =100

资料来源：福建省第七次全国人口普查领导小组办公室 福建省统计局编，《福建省人口普查年鉴 -2020》，中国统计出版社，2022 年 9 月。

不同地区出生人口性别比之间的差异不仅表现在各城市之间，还表现在城乡之间。2020 年，福建出生人口性别比，镇为 125.42，乡村为 121.39，远高于 116.16 城市出生人口性别比。

不同孩次之间的性别比差距也较大，2020 年，福建第一孩的性别比为 111.53，第二孩的性别比为 118.4，第三孩及以上的性别比为 168.13。从图 4-3 可以看出第一孩出生性别比最低，基本上处于福建的正常水平，二孩以后出生性别比显著升高，孩次越高性别比也越高，到四孩性别比高达 203.62，随后五孩及以上又下滑至 134.29。这在一定程度上反映出多孩生育的性别偏好男性。

出生人口性别比偏高说明男孩偏好依然在一些家庭中存在，人口性别比的失衡会导致婚姻市场失衡，使男性婚姻挤压更加明显。城乡间的人口性别比失衡应该引起重视。

图 4-3　福建分孩次的出生人口性别比　　　女 =100

资料来源：福建省第七次全国人口普查领导小组办公室 福建省统计局编，《福建省人口普查年鉴 -2020》，中国统计出版社，2022 年 9 月。

4. 不同文化程度的女性孩次生育存在差异

从不同文化程度女性的孩次生育来看，2020 年，文化程度越高的女性生育一孩的比例越高（见表 4-7）。高中及以下文化程度的女性生育二孩的比例都高于一孩，生育三孩的比例在 10% 以上，小学及以下文化程度者生育三孩的比例接近 30%。大学专科以上文化程度的女性

表 4-7　福建不同文化程度女性生育孩次的比例

单位：%

文化程度	生育一孩	生育二孩	生育三孩及以上
小学及以下	24.25	45.82	29.93
初中	32.37	49.11	18.52
高中	40.81	48.93	10.26
大学专科	48.51	46.65	4.84
大学本科	53.90	43.31	2.79
研究生	60.90	38.02	1.08

资料来源：1.福建省第七次全国人口普查领导小组办公室 福建省统计局编，《福建省人口普查年鉴 -2020》，中国统计出版社，2022 年 9 月；2.福建省第六次人口普查办公室编，《福建省 2010 年人口普查资料》，中国统计出版社，2013 年 1 月。

生育一孩的比例高于生育二孩的比例，生育三孩的比例均低于 5%。这主要是由于文化程度较高的女性结婚和生育较晚，生育多孩的意愿低。

5. 育龄妇女平均生育年龄

人口普查资料显示，2020 年福建育龄妇女的平均生育年龄为 29.72 岁，比 2010 年提高了 2.32 岁。分孩次看，育龄妇女一孩、二孩的平均生育年龄分别为 27.91 岁、30.69 岁，分别比 2010 年提高 2.26 岁、0.11 岁，多孩的平均生育年龄 31.85 岁，比 2010 年下降了 1.29 岁。分城乡看，城市平均生育年龄最大，为 30.10 岁，镇次之为 29.58 岁，乡村最小，为 29.20 岁。与 2010 年相比，城市提高 2.17 岁，镇提高 2.04 岁，乡村提高 2.25 岁。生育年龄的推延趋势，是政策、社会、经济等因素综合作用的结果（见表 4-8）。

表 4-8　福建育龄妇女平均生育年龄及变化

单位：岁

年　份	合计	按孩次分			按地域分		
		一孩	二孩	多孩	城市	镇	乡村
2020	29.72	27.91	30.69	31.85	30.10	29.58	29.20
2010	27.40	25.65	30.58	33.14	27.93	27.54	26.95
变化	2.32	2.26	0.11	-1.29	2.17	2.04	2.25

资料来源：1. 福建省第七次全国人口普查领导小组办公室 福建省统计局编，《福建省人口普查年鉴 -2020》，中国统计出版社，2022 年 9 月；2. 福建省第六次人口普查办公室编，《福建省 2010 年人口普查资料》，中国统计出版社，2013 年 1 月。

6. 不同年龄妇女活产及存活子女数

活产子女数与存活子女数指标虽然是以普查标准时点作为观察时点，但它收集的实际是妇女的生育史资料，反映的是过去较长时期妇女的生育经历和生育结果，在一定程度上反映同批人的生育过程，反映妇女生育和养育之间的密切关系。人口普查资料显示，2020 年福建育龄妇女平均活产子女数、平均存活子女数分别为 1.47 人和 1.43 人，较 2010 年分别增加了 0.06 人和 0.03 人（见表 4-9）。育龄妇女活产、存活子女数随着年龄的升高而增加。2020 年福建育龄妇女各年龄组活产子女数均少于世代更替水平的 2.1 个，育龄妇女平均存活子女数接近平均活产子女数，两者之间的比值即存活率达 97.28%，比 2010 年下降了 2.01 个百分点。分年龄段来看，2020 年，福建 25—39 岁年龄组的育龄妇女平均存活子女数与平均活产子女数的比值较 2010 年有显著提高。主要是由于医疗保健条件的逐渐改善，特别是农村医疗卫生条件的改善，使该年龄组育龄妇女生育子女的存活率大幅度提高。

表 4-9　福建育龄妇女活产、存活子女数变动情况

单位：个

年龄	妇女平均活产子女数		妇女平均存活子女数	
	2020 年	2010 年	2020 年	2010 年
总　计	1.47	1.41	1.43	1.40
15—19	0.01	0.01	0.01	0.01
20—24	0.20	0.23	0.20	0.23
25—29	0.90	0.82	0.88	0.82
30—34	1.50	1.32	1.47	1.31
35—39	1.71	1.54	1.68	1.53
40—44	1.68	1.80	1.65	1.79
45—49	1.64	2.08	1.60	2.07

资料来源：1. 福建省第七次全国人口普查领导小组办公室 福建省统计局编，《福建省人口普查年鉴 -2020》，中国统计出版社，2022 年 9 月；2. 福建省第六次人口普查办公室编，《福建省 2010 年人口普查资料》，中国统计出版社，2013 年 1 月。

二、社会经济因素对生育水平的影响

（一）妇女受教育程度提高，生育水平下降

妇女受教育程度是影响其生育水平的主要因素。女性受教育程度越高，年龄就越大，越容易产生不愿生、不敢生思想，主动减少生育孩子

数量，以适应自身的生活、生存与发展需要。2020 年，福建育龄妇女平均活产子女数为 1.47 个，其中：研究生学历育龄妇女平均活产子女数为 0.60 个，大学本科 0.66 个，大专 0.88 个，而未上过学的是 2.32 个，小学 2.10 个（见表 4-10）。妇女受教育程度和生育子女数之间呈现出明显的负相关关系，即妇女受教育程度越高，平均生育的子女数越少。同时，妇女受教育程度与平均成活子女数占平均活产子女数的比重成正比。2020 年与 2010 年相比，高中及以上妇女平均生育成活子女数明显少于初中及以下的妇女平均生育成活子女数。从现存子女占活产子女数的比重看，高中及以上文化程度妇女生育孩子存活比重明显高于初中及以下妇女生育孩子存活比重。

表 4-10　福建育龄妇女按受教育程度分的生育状况

单位：人

年份	子女数	未上过学	小学	初中	高中	大学专科	大学本科	研究生
2020	平均活产子女数	2.32	2.10	1.62	1.00	0.88	0.66	0.60
	平均存活子女数	2.25	2.04	1.59	0.98	0.86	0.65	0.59
	平均成活子女数占活产子女数（%）	97.09	97.53	97.97	98.05	98.18	98.29	98.17
2010	平均活产子女数	2.67	2.24	1.17	0.63	0.48	0.39	0.34
	平均存活子女数	2.63	2.21	1.16	0.63	0.48	0.38	0.34
	平均成活子女数占活产子女数（%）	98.28	98.81	99.24	99.33	99.48	97.41	99.68

资料来源：1. 福建省第七次全国人口普查领导小组办公室 福建省统计局编，《福建省人口普查年鉴-2020》，中国统计出版社，2022 年 9 月；2. 福建省第六次人口普查办公室编，《福建省 2010 年人口普查资料》，中国统计出版社，2013 年 1 月。

从孩次构成来看，呈现育龄妇女受教育程度越高，一孩比重越大，二孩、三孩及以上比重越小的特点。2020 年，福建初中及以下受教育程度并生育过孩子的妇女，其一孩比重都较低，均在 40% 以下（见表

4-11），而二孩、三孩及以上的比重则相对较高。随着育龄妇女受教育程度的提高，一孩比重逐渐上升，二孩、三孩及以上的比重逐渐下降。大学本科、研究生一孩比重超过了 50%。这说明了教育在福建妇女生育数量的过程中产生了重大影响。也就是说育龄妇女受教育程度越高，多孩生育现象越少。

表 4-11　福建按受教育程度划分妇女生育孩次情况

单位：%

受教育程度	2020 年			2010 年		
	一孩率	二孩率	三孩及以上率	一孩率	二孩率	三孩及以上率
总　　计	41.13	47.31	11.56	66.29	30.03	3.68
未上过学	20.00	35.56	44.44	37.78	45.93	16.30
小　　学	24.18	46.29	29.53	39.05	51.76	9.19
初　　中	32.37	49.11	18.52	64.26	32.17	3.57
高　　中	40.81	48.93	10.26	80.23	18.49	1.28
大学专科	48.51	46.65	4.84	92.28	7.45	0.26
大学本科	53.90	43.31	2.79	95.97	3.82	0.20
研究生	60.90	38.02	1.08	99.24	0.76	0.00

资料来源：1. 福建省第七次全国人口普查领导小组办公室 福建省统计局编，《福建省人口普查年鉴 -2020》，中国统计出版社，2022 年 9 月；2. 福建省第六次人口普查办公室编，《福建省 2010 年人口普查资料》，中国统计出版社，2013 年 1 月。

（二）妇女婚姻状况对生育水平的影响

婚姻是生育的前提，有配偶人口比重发生变化，妇女生育的孩子数自然会发生变化，因此，人口婚姻状况显然会对妇女生育水平产生影响。妇女婚姻状况也是影响其生育水平的主要因素之一。2010—2020 年福建妇女平均初婚年龄和平均初育年龄不断提高，在全部已婚的女性人口中，平均初婚年龄从 2010 年的 23.75 岁提高到 2020 年的 24.48 岁，平均生育第一孩年龄从 2010 年的 25.65 岁提高到 2020 年的 27.91 岁，女性平均初婚年龄延迟了 0.73 岁，女性平均生育第一孩年龄延迟了 2.26 岁，初婚初育间隔从 2010 年的 1.70 年提高到 2020 年的 1.90 年，上升了 0.20 岁。从当年结婚的女性人口平均初婚年龄看，平均初婚年龄逐年提高。2020 年结婚的女性平均初婚年龄达 28.03 岁，比 2010 年结婚的女性平均初婚年龄延迟了 3.85 岁。婚育模式为晚婚晚育模式。育龄妇女平均初婚年龄、平均生育第一孩年龄和婚育间隔同步上升。

（三）妇女职业构成对生育水平的影响

妇女参加社会劳动比例的普及和职业的差异构成是影响生育水平和生育模式的一个重要因素。妇女从事的职业类别总是与其受教育程度密切相关。从事脑力劳动的人一般具有较高的文化水平，生育率较低；而从事体力劳动者，特别是文化程度较低的人，容易受传统观念的影响，生育率相对较高一些。2020 年，全省 16 岁以上就业人员中，女性占 40.96%。十年间，全省从事前三类（详见表 4-12）职业的女性比例

表 4-12　福建从业女性的职业构成和生育情况比较

职业	从业人员职业构成（%）		平均每个妇女活产子女数（个）	
	2020 年	2010 年	2020 年	2010 年
总　计	100.00	100.00	1.50	1.39
党的机关、国家机关、群众团体和社会组织、企事业单位负责人	0.95	1.43	1.43	1.14
专业技术人员	14.58	9.10	0.97	0.77
办事人员和有关人员	7.31	4.18	1.06	0.76
社会生产服务和生活服务人员	39.51	24.26	1.44	1.15
农、林、牧、渔业生产及辅助人员	12.66	30.87	2.11	2.03
生产制造及有关人员	24.88	29.97	1.72	1.22
不便分类的其他从业人员	0.10	0.19	1.31	1.32

资料来源：1. 福建省第七次全国人口普查领导小组办公室 福建省统计局编，《福建省人口普查年鉴-2020》，中国统计出版社，2022 年 9 月；2. 福建省第六次人口普查办公室编，《福建省 2010 年人口普查资料》，中国统计出版社，2013 年 1 月。

从 2010 年的 14.71% 提高到 22.84%，上升了 8.13 个百分点。后四类（由于第七类所占比重较小，一般将其归入体力劳动者）的体力劳动者比重从 2010 年的 85.29% 减少到 2020 年的 77.16%，下降了 8.13 个百分点。农、林、牧、渔、水利业生产人员中育龄妇女的比重从 30.87% 下降到 12.66%，下降了 18.21 个百分点，随着经济社会的发展，特别是创新战略的实施，产业的转型升级，劳动密集型的行业渐渐向知识密集型转化，脑力劳动者的比重不断上升，必然促成了生育率向低生育水平转化的趋势。

（四）经济发展对生育水平的影响

随着生育政策对生育率调整作用的影响，孩子的边际效应渐趋下降，经济发展对妇女的生育水平的影响日益增强。经济发展程度越高，人们的生活水平和教育水平相应提高，生育观念从重视生育数量向生育质量转变，因而会促使生育水平下降。2020 年福建人均地区生产总值已达 105818 元，是 2010 年 39905 元的 2.65 倍；2020 年城镇居民人

表 4–13　福建 2020 年各设区市总和生育率和人均 GDP 比较

地区	人均 GDP（元）	总和生育率
合计	105818	1.38
福州市	121015	1.21
厦门市	123962	1.15
莆田市	82753	1.36
三明市	108304	1.71
泉州市	115768	1.42
漳州市	89834	1.62
南平市	74903	1.55
龙岩市	105548	1.82
宁德市	83541	1.59

资料来源：1. 福建省统计局编，《福建统计年鉴 –2021》，中国统计出版社，2021 年 8 月；2. 福建省第七次全国人口普查领导小组办公室 福建省统计局编，《福建省人口普查年鉴 –2020》，中国统计出版社，2022 年 9 月。

均消费性支出和农村居民人均生活消费支出分别是 30487 元和 16339 元，2010 年分别是 14750 元和 5498 元，十年间增长 2.07 和 2.97 倍。伴随着经济的持续高速增长和生育政策的双轮驱动，福建育龄妇女的总和生育率在低水平上出现上下波动过程。分设区市比较，除龙岩外，人均 GDP 越高，总和生育率越低，反之人均 GDP 越低，总和生育率越高（详见表 4-13）。这也表明福建和全国一样正走向现代型社会低出生率、低死亡率和低自然增长率的"三低"社会阶段。

（五）育龄妇女的生育意愿对生育水平的影响

由于受诸多因素影响，育龄妇女普遍存在不愿生、不想生的思想。为了解育龄妇女在生育方面的现状、困难以及对政策的期盼等，2022 年 7 月，福建省统计局随机抽取了 480 人份 20—49 岁女性样本，开展育龄妇女生育意愿调研。调研结果显示，全省育龄妇女特别是职业女性生育意愿不强，经济负担重、子女无人照料和女性对职业发展的担忧等因素已经成为制约生育的主要障碍，亟待更加完善的生育支持政策体系。调研样本中，超四分之一的已婚未育育龄妇女尚未准备生育，已有一孩的家庭仅 20.51% 有再生育意愿，已有二孩的家庭仅 1.07% 家庭有再生育意愿。职场女性生育意愿更低。调研样本中，职场女性已生育一孩且打算继续生育的只占 18.08%，已生育二孩且打算继续生育的仅占 0.83%。调研发现，实际生育数低于理想生育数的育龄妇女原因有多个方面，其中表示收入不高、养育孩子有压力的占 40.7%；认为缺少时间精力的占 27.91%；其他如身体不允许、工作不稳定、无人帮忙照顾孩子所占比重也分别超过 10%。经济负担重、时间精力投入不足、身体因素成为育龄妇女不打算继续生育的前三大原因。

三、对策建议

（一）提高认识，转变观念，深刻领会和理解优化生育政策促进人口长期均衡发展的重要意义

人口问题始终是影响中国经济社会发展的长期性、基础性、全局性和战略性问题，党和国家历来高度重视人口问题。党的十八大以来，以习近平同志为核心的党中央着眼于经济和社会发展全局和人口发展的转折性变化，作出了逐步调整完善生育政策、促进人口长期均衡发展的战略部署，各项工作取得显著成效。福建为适应人口形势新变化和推动高质量发展新要求，全面贯彻落实国家《关于优化生育政策促进人口长期均衡发展的决定》和省委省政府《关于优化生育政策促进人口均衡发展的实施方案》，依法组织实施"三孩"生育政策，极力释放"全面三孩"政策势能，逐步提升并将总和生育率稳定在适度水平，保持和发挥人口总量势能优势；要按照国家卫健委等 17 个部委《关于进一步完善和落实积极生育支持措施的指导意见》，深入实施一对夫妻可以生育三个子女政策及配套支持措施，将婚嫁、生育、养育、教育一体考虑，尽力而为、量力而行，综合施策、精准发力，完善和落实财政、税收、保险、教育、住房、就业等积极生育支持措施，落实政府、用人单位、个人等多方责任，持续优化服务供给，不断提升服务水平，积极营造婚育友好社会氛围，摒弃人口是负担的观念，更加以人为本，加快建立积极生育支持政策体系，健全服务管理制度，为推动实现适度生育水平、促进人口长期均衡发展提供有力支撑。

（二）加强女性就业保障，提升女性权益保护

强化女性就业保障，确保职业女性平等地享受就业发展空间。同时积极提升职场女性和高知识女性在孕期和哺乳期间的照顾和保护，适当延长产假、哺乳假，落实配偶陪产假等相关权益，对企业实行生育税收优惠，加快构建生育成本由国家、企业、家庭之间合理有效的分担机制，以加强权益的保护推动多孩生育意愿的提升。

（三）降低家庭养育成本，拓展多元托育服务

在养育保障方面，要对有未成年子女的家庭职工实施弹性工作制，帮助兼顾工作与家庭，有条件的单位能够提供托育服务。省委省政府印发的《关于优化生育政策促进人口长期均衡发展的实施方案》中"探索建立生育补助制度，鼓励有条件的地方对生育二孩、三孩的家庭每月予以能起激励作用的一定补助"政策能尽快落地落实，让育龄妇女婚姻家庭能养得起孩子而且养得好孩子。

（四）优化教育资源分配，减轻家庭教育负担

在九年义务教育的基础上，适度考虑减免多孩家庭学龄前入托、入幼儿园及小学、初中、高中的学费，加强教育公平与优质教育资源供给，加大公益性基础教育力度和普惠政策，进而降低家庭教育开支，减轻家庭教育负担。

（五）强化住房和税收支持政策，减轻家庭购房压力

在住房保障方面，保障性住房政策能向多子女家庭倾斜，并积极给予税收优惠，对生二孩或三孩的家庭，出台购房补贴，实行差异的个税抵扣和经济补贴政策，降低购房的贷款利率或增加贷款额度等支持措施，在一定程度上减轻购房压力。加快发展保障性租赁住房，促进解决新市民、青年人等群体住房困难。精准实施购房租房倾斜政策。

（六）构建新型婚育文化

加强宣传引导和服务管理，动员社会力量充分发挥工会、共青团、妇联等群团组织在促进人口发展、家庭建设、生育支持等方面的重要作用，引导社会各界正确认识人口的结构性变化，尊重生育的社会价值，提倡适龄婚育，破除高价彩礼等陈规陋习。对大龄未婚女性和因性别比差异而不易找到结婚对象的单身男性给予特殊关注，作为一个社会问题重点解决。突出宣传生育的家庭作用：即天伦之乐、家族发展、养老送终等传统文化作用。增强生育的信心、责任心和热情。

（七）提高优生优育水平，完善生育保险

指导推动医疗机构通过健康教育、心理辅导、中医药服务、药物治疗、手术治疗、辅助生殖技术等手段，向群众提供有针对性的服务，提高不孕不育防治水平。推进辅助生殖技术制度建设，健全质量控制网络，加强服务监测与信息化管理。开展生殖健康促进行动，增强群众保健意识和能力。保护生殖健康和生育能力，加强生殖健康宣传教育和服务，预防非意愿妊娠，减少非医学需要的人工流产。完善生育保险等相关社会保险制度。逐步将适宜的分娩镇痛和辅助生殖技术项目按程序纳入基金支付范围。

（八）进一步完善相关法律法规

生育既有对家庭和个人的影响，更重要的也是对国家和社会的影响。生育背后有个人、夫妇、家庭、国家和社会等多重责任主体。国家应当建立和健全相关的法律法规，保障国家生育大计的顺利施行。如规定各级政府应按经济发展的一定比例补助生育孩子家庭等。另外由于社会经济的发展，结婚率下降、离婚率上升，试婚、同居男女增多，非婚生子女的平等权益保障有待进一步加强。由于不孕不育事实存在，有的家庭需要认领、过继小孩，配套的法律应给予保护和支持。有的单身女性，虽不想结婚，但有生育意愿，想当未婚妈妈，法律可以提供辅助生育支持引领保障作用等。

第五章　死亡状况

　　死亡是人类必须面对的现实，一般来说人是随着岁月的增加才会越来越感觉到死亡的临近，它既是一种生物现象，更是一种社会现象。在一定程度上，死亡是影响人口数量及人口结构变化的因素，也反映了该地区的社会发展水平以及人口健康状况和生活质量。本文依据第七次全国人口普查资料和历年人口统计资料的相关数据，对福建人口的死亡规律和变化特点进行分析研究，更全面真实地反映福建死亡人口的状况。

一、死亡水平的地区差异及特点

（一）福建人口死亡水平现状

　　人口普查资料显示，2020 年福建死亡人口数为 21.27 万人，人口死亡率为 6.24‰；与 2010 年相比，死亡人口增加 2.28 万人，死亡率上

表 5–1　福建两次普查主要年龄段死亡人口比较

年龄组	人　数（万人）		比　重（%）	
	2020 年	2010 年	2020 年	2010 年
合计	21.27	18.99	100.00	100.00
0—14	0.22	0.31	1.01	1.62
15—59	3.71	4.32	17.43	22.75
60 +	17.34	14.36	81.56	75.63

　　资料来源：1.福建省第七次全国人口普查领导小组办公室 福建省统计局编，《福建省人口普查年鉴 –2020》，中国统计出版社，2022 年 9 月；2.福建省第六次人口普查办公室编，《福建省 2010 年人口普查资料》，中国统计出版社，2013 年 1 月。

升 1.08 个千分点（见表 5-1）。其中城市死亡人口数 5.02 万人，比重为 23.59 %，镇死亡人口数 5.42 万人，比重为 25.50%，乡村死亡人口数 10.83 万人，比重为 50.91%，乡村比重明显高于城镇。与 2010 年相比，福建 0—14 岁和 15—59 岁年龄组死亡人口减少，比重有所下降，分别下降 0.61 个和 5.32 个百分点，60 岁及以上死亡人口比重上升 5.93 个百分点，死亡人口主要以老年人为主。

（二）死亡水平的地区差异

2020 年福建省各地市的粗死亡率较 2010 年呈现出以下三个变化特点：一是各地市粗死亡率均有不同程度提高。其中，2020 年泉州粗死亡率为 6.97‰，较 2010 年提高 2.23 个千分点，增量及增幅均为最高；2020 年龙岩粗死亡率为 6.78‰，较 2010 年增加 0.44 个千分点，增量及增幅均为最低；二是粗死亡率最高市与最低市的差距有所拉大。2020 年，福建省各地市中粗死亡率最高的是南平，最低的是厦门，粗死亡率分别为 7.55‰和 3.28‰，最高与最低相比，南平比厦门高 4.27 个千分点。2010 年，福建省各地市中粗死亡率最高的是南平，最低的

表 5-2　福建各地市两次普查人口粗死亡率

单位：‰

地　区	2010 年	2020 年
全　省	5.16	6.24
福州市	4.64	6.02
厦门市	2.51	3.28
莆田市	5.96	6.61
三明市	6.05	6.05
泉州市	4.74	6.97
漳州市	5.70	6.49
南平市	6.54	7.55
龙岩市	6.34	6.78
宁德市	6.17	6.84

资料来源：1. 福建省第七次全国人口普查领导小组办公室 福建省统计局编，《福建省人口普查年鉴-2020》，中国统计出版社，2022 年 9 月；2. 福建省第六次人口普查办公室编，《福建省 2010 年人口普查资料》，中国统计出版社，2013 年 1 月。

是厦门，粗死亡率分别为 6.54‰和 2.51‰，最高与最低相比，南平比厦门高 4.03 个千分点；三是各地市粗死亡率排名变动各不相同。与2010 年相比，2020 年，南平、宁德、福州、厦门粗死亡率排名均未发生变化。泉州粗死亡率由 2010 年的 4.74‰上升为 2020 年的 6.97‰，全省排名由 2010 年的第 7 位上升到 2020 年的第 2 位，排名上升最多（见表 5-2）。

（三）死亡水平的城乡差异

人口普查资料显示，2020 年福建城镇人口 2855.72 万人，占总人口的 68.75%；乡村人口 1298.28 万人，占总人口的 31.25%。由于城乡之间的生活条件、医疗条件和工作生产等方面的差异，死亡水平也表现出城乡之间的差别。

2020 年福建城镇死亡人口数为 10.44 万人，占城镇常住人口数比重 3.66‰，乡村死亡人口 10.83 万人，占乡村常住人口数比重 8.34‰。城镇死亡人口占比低于乡村死亡人口占比 4.68 个千分点。2010 年福建城镇死亡人口 6.87 万人，占城镇常住人口比重 3.22‰，乡村死亡人口 11.58 万人，占乡村常住人口比重 7.32‰。城镇死亡人口占比低于乡村死亡人口占比 4.00 个千分点（见表 5-3）。从死亡水平来看，城乡差异还是比较明显的，乡村死亡人口占比始终高于城镇死亡人口占比，2020 年与 2010 相比，差距略有扩大。造成这种差异的原因有很多，城乡人口年龄结构有较大差距是主要原因。福建现有的经济条件下，城

表 5-3　福建分城乡死亡人口占常住人口比重

年份	城镇		乡村	
	死亡人口（万人）	占常住人口比重（‰）	死亡人口（万人）	占常住人口比重（‰）
2010	6.87	3.22	11.58	7.32
2020	10.44	3.66	10.83	8.34

资料来源：1.福建省第七次全国人口普查领导小组办公室 福建省统计局编，《福建省人口普查年鉴-2020》，中国统计出版社，2022 年 9 月；2.福建省第六次人口普查办公室编，《福建省 2010 年人口普查资料》，中国统计出版社，2013年 1 月。

乡医疗条件的差异不容忽视，乡村的妇幼保健、老年人口的生活条件、医疗保障等与城市相比还存在较大的差距，这些是造成城乡人口死亡水平差异的重要原因。

（四）死亡水平的年龄差异

人口的死亡水平在不同的年龄阶段具有很大的差异，婴幼儿和老年人口死亡水平要高些，青壮年的死亡水平要低些。通过分年龄结构对死亡变化情况进行分析，进一步显示福建分年龄人口的死亡状况及其变化规律。从分年龄人口死亡水平看，与 2010 年相比，2020 年各年龄组死亡水平变化呈现三个特点：一是 0—14 岁年龄组死亡人口占常住人口比重降幅较大。2020 年，全省 0 岁死亡人口 943 人，占 0 岁常住人口比重 2.48‰，死亡人口数较 2010 年减少 507 人，死亡人口占 0 岁常住人口比重下降 1.14 个千分点；1—4 岁、5—9 岁年龄组死亡人口数占相应年龄组常住人口数比重下降幅度均为 50% 左右，10—14 岁年龄组死亡人口数占相应年龄组常住人口数比重下降幅度为 38.46%。二是 2020 年 15—59 岁年龄组死亡人口占常住人口比重随着年龄的增大而提高且下降幅度波动较大。2020 年，福建死亡人口占常住人口比重由 15—19 岁的 0.24‰ 上升到 55—59 岁的 4.26‰，随着年龄的增加，死亡人口占常住人口比重呈上升趋势，且均低于 2010 年。除了 15—19 岁死亡人口占常住人口比重由 2010 年的 0.40‰ 下降到 2020 年的 0.24‰，下降幅度达到 40% 外，其余年龄组下降幅度均在 20%—30% 之间。其中，40—44 岁死亡人口占常住人口比例由 2010 年的 1.52‰ 下降到 2020 年的 1.15‰，下降 0.37 个千分点，下降幅度 24.34%，为降幅最小年龄组。三是 2020 年 60 岁及以上老年死亡人口占常住人口比重较 2010 年下降幅度各不相同。其中 70—74 岁死亡人口占常住人口比重由 2010 年的 27.82‰ 下降到 2020 年的 19.57‰，下降 8.25 个千分点，下降幅度为 29.65%，在 60 岁及以上老年人口中下降幅度最大。80 岁及以上年龄组死亡人口占常住人口比重由 2010 年的 108.39‰ 下降到 2020 年的 96.06‰，下降 12.33 个千分点，下降幅度为 11.35%，在 60 岁及以上老年人口中下降幅度最小，但绝对值减少在所有年龄组中最多（见表5-4）。

表 5-4　福建两次普查分年龄段死亡人口比较

年龄组	2010 年		2020 年	
	死亡人口（人）	死亡人口占常住人口比重（‰）	死亡人口（人）	死亡人口占常住人口比重（‰）
0 岁	1450	3.62	943	2.48
1—4 岁	706	0.41	450	0.21
5—9 岁	383	0.21	376	0.13
10—14 岁	449	0.26	387	0.16
15—19 岁	1130	0.40	485	0.24
20—24 岁	1670	0.43	601	0.29
25—29 岁	1806	0.55	1096	0.38
30—34 岁	2172	0.71	1854	0.46
35—39 岁	3662	1.02	2208	0.66
40—44 岁	5221	1.52	3466	1.15
45—49 岁	6327	2.28	6409	1.80
50—54 岁	8801	4.14	9438	2.81
55—59 岁	11188	5.72	11506	4.26
60—64 岁	11953	9.19	15350	7.57
65—69 岁	14091	15.47	20542	11.29
70—74 岁	22119	27.82	22189	19.57
75—79 岁	27827	46.10	25296	35.16
80+ 岁	65303	108.39	90085	96.06

　　资料来源：1. 福建省第七次全国人口普查领导小组办公室 福建省统计局编，《福建省人口普查年鉴 -2020》，中国统计出版社，2022 年 9 月；2. 福建省第六次人口普查办公室编，《福建省 2010 年人口普查资料》，中国统计出版社，2013 年 1 月。

（五）按月份死亡水平的差异

　　第七次全国人口普查提供了 2019 年 11 月至 2020 年 10 月各个月份死亡人口数。据此可以了解福建死亡人口按月分布情况。根据表 5-5

可以看出，福建死亡人口数在不同月份的分布是不均匀的。其中死亡人数最多的是 10、12、2 月份，死亡人口占全年死亡人数分别为 9.34%、8.80%、8.79%；死亡人数最少的是 9、7、8 月份，死亡人口占全年死亡人数分别为 7.79%、7.84%、7.91%（见表 5-5）。

表 5-5　福建死亡人口按月份分布

单位：%

时间	各月份死亡人口占全年死亡人口比重		
	总计	男	女
2019 年 11 月	7.98	8.04	7.90
2019 年 12 月	8.80	8.74	8.88
2020 年 1 月	8.37	8.33	8.43
2020 年 2 月	8.79	8.53	9.15
2020 年 3 月	8.60	8.61	8.59
2020 年 4 月	8.37	8.31	8.44
2020 年 5 月	8.23	8.24	8.21
2020 年 6 月	7.98	7.94	8.04
2020 年 7 月	7.84	7.95	7.69
2020 年 8 月	7.91	8.01	7.76
2020 年 9 月	7.79	7.93	7.60
2020 年 10 月	9.34	9.36	9.31

资料来源：福建省第七次全国人口普查领导小组办公室 福建省统计局编，《福建省人口普查年鉴 -2020》，中国统计出版社，2022 年 9 月。

二、人口分性别和年龄的死亡水平

（一）分年龄、性别的死亡水平

年龄、性别是人口最基本的自然属性。由于人口在不同年龄段的身体状况和易患疾病情况各不相同，所以人口在各个年龄段死亡水平也有所不同。表 5-6 数据为 2020 福建分年龄死亡人数与同年龄的常住人口数之比，反映了人口在不同年龄段的死亡水平和强度。可以看出，死亡水平随着年龄的增加呈上升趋势。除了 100+ 年龄组外，在其他年龄段里，男性死亡人口占常住人口比例始终高于女性，且随着年龄组的增加，差距逐渐拉大。其中 85—89 岁年龄组男性死亡人口占常住人口比例为 126.48‰，比女性的 96.17‰高 30.31 个千分点，为所有年龄组差值最大。

表 5-6　2020 年福建分年龄分性别死亡人口占常住人口比重

单位：‰

年龄组	总计	男	女
0 岁	2.48	2.69	2.22
1—4 岁	0.21	0.22	0.19
5—9 岁	0.13	0.14	0.11
10—14 岁	0.16	0.17	0.14
15—19 岁	0.24	0.30	0.17
20—24 岁	0.29	0.39	0.18
25—29 岁	0.38	0.52	0.23
30—34 岁	0.46	0.63	0.29
35—39 岁	0.66	0.91	0.40
40—44 岁	1.15	1.58	0.69
45—49 岁	1.80	2.46	1.12
50—54 岁	2.81	3.88	1.69
55—59 岁	4.26	5.98	2.50
60—64 岁	7.57	10.66	4.43
65—69 岁	11.29	15.94	6.86
70—74 岁	19.57	25.90	13.34
75—79 岁	35.16	44.15	26.66
80—84 岁	65.41	79.78	53.65
85—89 岁	108.27	126.48	96.17
90—94 岁	175.56	187.26	169.08
95—99 岁	238.58	239.72	238.09
100+	305.66	260.93	320.55

资料来源：福建省第七次全国人口普查领导小组办公室 福建省统计局编，《福建省人口普查年鉴 -2020》，中国统计出版社，2022 年 9 月。

（二）婴儿死亡率

婴儿死亡率（IMR）是一项反映一周岁以内婴儿死亡水平的指标，在年龄别死亡率中处于比较特殊和重要的地位。婴儿死亡率的定义是：婴儿活产后在达到一岁前死亡的概率，婴儿死亡率的公式为：IMR=Do/B。其中 Do 表示某年 0 岁死亡人口，B 表示概念出生人数。因此，严格说，应称之为婴儿死亡概率。婴儿死亡率可以用来衡量和评价一个国家或地区的社会经济、文化教育、卫生保健及人口健康水平。婴儿死亡率的高低对人口整体死亡水平具有重要的影响，与出生时平均预期寿命有着密切的关系，是参与评价人口总体生活质量的重要指标之一。根据婴儿死亡率的定义可以算出 2020 年福建婴儿死亡率为 2.46‰，与 2010 年的婴儿死亡率 3.61‰相比，下降了 1.15 个千分点。影响婴儿死亡率的因素有很多。首先，由于医疗卫生条件的改善，医院床位数、医护人员人数的增加和就医条件的便利，孕妇在医院生产的比重越来越高，降低了在家中生产发生意外的可能性。其次，随着人民文化素质的提高和孕期保健知识的普及，孕产妇通过摄取必要的微量元素，有效降低了新生儿出生时死亡的概率。第三，母乳喂养比例的提高也在降低婴儿死亡率的过程中起到了不可忽视的作用。

（三）少儿死亡水平

2020 年少儿组死亡人口占常住人口比重与 2010 年相比有所下降。2020 年 1—4 岁死亡人口占常住人口比重为 0.21‰，比 2010 年的 0.41‰下降 0.20 个千分点；2020 年 5—9 岁死亡人口占常住人口比重为 0.13‰，

表 5-7　福建少儿组死亡人口占常住人口比重

单位：‰

年龄组	2010 年			2020 年		
	总计	男	女	合计	男	女
1—4 岁	0.41	0.44	0.37	0.21	0.22	0.19
5—9 岁	0.21	0.23	0.18	0.13	0.14	0.11
10—14 岁	0.26	0.32	0.19	0.16	0.17	0.14

资料来源：福建省第七次全国人口普查领导小组办公室 福建省统计局编，《福建省人口普查年鉴-2020》，中国统计出版社，2022 年 9 月。

比 2010 年的 0.21‰ 下降 0.08 个千分点；2020 年 10—14 岁死亡人口占常住人口比重为 0.16‰，比 2010 年的 0.26‰ 下降 0.10 个千分点（见表 5–7）。

结合表 5–6 的数据可以看出，在各个年龄的人口构成中，少儿组的死亡水平是最低的，并且在 5—9 岁年龄组死亡人口占常住人口比重是最低的，仅为 0.13‰。总体来说，福建少儿死亡水平处于较低的水平并保持相对稳定。

（四）劳动年龄人口死亡水平

劳动年龄人口是指 15—64 岁的人口，是社会财富的主要创造者。劳动年龄人口健康程度、死亡状况是关系到经济社会发展的重要问题。

从表 5–8 可以发现，人口进入劳动年龄组以后，死亡水平随着年龄的增长呈明显的上升趋势。2020 年 15—19 岁年龄组的死亡人口占常住人口比重为 0.24‰，而 60—64 岁年龄组的死亡人口占常住人口比例达到 7.57‰。男性的死亡水平都大于女性，无论是 2010 年还是 2020 年，在劳动年龄组当中，几乎所有男性死亡人口占常住人口比重都是女性

表 5–8　福建劳动年龄组死亡人口占常住人口比重

单位：‰

年龄组	2010 年			2020 年		
	总计	男	女	总计	男	女
15—19 岁	0.40	0.55	0.23	0.24	0.30	0.17
20—24 岁	0.43	0.60	0.26	0.29	0.39	0.18
25—29 岁	0.55	0.75	0.34	0.38	0.52	0.23
30—34 岁	0.71	0.95	0.47	0.46	0.63	0.29
35—39 岁	1.02	1.37	0.65	0.66	0.91	0.40
40—44 岁	1.52	2.09	0.94	1.15	1.58	0.69
45—49 岁	2.28	3.11	1.40	1.80	2.46	1.12
50—54 岁	4.14	5.70	2.48	2.81	3.88	1.69
55—59 岁	5.72	7.89	3.50	4.26	5.98	2.50
60—64 岁	9.19	12.25	5.86	7.57	10.66	4.43

资料来源：福建省第七次全国人口普查领导小组办公室 福建省统计局编，《福建省人口普查年鉴 –2020》，中国统计出版社，2022 年 9 月。

的 2 倍以上。形成这种现象的原因有很多，人口进入劳动年龄以后，生活方式的改变、工作与学习压力的增加、日常生活和劳动过程中的意外事故等，都是造成这一年龄段死亡水平上升的重要因素。此外，男性人口与女性人口在生活方式、饮食习惯、兴趣爱好等方面存在较大的差异，是男性人口的死亡水平与女性死亡水平差距的重要原因。

（五）老年人口死亡水平

2010 年，福建老年人口（65 岁及以上）占总常住人口比重为 7.89%，到 2020 年，这一比重上升至 11.10%，老年人口死亡人数在总人口死亡人数中所占比重相应有所增大，是影响总人口死亡水平的重要因素。

从表 5-9 可以看出，老年组死亡人口占常住人口比重随着年龄增长迅速上升。人进入老年后，身体器官功能开始衰退，抵御疾病的能力也逐步下降。2020 年，65—69 岁死亡人口占常住人口比重为 11.29‰，到 100 岁及以上这一比重高达 305.66‰。与 2010 年相比，老年组死亡人口占常住人口比重普遍有所下降，其中 100 岁及以上死亡

表 5-9　福建老年组死亡人口占常住人口比重

单位：‰

年龄组	2010 年			2020 年		
	合计	男	女	合计	男	女
65—69	15.47	19.74	10.82	11.29	15.94	6.86
70—74	27.82	34.65	20.88	19.57	25.90	13.34
75—79	46.10	56.68	36.80	35.16	44.15	26.66
80—84	79.88	93.17	69.92	65.41	79.78	53.65
85—89	124.62	139.03	116.32	108.27	126.48	96.17
90—94	200.53	216.53	193.56	175.56	187.26	169.08
95—99	249.91	247.45	250.75	238.58	239.72	238.09
100+	497.16	488.69	499.40	305.66	260.93	320.55

资料来源：1. 福建省第七次全国人口普查领导小组办公室 福建省统计局编，《福建省人口普查年鉴-2020》，中国统计出版社，2022 年 9 月；2. 福建省第六次人口普查办公室编，《福建省 2010 年人口普查资料》，中国统计出版社，2013年 1 月。

人口占常住人口比重由 497.16‰ 下降至 305.66‰，下降 191.5 个千分点，为所有年龄组降幅最大。从老年组人口死亡水平可以看出，随着年龄从低龄老年人向高龄老年人转变，老年人口死亡水平增加幅度越来越大。另外也表现出明显的性别差异，各个年龄段的男性人口死亡率都大于女性人口水平，这一特点同成年组分性别人口死亡水平是一样的。

三、人口平均预期寿命

（一）人口平均预期寿命的变化

人口平均预期寿命的变化是同社会经济发展变化、同整个人口发展过程紧密联系在一起的。伴随着经济发展、社会进步、人民生活水平提高、医疗卫生条件改善，人口再生产类型由高出生、高死亡、低自然增长向低出生、低死亡、低增长的转变，人口平均预期寿命逐渐延长。近年来，在全省人民生活水平不断提高，医疗卫生事业投入不断加大，科技进步不断加快的情况下，福建人口平均预期寿命持续提高。2020 年福建人口平均预期寿命为 78.49 岁，比 2010 年的 75.76 岁提高 2.73 岁。从 2010 年到 2020 年，男性平均预期寿命由 73.27 岁提高到 75.81 岁，提高 2.54 岁，女性平均预期寿命由 78.64 岁提高到 81.55 岁，提高 2.91 岁。从近两次人口普查的结果看，女性的平均预期寿命均高于男性，2010 年女性平均预期寿命比男性长 5.37 岁，2020 年女性平均预期寿命比男性长 5.74 岁，性别差距有所扩大（见表 5-10）。

表 5-10　福建两次普查平均预期寿命比较

单位：岁

地　区	2010 年			2020 年		
	合计	男	女	合计	男	女
全　省	75.76	73.27	78.64	78.49	75.81	81.55

资料来源：1. 福建省第七次全国人口普查领导小组办公室 福建省统计局编，《福建省人口普查年鉴 -2020》，中国统计出版社，2022 年 9 月；2. 福建省第六次人口普查办公室编，《福建省 2010 年人口普查资料》，中国统计出版社，2013 年 1 月。

（二）人口平均预期寿命的地区差异

福建人口平均预期寿命的地区差异比较明显，2010 年、2020 年厦门市平均预期寿命均为全省最高，达到 78.43 岁和 80.87 岁，高于全省平均预期寿命 2.68 岁和 2.38 岁；福州市次之，为 77.57 岁和 80.41 岁，高于全省平均预期寿命 1.81 岁和 1.92 岁；其余地市平均预期寿命差距较小，但均低于全省平均水平，其中泉州市 2010 年、2020 年平均预期寿命均为全省最低，分别是 73.85 岁和 77.33 岁，低于全省平均值 1.91 岁和 1.16 岁。2020 年各设区市平均预期寿命较 2010 年均有不同程度提高，其中泉州市提高最多，增加 3.84 岁；三明市次之，增加 3.40 岁；提高最慢的是厦门市，增加 2.44 岁。2020 年各设区市女性平均预期寿命均高于男性平均预期寿命。其中泉州市女性平均预期寿命比男性高 7.06 岁，差距最大；其次为莆田市，女性比男性高 6.90 岁；差距最小

表 5-11　福建两次普查各设区市平均预期寿命比较

单位：岁

地　区	2010 年			2020 年		
	合计	男	女	合计	男	女
全　　省	75.76	73.27	78.64	78.49	75.81	81.55
福州市	77.57	75.39	80.11	80.41	78.17	82.93
厦门市	78.43	76.06	81.01	80.87	78.49	83.38
莆田市	74.15	71.20	77.48	77.39	74.11	81.01
三明市	74.33	72.45	76.67	77.73	75.14	80.73
泉州市	73.85	70.89	77.34	77.33	74.04	81.10
漳州市	74.76	72.22	77.71	77.97	75.28	81.06
南平市	74.37	72.09	77.11	77.46	74.90	80.43
龙岩市	74.44	71.36	78.23	77.81	74.71	81.44
宁德市	74.79	72.24	78.31	77.84	75.14	81.32

资料来源：1. 福建省第七次全国人口普查领导小组办公室 福建省统计局编，《福建省人口普查年鉴 -2020》，中国统计出版社，2022 年 9 月；2. 福建省第六次人口普查办公室编，《福建省 2010 年人口普查资料》，中国统计出版社，2013 年 1 月。

的是福州市，女性比男性高 4.76 岁。与 2010 年相比，2020 年男性平均
预期寿命提高最多的是龙岩市，提高了 3.35 岁，提升最少的是厦门市，
提高了 2.43 岁；女性平均预期寿命提高最多的设区市是三明市，提高
了 4.06 岁，提升最少的是厦门市，提升了 2.37 岁（见表 5-11）。

（三）福建人口平均预期寿命在全国位次

2020 年，福建人口平均预期寿命比全国人口平均预期寿命高 0.56
岁，在全国 31 个省、自治区、直辖市中，低于上海、北京、天津、浙江、
江苏、广东、山东、海南、辽宁、重庆，排在全国第 11 位，比 2010
年上升 1 位；其中福建男性人口平均预期寿命比全国高 0.44 岁，女性
人口平均预期寿命比全国高 0.67 岁，均排在全国第 11 位。从总体看，
福建人口平均预期寿命在全国处于中上游水平。

四、影响死亡水平的主要因素

人口的死亡水平对衡量和评价人口健康状况、社会福利水平和社
会经济进步程度起重要作用，同时也会受到社会经济状况、医疗卫生
水平、人口年龄结构和受教育程度等诸多因素的影响。

（一）经济发展水平与死亡率分析

经济发展是人们生活水平的决定因素，在影响死亡率的诸多因素
中，经济因素是决定性因素。经济因素最主要的指标是人均可支配收入，
它反映一个地区人们手中可用于消费和储蓄的状况，可支配收入的一
部分可以用来支付医疗费，代表人们潜在的医疗消费能力，而这种医
疗消费直接影响死亡率。

表 5-12 列出了 2010 年和 2020 年城镇居民、农村居民的人均可支
配收入和同时期的死亡率以及预期寿命数据。可以看出人均收入和死
亡率呈负相关，与平均预期寿命成正相关，即人均收入越高，死亡率
越低，预期寿命越高。这说明人口死亡水平是随着经济水平的提高而
降低的，人均预期寿命是随之提高的。

表 5-12　2010 年和 2020 年的人均收入状况与死亡率、
平均预期寿命的比较

年份	城镇居民的人均 可支配收入（元）	农村居民人均 可支配收入（元）	平均预期寿命 （岁）	死亡率 （‰）
2010	21781	7427	75.76	5.16
2020	47160	20880	78.49	6.24

资料来源：1. 福建省第七次全国人口普查领导小组办公室 福建省统计局编，《福建省人口普查年鉴 -2020》，中国统计出版社，2022 年 9 月；2. 福建省第六次人口普查办公室编，《福建省 2010 年人口普查资料》，中国统计出版社，2013 年 1 月。

（二）受教育程度对死亡水平影响

人口的受教育程度与死亡水平的高低有着密切关系。受教育程度较高人群的死亡水平明显低于受教育程度较低的人群。主要因为受教育程度较高的人口多从事脑力劳动，其经济条件和生活环境也更加优越，能够享受更好的医疗保健，同时受教育程度较高人群具有较为丰富的科学文化知识，比较了解营养、卫生、防病、体育锻炼和身体素质的关系，按照科学的方法从事生活、劳动和锻炼，这些都有利于受教育程度较高的人口降低死亡率延长寿命；而受教育程度较低的人口多从事体力劳动，较差的工作环境和生活环境对其身体产生不良影响，不科学的饮食起居习惯更加快了自身生命消耗速度，当患病时，不好的经济条件往往影响疾病的及早发现和及时治疗，加大了死亡的风险。

从表 5-13 可以看到，人口受教育程度的高低和死亡水平呈负相关变动，即受教育程度越高，死亡水平越低。未上过学的死亡人口占常住人口比重是小学教育程度人口的 4.3 倍，是初中教育程度人口的 14.2 倍，是高中教育程度人口的 21.7 倍，是大学及以上教育程度人口的 51.3 倍。其中男性未上过学的死亡人口占常住人口比例是小学教育程度人口的 4.1 倍，是初中教育程度人口的 13.2 倍，是高中教育程度人口的 19.9 倍，是大学及以上教育程度人口的 43.7 倍；女性未上过学的死亡人口占常住人口比例是小学教育程度人口的 7.2 倍，是初中教育程度人口的 34.2 倍，是高中教育程度人口的 54.5 倍，是大学及以上教育程度人口的 134.6 倍。

表 5-13　2020 年福建 3 岁及以上不同受教育程度
死亡人口占常住人口比重

单位：‰

受教育程度	合计	男性死亡人口占常住人口比重	女性死亡人口占常住人口比重
未上过学	37.95	49.42	43.07
小学	8.73	11.98	5.98
初中	2.67	3.74	1.26
高中	1.75	2.48	0.79
大学及以上	0.74	1.13	0.32

资料来源：1. 福建省第七次全国人口普查领导小组办公室 福建省统计局编，《福建省人口普查年鉴-2020》，中国统计出版社，2022 年 9 月；2. 福建省第六次人口普查办公室编，《福建省 2010 年人口普查资料》，中国统计出版社，2013 年 1 月。

（三）季节变化对死亡水平影响

2020 年，10 月份的死亡人口、男性死亡人口和女性死亡人口皆最多，为 19863 人、11661 人和 8202 人，分别占相对应总死亡人口的 9.34%、9.36% 和 9.31%；9 月份总死亡人口、男性死亡人口和女性死亡人口皆最少，为 16572 人、9873 人和 6699 人，分别占相对应总死亡人口的 7.79%、7.93% 和 7.60%；死亡人口最多月份与最低月份相比，总死亡人口、男性死亡人口和女性死亡人口分别多 3291 人、1788 人、1503 人，比重分别高 1.55 个百分点、1.43 个百分点、1.71 个百分点（见表 5-14）。从人口普查数据看，福建各月死亡人口数量差距较小，季节因素对人口死亡水平影响较小。

表 5-14　福建按月份死亡人口及构成

时 间	死亡人口（人）			死亡构成（%）		
	合计	男	女	合计	男	女
2019 年 11 月	16970	10007	6963	7.98	8.04	7.90
2019 年 12 月	18707	10882	7825	8.80	8.74	8.88
2020 年 1 月	17794	10367	7427	8.37	8.33	8.43
2020 年 2 月	18691	10624	8067	8.79	8.53	9.15
2020 年 3 月	18293	10727	7566	8.60	8.61	8.59
2020 年 4 月	17796	10354	7442	8.37	8.31	8.44
2020 年 5 月	17498	10267	7231	8.23	8.24	8.21
2020 年 6 月	16975	9891	7084	7.98	7.94	8.04
2020 年 7 月	16682	9904	6778	7.84	7.95	7.69
2020 年 8 月	16813	9971	6842	7.91	8.01	7.76
2020 年 9 月	16572	9873	6699	7.79	7.93	7.60
2020 年 10 月	19863	11661	8202	9.34	9.36	9.31

资料来源：1.福建省第七次全国人口普查领导小组办公室 福建省统计局编，《福建省人口普查年鉴 -2020》，中国统计出版社，2022 年 9 月；2.福建省第六次人口普查办公室编，《福建省 2010 年人口普查资料》，中国统计出版社，2013 年 1 月。

第六章 婚姻与家庭

婚姻与家庭维系着社会的安定与和谐，对社会经济和人口再生产具有重要影响。随着社会体制与发展阶段的变迁，人们思想观念与生活环境的改变，福建人口婚姻与家庭状况也发生了新的变化，而这些变化必然对社会经济和人口再生产产生较大的影响。本章利用人口普查资料对福建人口婚姻与家庭变化状况进行剖析，多角度分析人口变化中存在的问题，以期对制定人口政策，促进社会经济和人口再生产的健康发展有参考价值。

一、婚姻状况及特点

（一）婚姻状况

婚姻状况是指 15 岁及以上人口在婚姻关系方面的状况，通常包括

表 6-1　15 岁及以上人口婚姻状况

单位：%

婚姻状况	2010 年			2020 年		
	合计	男	女	合计	男	女
总　计	100.00	100.00	100.00	100.00	100.00	100.00
未　婚	22.97	26.13	19.78	18.57	22.19	14.82
有配偶	70.56	69.92	71.20	73.75	73.15	74.37
离　婚	1.06	1.23	0.89	2.23	2.34	2.11
丧　偶	5.41	2.71	8.14	5.45	2.32	8.70

　　资料来源：1. 福建省第七次全国人口普查领导小组办公室 福建省统计局编，《福建省人口普查年鉴 -2020》，中国统计出版社，2022 年 9 月；2. 福建省第六次人口普查办公室编，《福建省 2010 年人口普查资料》，中国统计出版社，2013年 1 月。

未婚、有配偶、离婚和丧偶四类。人口普查资料显示，2020 年福建 15 岁及以上常住人口中未婚人口比重为 18.57%，比 2010 年下降 4.40 个百分点，有配偶人口比重 73.75%，比 2010 年提高 3.19 个百分点，离婚人口比重 2.23%，比 2010 年提高 1.17 个百分点，丧偶人口比重 5.45%，比 2010 年提高 0.04 个百分点（见表 6-1）。2010 年到 2020 年的十年间，福建人口婚姻构成发生了一些新变化，但人口婚姻状况基本上保持了未婚比例较低，有配偶比例高，离婚比例低等特征。总体上看，全省人口婚姻关系较稳定，婚姻状况处于良好状态。

（二）婚姻状况变动特点

1. 未婚人口比重下降，女性未婚比重下降高于男性

2020 年福建 15 岁及以上常住人口中未婚人口比重为 18.57%，比 2010 年下降 4.40 个百分点。其中，男性未婚人口占同龄男性人口比重为 22.19%，女性未婚人口占同龄女性人口比重为 14.82%，女性所占比重比男性低 7.37 个百分点。与 2010 年相比，男性未婚人口比重下降了 3.94 个百分点，女性下降了 4.96 个百分点，女性未婚比重下降幅度高出男性 1.02 个百分点。

从年龄分布状况看，未婚比例和年龄呈反比关系，年龄越大，未婚的比例越小。2020 年，全省 15—19 岁、20—24 岁和 25—29 岁年龄组未婚人口占同龄人口比重为 99.38%、86.84% 和 45.42%（见表 6-2），比 2010 年分别高出 0.22 个、7.69 个和 15.28 个百分点。2010 年，25—29 岁有近七成的青年人步入了婚姻殿堂，而到 2020 年，只有超过一半的青年人步入婚姻殿堂。在 30 岁以下的年轻人中，未婚比重的提高，主要是婚育观念转变，以及求学受教育、先工作后成家等因素影响，当中有许多青年人选择了晚婚，推延了结婚年龄。另外，在未婚人口中，30—44 岁大龄未婚人口的比重也有所上升，尤其是大龄未婚男性的比重比女性高。2020 年，全省 30—44 岁大龄未婚人口占同龄人口比重为 9.33%，比 2010 年上升了 5.13 个百分点。其中，大龄未婚男性占同龄男性人口比重为 13.16%，大龄未婚女性占同龄女性人口比重为 5.33%，分别比 2010 年上升了 6.82 个和 3.29 个百分点。

表 6-2　2020 年 15 岁以上人口分年龄婚姻状况

单位：%

年龄组	未婚	有配偶	离婚	丧偶
总　计	18.57	73.75	2.23	5.45
15—19	99.38	0.62	0.00	0.00
20—24	86.84	13.01	0.14	0.01
25—29	45.42	53.45	1.11	0.02
30—34	16.20	80.99	2.70	0.11
35—39	6.52	89.40	3.83	0.25
40—44	3.49	92.10	3.88	0.53
45—49	2.46	92.87	3.43	1.24
50—54	1.77	92.66	2.87	2.70
55—59	1.37	91.30	2.41	4.92
60—64	1.22	88.06	1.78	8.94
65+	1.13	69.02	0.82	29.03

资料来源：福建省第七次全国人口普查领导小组办公室 福建省统计局编，《福建省人口普查年鉴-2020》，中国统计出版社，2022 年 9 月。

2. 有配偶人口比重上升，女性有配偶比重高于男性

2020 年，福建 15 岁及以上人口有配偶的比重为 73.75%，其中男性有配偶比重 73.14%，女性有配偶比重 74.37%，女性比男性高出 1.23 个百分点。与 2010 年相比，有配偶人口比重提高了 3.19 个百分点，其中，男性提高 3.22 个百分点，女性提高 3.17 个百分点。可见，在人口婚姻构成上，全省有配偶人口比重仍较大，完婚程度高，不仅婚姻关系稳定，而且稳定性还有所提高。从年龄构成状况看，2020 年全省有配偶人口比重在 40—54 岁的各年龄组都比较高，超过 92% 以上，其中 45—49 岁年龄组是最高的，达 92.87%。从性别看，男性人口有配偶比例在 92% 以上的有 45—49 岁、50—54 岁和 55—59 岁三个年龄组，其中，55—59 岁年龄组有配偶比例最高，达 93.17%；女性 35—39 岁、40—44 岁、45—49 岁和 50—54 岁年龄组，有配偶比例都在 92% 以上，分别高达 92.19%、93.64%、93.52% 和 92.27%。

但是，在 55 岁以后，女性人口有配偶的比例明显低于男性，女性 55—59 岁和 60—64 岁年龄组有配偶比例分别为 89.39% 和 84.25%，比同年龄组男性分别低 3.78 个和 7.58 个百分点，55 岁以后随着年龄的增长，女性人口有配偶的比例低于男性越趋明显，尤其是 65 岁以后，女性人口有配偶的比例仅有 55.99%，比男性低了 27.28 个百分点（见表 6-3）。这主要是由于女性丧偶、离异后，再婚较困难、再婚比例比男性低，以及女性寿命比男性长等因素的关系。

表 6-3　2020 年 15 岁以上人口分年龄分性别有配偶人口比重

单位：%

年龄组	合　计	男	女
总　计	73.75	73.14	74.37
15—19	0.61	0.22	1.06
20—24	13.01	7.52	19.16
25—29	53.45	42.23	65.92
30—34	80.99	74.53	87.64
35—39	89.40	86.72	92.19
40—44	92.10	90.64	93.64
45—49	92.87	92.24	93.52
50—54	92.67	93.04	92.27
55—59	91.30	93.17	89.39
60—64	88.06	91.83	84.25
65+	69.02	83.27	55.99

资料来源：福建省第七次全国人口普查领导小组办公室 福建省统计局编，《福建省人口普查年鉴-2020》，中国统计出版社，2022 年 9 月。

3. 离婚人口比重有所上升，女性离婚增幅高于男性

2020 年，全省离婚人口占 15 岁及以上人口比重为 2.23%（见表 6-4），比 2010 年提高 1.17 个百分点。其中，男性离婚人口占同龄男性人口比重为 2.34%，女性离婚人口占同龄女性人口比重为 2.12%。与 2010 年相比，男性提高了 1.11 个百分点，女性提高了 1.23 个百分点，离婚人口比重呈上升趋势。目前全省离婚人口比重虽处于较低状态，

但随着经济发展与社会的变革，离婚人口数量和比重都将出现上升的可能。离婚人口的增加，一方面是社会文明进步的表现，另一方面也容易给社会和家庭带来许多问题，其负面效应也是不容忽视的，应引起社会的高度关注。

表 6-4　2020 年分年龄性别离婚人口比重

单位：%

年龄组	合　计	男	女
总　计	2.23	2.34	2.12
15—19	0.00	0.00	0.00
20—24	0.14	0.07	0.22
25—29	1.11	0.87	1.38
30—34	2.70	2.62	2.78
35—39	3.83	3.93	3.72
40—44	3.88	4.06	3.70
45—49	3.43	3.49	3.36
50—54	2.87	3.10	2.63
55—59	2.41	2.64	2.18
60—64	1.78	2.17	1.37
65+	0.82	1.15	0.52

　　资料来源：福建省第七次全国人口普查领导小组办公室 福建省统计局编，《福建省人口普查年鉴 -2020》，中国统计出版社，2022 年 9 月。

　　分年龄组看，2020 年全省 65 岁及以下的人口，各年龄组的离婚人口占同龄人口比重与 2010 年相比，均有不同程度的提高。其中，25—29 岁年龄组的离婚人口比重比 2010 年提高 0.52 个百分点，低年龄组离婚人口比重提高，表明离婚人口出现年轻化的态势。2020 年，在 30—49 岁年龄段，离婚人口比重明显上升，其离婚人口占到全部离婚人口的 63.80%，其中：30—34 岁、35—39 岁、40—44 岁和 45—49 岁龄组离婚人口占同龄人口比重分别为 2.70%、3.83%、3.88% 和 3.43%，比 2010 年分别上升了 1.33 个、2.06 个、2.02 个和 1.62 个百分点。可见，全省离婚人口主要是集中在中年年龄段，尤其是 35—44 岁所占比重上升幅度较大。65 岁及以上年龄段离婚人口比重为 0.82%，与 2010 年相比，仅上升 0.14 个百分点，变动幅度较小，表明目前老年人口婚姻关系更稳定。

从性别看，女性从 35 岁以上的各年龄段的离婚比例均低于男性，特别是在 50 岁以上的年龄段，男性的离婚比例远高于女性。但是，这十年间女性离婚比例提高比男性快 0.12 个百分点。2010 年，女性各年龄段的离婚比例均小于 2%，2020 年，女性 30—59 岁的各年龄组离婚比例都已超过 2%，30—34 岁、35—39 岁、40—44 岁、45—49 岁、50—54 岁年龄组女性离婚比例分别比 2010 年高出 1.46 个、2.08 个、2.06 个、1.86 个、1.59 个百分点，男性离婚比例分别比 2010 年高出 1.15 个、2.04 个、1.99 个、1.38 个、1.25 个百分点，女性比男性分别快了 0.27 个、0.04 个、0.07 个、0.48 个和 0.34 个百分点。这表明男性离婚人口虽多于女性，但女性离婚人口的增幅快于男性。也反映出随着女性经济地位的独立以及婚姻观念改变，越来越多的女性趋于注重婚姻质量，对婚姻的要求也更高。

4. 丧偶人口比重上升，女性丧偶比重大幅高于男性

2020 年，全省丧偶人口占 15 岁及以上人口比重为 5.45%（见表 6-5），比 2010 年上升 0.04 个百分点。其中，男性丧偶人口占同龄男性人口比重为 2.32%，女性丧偶人口占同龄女性人口比重为 8.70%，女性丧偶人口比重高出男性 6.38 个百分点，比 2010 年减少了 1.53 个百分点。与 2010 年相比，男性下降了 0.39 个百分点，女性上升了 0.56 个百分点，女性丧偶人口比重略有提升。

分年龄组看，全省 15 岁及以上人口的各年龄组丧偶人口比重，比 2010 年均有不同程度的下降，尤其是老年人口丧偶比重降幅明显，60-64 岁及 65 岁及以上老年人口，丧偶比重已分别由 2010 年的 12.19% 和 36.80% 下降到 2020 年的 8.94% 和 29.03%，降幅分别为 3.25 个和 7.77 个百分点。这表明随着生活水平的不断提高，医疗卫生条件的不断完善，人们的平均预期寿命也在提高。同时也反映出人们婚姻

观念的改变，让老年人口的婚姻生活越来越受关注，社会环境的宽松，对老年人口尤其是老年女性人口再婚的理解和支持，为老年人口提供了更多选择婚姻生活的机会。

表 6-5　2020 年分年龄性别的丧偶人口比重

单位：%

年龄组	合计	男	女
总　计	5.45	2.32	8.70
15—19	0.00	0.00	0.00
20—24	0.01	0.00	0.01
25—29	0.02	0.01	0.04
30—34	0.11	0.05	0.17
35—39	0.26	0.11	0.41
40—44	0.53	0.21	0.88
45—49	1.24	0.49	2.04
50—54	2.70	1.06	4.41
55—59	4.92	1.93	7.97
60—64	8.94	3.86	14.09
65+	29.03	13.41	43.30

资料来源：福建省第七次全国人口普查领导小组办公室 福建省统计局编，《福建省人口普查年鉴-2020》，中国统计出版社，2022 年 9 月。

分性别看，2020 年女性丧偶人口比重在各年龄组都明显高于男性。丧偶人口中，50 岁以下人口的丧偶比重都较低，男女差距并不明显。但 50 岁以后，随着年龄的增长，女性丧偶比重提高速度逐渐加快，男女丧偶比重的差异明显拉开，而且越拉越大。50—54 岁、55—59 岁、60—64 岁年龄组，女性丧偶人口比重是男性的 4.16 倍、4.12 倍和 3.65 倍，特别是进入老年阶段后，65 岁及以上年龄组，女性丧偶人口比重是男性的 3.23 倍，差距虽有所缩小，但 65 岁及以上年龄组，女性丧偶人口比重达到 43.30%，明显比同年龄组男性高出 29.89 个百分点。这主要是因为女性的平均预期寿命高于男性，老年阶段的男性人口死亡率高于同龄女性。随着全省人口老龄化进程加快，丧偶的老年人口数量将逐渐增加，由于女性丧偶人口比重高于男性，使得女性单身老人数量将逐年增加。对这种现象全社会应高度重视，要采取有效措施，加大对老年弱势群体的关注，完善社会养老保障机制。

二、平均初婚年龄比较

初婚年龄是衡量婚姻状况的一个重要指标，结婚早晚对人口再生产影响重大。随着经济社会的迅速发展和生育政策的普及，人们的婚姻观念也在发生变化，2020 年福建常住人口平均初婚年龄主要有以下特点：

（一）平均初婚年龄延迟，两性初婚年龄差缩小

中国的法定婚龄为男性 22 周岁及以上，女性 20 周岁及以上。人口普查资料显示，在全部已婚的人口中，2020 年，福建常住人口平均初婚年龄为 24.48 岁，比 2010 年延迟了 0.73 岁。其中，男性 25.55 岁，女性 23.39 岁，分别比法定婚龄推迟 3.55 岁和 3.39 岁，比 2010 年分别延迟了 0.62 岁和 0.81 岁。从当年结婚人口的平均初婚年龄看，2020 年结婚的福建常住人口平均初婚年龄为 28.82 岁（详见表 6-6），比 2010 年结婚的平均初婚年龄推迟了 3.58 岁。其中，男性 29.59 岁，女性 28.03 岁，分别比法定婚龄推迟 7.59 岁和 8.03 岁，比 2010 年结婚的分别推迟了 3.33 岁和 3.85 岁。表明人们的晚婚晚育观念普遍增强。2020 年结婚的男性平均初婚年龄虽高出女性 1.56 岁，但女性平均初婚年龄与 2010 年比较，推迟幅度比男性大 0.52 岁。女性平均初婚年龄的提高，缩短了育龄妇女的生育期，使人口的世代间隔延长，不利于促进人口增长。男女两性平均初婚年龄差由 2010 年的 2.08 岁降到 2020 年的 1.56 岁，呈逐年缩小态势。两性的平均初婚年龄差缩小，主要是经济、社会、文化与人口因素等共同影响的结果。

表 6-6 历年结婚人口的平均初婚年龄

单位：岁

年 份	合 计	男 性	女 性
2010	25.24	26.26	24.18
2011	25.43	26.42	24.44
2012	25.64	26.57	24.69
2013	25.95	26.85	25.03
2014	26.26	27.14	25.37
2015	26.67	27.53	25.80
2016	26.98	27.85	26.09
2017	27.28	28.08	26.45
2018	27.64	28.47	26.80
2019	27.93	28.76	27.09
2020	28.82	29.59	28.03

资料来源：1.福建省第七次全国人口普查领导小组办公室 福建省统计局编，《福建省人口普查年鉴-2020》，中国统计出版社，2022年9月；2.福建省第六次人口普查办公室编，《福建省2010年人口普查资料》，中国统计出版社，2013年1月。

（二）晚婚率提高，早婚率下降

中国男性年满25周岁、女性年满23周岁的初婚被视为晚婚。人口普查资料显示，2020年福建已婚人口中晚婚率已达44.2%，比2010年提高2.90个百分点，其中男性晚婚率46.46%，女性晚婚率42.07%，分别比2010年提高了3.58个和2.34个百分点。随着经济社会的发展和人口平均初婚年龄提高，福建人口早婚（男性小于22周岁，女性小于20周岁）现象得到有效遏制，早婚人口比重持续下降。2020年，全省早婚率为21.17%，比2010年下降了4.03个百分点，其中男性早婚率为19.5%，女性早婚率为22.75%，分别比2010年下降了3.29个和4.70个百分点。

（三）平均初婚年龄与受教育程度高度正相关

受教育程度对福建人口进入婚姻关系的时间影响非常明显，教育程度越高初婚的年龄越大。平均初婚年龄随着受教育程度提高而增加，2020 年，在已结婚的全部人口中，未上过学的平均初婚年龄最低，为22.04 岁，研究生的平均初婚年龄大幅度提高，为28.35 岁，两者相差6.32 岁。分性别看，在已结婚的全部人口中，全省男性平均初婚年龄以小学为分界线往两头逐渐升高，小学人口的平均初婚年龄最低，为24.89 岁，研究生人口平均初婚年龄为28.76 岁，两者相差3.88 岁。女性平均初婚年龄随受教育程度的提高而增加，未上过学的平均初婚年龄最低，为21.49 岁，研究生的平均初婚年龄最高，为27.85 岁，两者相差6.36 岁，研究生与未上过学的差距女性比男性高出2.86 岁（见表6-7）。总体上看，人口受教育程度与其平均初婚年龄高度相关，受教育程度越高，平均初婚年龄越大。尤其是女性，平均初婚年龄与受教育程度正相关性更高。人口平均初婚年龄的变化受社会多种因素影响，尤其是人口受教育程度的影响较为明显。一方面如果选择接受更多的教育，受时间、精力甚至财力的约束就更明显，推迟结婚的年龄可能性就更大；另一方面当事人接受的教育越多，价值观念变化以及对婚姻期望

表 6-7　不同受教育程度人口的平均初婚年龄

单位：岁

受教育程度	合计	男	女
总计	24.48	25.55	23.39
未上过学	22.04	25.26	21.49
小学	23.11	24.89	21.93
初中	24.28	25.11	23.29
高中	25.32	25.96	24.51
大学专科	26.37	27.09	25.62
大学本科	27.21	27.84	26.46
研究生	28.35	28.76	27.85

资料来源：1.福建省第七次全国人口普查领导小组办公室 福建省统计局编，《福建省人口普查年鉴-2020》，中国统计出版社，2022 年9 月；2.福建省第六次人口普查办公室编，《福建省2010 年人口普查资料》，中国统计出版社，2013 年1 月。

值增高，对进入婚姻关系的考虑就越多，对婚姻选择的要求也就越高，从而推迟进入婚姻关系的时间。

三、婚姻状况的差异

（一）婚姻状况的受教育程度差异

婚姻是男女双方相互了解、相互选择的结果，人口受教育程度的高低，直接影响着人们的婚姻状况。人口普查资料显示，全省 15 岁及以上人口中，不同的受教育的程度对婚姻状况的影响是不同的（见表6-8）。

表 6-8　不同受教育程度人口婚姻状况

单位：%

受教育程度	2010 年				2020 年			
	未婚	有配偶	离婚	丧偶	未婚	有配偶	离婚	丧偶
未上过学	4.06	55.28	0.67	39.98	4.05	57.67	0.74	37.54
小学	4.02	85.00	1.09	9.89	2.78	83.04	1.71	12.46
初中	24.90	72.57	1.09	1.44	12.93	82.19	2.84	2.04
高中	42.92	54.78	1.15	1.15	33.71	62.40	2.48	1.41
大学专科	44.32	54.14	0.94	0.60	34.92	62.28	2.19	0.61
大学本科	47.57	51.14	0.77	0.52	41.89	56.28	1.44	0.38
研究生	45.27	53.77	0.79	0.16	42.22	56.19	1.46	0.13

资料来源：1.福建省第七次全国人口普查领导小组办公室 福建省统计局编，《福建省人口普查年鉴-2020》，中国统计出版社，2022 年 9 月；2.福建省第六次人口普查办公室编，《福建省 2010 年人口普查资料》，中国统计出版社，2013 年 1 月。

1. 未婚人口比重随受教育程度提高而上升

从人口的受教育程度看，2020 年，全省未婚人口比重随受教育程度的提高基本上是呈上升趋势。在未婚人口中，未上过学和小学文化程度的未婚人口占比分别只有 4.05% 和 2.78%，初中文化程度的未婚人口占比提高到 12.93%，高中、大学专科和大学本科文化程度的未婚人口占比又进一步提高到 33.71%、34.92% 和 41.89%，研究生文化程度的未婚人口占比最高，为 42.22%。与 2010 年相比，占比基本上呈回落态势，2010 年未上过学、小学文化程度的未婚人口比重分别为 4.06% 和 4.02%，初中文化程度的未婚人口比重为 24.90%，高中、大学专科、研究生文化程度的未婚人口比重在 42.92%—45.27% 之间，大学本科文化程度的未婚人口占比最高，为 47.57%。表明这十年间，人们的婚姻观在发生变化，随着人口受教育程度提高，更多的人对求学受教育的重视程度在提高，更多的青年人在选择完成了学业和就业后再结婚。

2. 有配偶人口比重随着受教育程度的提高呈下降趋势

2020 年，全省不同受教育程度的有配偶人口比重，小学文化程度人口最高，为 83.04%，比最低的研究生文化程度人口高出 26.86 个百分点，也明显高于其他文化程度的人口。随着人口受教育程度提高，初中、高中、大专、大学本科和研究生文化程度的有配偶人口比重呈依次降低态势。与 2010 年相比，各种受教育程度有配偶的比重基本上都呈下降态势，这一方面反映出这十年更多的青年人重视受教育和就业，选择先上学和就业再结婚，另一方面也反映出人口受教育程度越高，其对婚姻质量要求也越高。

3. 离婚人口比重与受教育程度的变化相关性高

2020 年，全省不同受教育程度的离婚人口比重，初中文化程度人口最高，为 2.84%。以高中文化程度人口为分界线，高中以下文化程度人口，随受教育程度提高离婚人口比重逐渐上升，高中以上文化程度人口，随受教育程度提高离婚人口比重缓慢下降。未上过学文化程度的离婚人口比重仅为 0.74%，大学本科与研究生文化程度的离婚人口比重差距不大，分别为 1.44% 和 1.46%。与 2010 年相比，未上过学的离婚人口比重变动不大；小学、大学本科与研究生文化程度的离婚人口比重小幅上升，提升幅度在 0.62—0.67 个百分点；初中、高中和大专文化程度的离婚人口比重均有明显提高，提升幅度在 1.25—1.75 个百分点。可见，离婚人口中，受中高等教育程度的人口相对较多。

4. 丧偶人口比重随受教育程度的提高而明显下降

2020年，全省不同受教育程度的丧偶人口比重，未上过学文化程度人口的比重最高，为37.54%；小学文化程度人口次高，为12.46%，研究生文化程度人口的比重最低，仅为0.13%。出现这种现象，主要是受年龄结构的影响，随着人口受教育程度的不断提高，特别是义务教育的普及，高等教育规模的扩大，使年龄较轻人口受教育程度普遍较高，而未上过学的一般都是年龄偏大的老年人口，因此受教育程度高的丧偶人口比重要明显小于受教育程度低的。

（二）婚姻状况的地区差异

人口婚姻状况的变化受社会经济条件影响。福建各设区市由于经济条件和文化水平等方面差异较大，受其影响，各地的人口婚姻状况也存在较大差别（见表6-9），主要呈现以下特点：

1. 未婚人口比重差别明显

2020年，全省未婚人口比重为18.57%，高于全省平均水平的有厦

表6-9　各设区市人口婚姻构成状况

单位：%

地　区	未婚			有配偶		
	合计	男	女	合计	男	女
总　　计	18.57	22.19	14.82	73.75	73.14	74.37
福州市	21.28	24.38	18.07	71.51	71.10	71.94
厦门市	26.52	30.36	22.27	68.06	66.39	69.90
莆田市	16.81	20.39	13.38	74.82	74.64	75.00
三明市	13.92	17.27	10.49	76.78	76.64	76.92
泉州市	17.97	21.98	13.80	74.70	73.93	75.50
漳州市	15.77	19.07	12.37	76.23	76.16	76.30
南平市	13.13	15.98	10.26	77.46	77.68	77.24
龙岩市	13.17	16.50	9.85	77.46	78.11	76.81
宁德市	17.48	21.95	12.60	73.69	72.19	75.32

表 6-9 续表　　　　　　　　　　　　　　　　　　　　单位：%

地　区	离婚			丧偶		
	合计	男	女	合计	男	女
总　计	2.23	2.34	2.12	5.45	2.32	8.70
福州市	2.37	2.44	2.29	4.84	2.07	7.70
厦门市	2.61	2.31	2.93	2.81	0.93	4.89
莆田市	1.76	1.82	1.71	6.60	3.15	9.91
三明市	2.53	2.75	2.30	6.78	3.34	10.30
泉州市	1.86	2.00	1.71	5.47	2.09	9.00
漳州市	1.84	2.06	1.63	6.15	2.72	9.71
南平市	2.61	2.99	2.23	6.80	3.35	10.27
龙岩市	2.45	2.56	2.34	6.92	2.83	11.00
宁德市	2.62	3.04	2.16	6.21	2.82	9.92

资料来源：福建省第七次全国人口普查领导小组办公室 福建省统计局编，《福建省人口普查年鉴 –2020》，中国统计出版社，2022 年 9 月。

门市、福州市，其余 7 个设区市均低于全省平均水平，其中未婚人口比重明显低于全省平均水平的有南平市（13.13%）、龙岩市（13.17%）、三明市（13.92%）和漳州市（15.77%），莆田市、泉州市和宁德市的未婚人口比重虽低于全省平均水平，但均在 16.80% 以上，呈现出经济越发达的地区未婚人口比重越高的特点。最高的是厦门市，为26.52%，最低的是南平市，为 13.13%，最高与最低相差 13.39 个百分点，其中男性高出 14.39 个百分点，女性高出 12.01 个百分点。

2. 有配偶人口比重差别大

2020 年，全省有配偶人口比重为 73.75%，高于全省平均水平的有南平市、龙岩市、三明市、漳州市、莆田市和泉州市。最高的是南平市和龙岩市，均为 77.24%，最低的是厦门市，为 68.06%，最高与最低相差 9.40 个百分点。分性别看，男性和女性有配偶人口比重最高的分别是龙岩市和南平市，分别为 78.11% 和 77.24%，最低的是厦门市，分别为 66.39% 和 69.90%，男性和女性最高与最低分别相差 11.72 和 7.34

个百分点。全省只有南平市和龙岩市男性有配偶人口比重比女性高，其余设区市男性均低于女性，其中漳州市的差距较小，仅低了 0.14 个百分点，厦门市低得最多，低了 3.51 个百分点，宁德市其次，低了 3.14 个百分点，其余四个设区市低的幅度在 0.28—1.57 个百分点之间。

3. 离婚人口状况差别较大

2020 年，各设区市离婚人口比重普遍较低，都在 2.7% 以下，但各地还存在较大的差别，比重最高的是宁德市，为 2.62%，最低的是莆田市，为 1.76%，前者为后者的 1.48 倍。分性别看，男性离婚人口比重最高的是宁德市，为 3.04%，比最低的莆田市高出 1.22 个百分点，是后者的 1.67 倍。女性离婚人口比重最高的是厦门市，为 2.93%，比最低的漳州市高出 1.31 个百分点，是后者的 1.8 倍。各设区市中，唯有厦门市女性离婚人口比重比男性高，其余设区市都是男性离婚人口比重比女性高，其中宁德市高出较多，高了 0.88 个百分点，其余 7 个设区市高出幅度在 0.11—0.77 个百分点之间。

4. 丧偶人口比重差别大，女性比重普遍比男性高出较多

2020 年，全省有 7 个设区市丧偶人口比重高出全省平均水平，只有厦门、福州两个设区市比全省平均水平低。最高的是龙岩市，为 6.92%，最低的是厦门市，为 2.81%，两市相差 4.11 个百分点，前者是后者的 2.46 倍。分性别看，各设区市丧偶人口比重均为女性高于男性，龙岩市女性丧偶人口比重最高，为 11.00%，比男性高出 8.17 个百分点，是男性的 3.89 倍。厦门市女性和男性丧偶人口比重均是全省最低的，分别为 0.93% 和 4.89%，但女性是男性的 5.24 倍，是 9 个设区市中倍数最大的。

（三）婚姻状况的城乡差异

人口普查资料显示，福建城乡人口婚姻状况具有未婚比例较低、有配偶比例高、人口婚姻关系较稳定等共同特点，但由于其经济、文化等方面发展状况不同，城乡间的人口婚姻状况仍存在较大差异。

1. 未婚人口比重城市高于乡镇，且城乡差别进一步扩大

2020 年，福建未婚人口比重中，城市最高，为 22.72%，镇和乡村逐渐走低，分别为 17.53% 和 13.66%，城市与乡村相差 9.06 个百分点。与 2010 年相比，城市未婚人口比重与镇、乡村的差别进一步扩大，

2010年最高的城市与相对较低的乡村和镇相差4.35个、4.70个百分点，2020年这一差别分别增加了4.71个、0.49个百分点（见表6-10）。

表6-10　分城乡未婚人口比重

单位：%

区域别	2010 年			2020 年		
	合计	男	女	合计	男	女
总计	22.97	26.13	19.78	18.57	22.19	14.82
城市	27.32	29.97	24.61	22.72	26.07	19.28
镇	22.62	25.51	19.75	17.53	21.10	13.92
乡村	22.97	26.13	19.78	13.66	17.81	9.18

资料来源：1.福建省第七次全国人口普查领导小组办公室 福建省统计局编，《福建省人口普查年鉴－2020》，中国统计出版社，2022年9月；2.福建省第六次人口普查办公室编，《福建省2010年人口普查资料》，中国统计出版社，2013年1月。

分性别看，男性和女性都是城市未婚人口比重远高于乡镇，但在城乡差异上，女性显得更突出，城市女性的未婚人口比重与乡村和镇差别更大，城市女性的未婚人口比重为19.28%，比乡村和镇的比重高了10.10个、5.36个百分点，比男性的这一差距分别高出1.84个、0.39个百分点。

2. 有配偶人口比重城市低于乡镇，且城市有配偶人口比重提升幅度较乡镇慢

2020年，福建有配偶人口比重乡村最高，为76.17%，其次是镇，为75.18%，城市最低，为71.11%，城市与乡村相差5.06个百分点，镇与乡村差别不大，仅差0.99个百分点。与2010年相比，乡村有配偶人口比重提高了5.61个百分点，提高的幅度快于城市和镇，分别快了2.5个和1.89个百分点。同时，城市与镇、乡村的差别呈扩大态势，与2010年相比，城市与镇有配偶人口比重的差别，由3.46个百分点增加到4.07个百分点，与乡村有配偶人口比重的差别，由2.56个百分点增加到5.06个百分点（见表6-11）。

表 6-11　分城乡有配偶人口比重

单位：%

区域别	2010 年			2020 年		
	合计	男	女	合计	男	女
总计	70.56	69.92	71.20	73.75	73.14	74.37
城市	68.00	67.45	68.56	71.11	70.29	71.96
镇	71.46	71.12	71.79	75.18	74.60	75.77
乡村	70.56	69.92	71.20	76.17	75.81	76.56

资料来源：1. 福建省第七次全国人口普查领导小组办公室 福建省统计局编，《福建省人口普查年鉴-2020》，中国统计出版社，2022 年 9 月；2. 福建省第六次人口普查办公室编，《福建省 2010 年人口普查资料》，中国统计出版社，2013 年 1 月。

　　由表 6-11 数据可见，有配偶人口比重城乡间的差别，符合当今经济社会的发展趋势。城市有配偶人口比重低于镇和乡村，主要是城市经济社会发展水平较高，人们对晚婚晚育新观念接受较快，晚婚人口增多，城市晚婚率高于镇和乡村。

　　3. 离婚人口比重均有提高，但城乡性别差异明显

　　2020 年，福建离婚人口比重城市最高，镇其次，乡村最低，城市与乡村两者相差 0.84 个百分点。与 2010 年相比，城市、镇和乡村离婚人口比重均有不同程度的上升，分别上升了 1.35 个、1.11 个和 0.74 个百分点，且最高的城市与最低的乡村离婚人口比重的差别上升了 0.61 个百分点，城市和镇、乡村间离婚人口比重差别有所扩大（见表 6-12）。

　　分性别看，男性离婚人口比重乡村最高，城市其次，镇最低。女性离婚人口比重则是城市最高，镇其次，乡村最低。离婚人口比重两性差异最大的是乡村，男性离婚人口比重比女性高了 1.41 个百分点，离婚人口比重两性差异最小的是镇，男性离婚人口比重比女性高 0.21 个百分点，而在城市反而是女性离婚人口比重高于男性 0.60 个百分点。总体上看，城乡的离婚人口比重存在较大差别，其原因主要是城乡人口的婚姻观念存在差异，而城乡离婚和男女再婚的难易程度不同也是重要影响因素。

表 6-12　分城乡离婚人口比重

单位：%

区域别	2010 年			2020 年		
	合计	男	女	合计	男	女
总计	1.06	1.23	0.89	2.23	2.34	2.12
城市	1.29	1.17	1.40	2.64	2.34	2.94
镇	0.96	1.09	0.83	2.07	2.18	1.97
乡村	1.06	1.23	0.89	1.80	2.47	1.06

资料来源：1. 福建省第七次全国人口普查领导小组办公室 福建省统计局编，《福建省人口普查年鉴 -2020》，中国统计出版社，2022 年 9 月；2. 福建省第六次人口普查办公室编，《福建省 2010 年人口普查资料》，中国统计出版社，2013 年 1 月。

4. 丧偶人口比重乡镇高于城市，女性丧偶人口比重普遍远高于男性

2020 年，福建城乡丧偶人口比重乡村最高，为 8.37%，其次是镇，为 5.21%，城市最低，为 3.54%，乡村与城市间相差 4.83 个百分点。与 2010 年相比，城市、镇和乡村丧偶人口比重均有所提升，分别增加了 0.15 个、0.25 个和 2.96 个百分点。最高的乡村与最低的城市，其差别值提高了 2.81 个百分点，城市和乡村的丧偶人口比重，在差别上呈扩大之势（见表 6-13）。

表 6-13　分城乡丧偶人口比重

单位：%

区域别	2010 年			2020 年		
	合计	男	女	合计	男	女
总计	5.41	2.71	8.14	5.45	2.32	8.70
城市	3.39	1.41	5.42	3.54	1.31	5.83
镇	4.96	2.28	7.63	5.21	2.12	8.34
乡村	5.41	2.71	8.14	8.37	3.90	13.20

资料来源：1. 福建省第七次全国人口普查领导小组办公室 福建省统计局编，《福建省人口普查年鉴 -2020》，中国统计出版社，2022 年 9 月；2. 福建省第六次人口普查办公室编，《福建省 2010 年人口普查资料》，中国统计出版社，2013 年 1 月。

分性别看，城市、镇和乡村女性丧偶人口比重都高于男性，其性别差异城市最小，其次是镇，乡村最大。城乡丧偶人口比重的差别，主要是乡村、镇与城市相比，其生活水平、医疗条件都还存在差距，同时由于受传统观念影响，镇和乡村人口的再婚率也要低于城市，尤其是女性。

四、家庭规模的现状及变动趋势

家庭是社会生活的基本单位，合理的家庭规模和类型结构，对经济的稳定和发展起到积极的促进作用。随着经济社会发展和人们生活水平的提高，福建的家庭户数量、规模与结构也发生了新的变化。

（一）家庭户数量与规模的变动情况

1. 家庭户占总户数的比重有所上升

人口普查资料显示，2020 年福建家庭户 1437.11 万户，家庭户人口 3846.23 万人。与 2010 年相比，家庭户的户数和人口数分别增长 28.24% 和 15.16%，年均增长 2.52% 和 1.42%，家庭户数量增长大大快于家庭户人口数的增长。在全省居民总户数中，家庭户比重由 2010 年的 93.61% 上升到 2020 年的 93.89%，家庭户人口比重也由 2010 年的 90.52% 上升到 2020 年的 92.59%。在家庭户户数和人口数比重呈上升

表 6-14　居民户户数和人口数构成

单位：%

年份	户数			人口数		
	合计	家庭户	集体户	合计	家庭户	集体户
2010	100.00	93.61	6.39	100.00	90.52	9.48
2020	100.00	93.89	6.11	100.00	92.59	7.41

资料来源：1. 福建省第七次全国人口普查领导小组办公室 福建省统计局编，《福建省人口普查年鉴 -2020》，中国统计出版社，2022 年 9 月；2. 福建省第六次人口普查办公室编，《福建省 2010 年人口普查资料》，中国统计出版社，2013 年 1 月。

的同时，集体户的户数和人口数比重呈减少的趋势，这主要是由于福建沿海城市功能的完善和整体环境的优化，更加适宜人们工作和居住，以家庭为单位的外来人口越来越多，集体户人口数量相应减少（见表6–14）。

2. 家庭户规模继续缩小

家庭户规模又称家庭规模，指每个家庭户的平均人数，它是从总体反映家庭户状况的重要指标。人口普查资料显示，2020 年，福建家庭户人口 3846.23 万人，占总人口比重 92.59%，家庭户 1437.11 万户，平均每个家庭户 2.68 人。与 2010 年相比，平均每个家庭户人口减少 0.3 人。家庭户规模的变化，反映出十年间，随着经济社会发展，居住环境的改善，生活质量的提高，福建家庭户正逐渐向小规模方向转变。

家庭户规模逐渐缩小的主要原因：一是人们的生育观念发生新的变化，丁克家庭、单身家庭越来越多，形成一人户、两人户家庭数量增加，使家庭户的平均规模缩小；二是流动人口数量增多，使得部分家庭户成员在流入地作为集体户人口登记，从而导致家庭户规模相对缩小；三是随着住房条件和居住环境得到较大改善，大部分青年夫妇拥有自己独立的住房，从而导致家庭户的增加和户规模的缩小。

3. 家庭户规模以一人户和二人户为主

2020 年，福建家庭户规模以中小型户为主，四人及以下户占家庭户比重 87.29%。其中一人户比重最大，达 27.31%，其次是二人户，为 26.28%，一人户和二人户占家庭户总数的 53.59%，是全省家庭户的主体。与 2010 年相比，家庭户规模呈现"三升五降"的变化，即一人户和二人户比重分别上升了 8.96 个和 2.64 个百分点，上升幅度较大，六人户比重上升了 0.13 个百分点，仅略微提升。而三人户、四人户、五人户、七人户和八人及以上户的比重，分别下降了 5.57 个、3.12 个、2.67 个、0.15 个和 0.22 个百分点；三人户比重降幅较大，从 2010 年 25.02% 降到 2020 年的 19.45%，下降了 5.57 个百分点，从而也使得 2010 年家庭户规模以三人户和二人户为主，转变为 2020 年家庭户规模以一人户和二人户为主（见表 6–15）。

表 6-15　家庭户规模构成

单位：%

户规模	2010 年	2020 年
总　计	100.00	100.00
一人户	18.35	27.31
二人户	23.64	26.28
三人户	25.02	19.45
四人户	17.37	14.25
五人户	9.61	6.94
六人户	3.83	3.96
七人户	1.28	1.13
八人及以上户	0.90	0.68

资料来源：1. 福建省第七次全国人口普查领导小组办公室 福建省统计局编，《福建省人口普查年鉴 -2020》，中国统计出版社，2022 年 9 月；2. 福建省第六次人口普查办公室编，《福建省 2010 年人口普查资料》，中国统计出版社，2013 年 1 月。

（二）家庭规模的地区差异

家庭户规模与地域的自然环境、社会习俗、文化水平以及经济发展状况等有着密切的关系。近年来社会经济的剧烈变革对家庭户平均规模产生较大的影响，各地家庭规模也存在不同程度的变动。

1. 家庭户规模地区差异较大

人口普查资料显示，2020 年，全省家庭户规模最高的是莆田市，为 2.92 人，最低的是厦门市，为 2.33 人，两者相差 0.59 人。家庭户规模接近或超过全省平均水平的设区市依次有：莆田市、漳州市、泉州市、宁德市、三明市和龙岩市，其他设区市家庭户规模明显低于全省平均水平。与 2010 年相比，各设区市家庭户规模均有不同程度的缩小。缩小幅度超过全省平均值的有：漳州市、莆田市、三明市和泉州市，其他设区市家庭户规模缩小幅度则低于全省平均值。缩小幅度最大是漳州市，减少了 0.52 人，缩小幅度最小的是厦门市，减少了 0.09 人（见表 6-16）。

表 6-16　分设区市家庭户平均规模

单位：人 / 户

地区	2010 年	2020 年	2020 年比 2010 年（+−）
全　省	2.98	2.68	−0.30
福州市	2.92	2.64	−0.28
厦门市	2.42	2.33	−0.09
莆田市	3.34	2.92	−0.42
三明市	3.04	2.69	−0.35
泉州市	3.06	2.74	−0.32
漳州市	3.42	2.90	−0.52
南平市	2.83	2.59	−0.24
龙岩市	2.82	2.68	−0.14
宁德市	2.99	2.72	−0.27

资料来源：1.福建省第七次全国人口普查领导小组办公室 福建省统计局编，《福建省人口普查年鉴 −2020》，中国统计出版社，2022 年 9 月；2.福建省第六次人口普查办公室编，《福建省 2010 年人口普查资料》，中国统计出版社，2013 年 1 月。

2.家庭户规模构成地区差异明显

2020 年，全省 1—2 人户比重最高的是厦门市，为 63.44%，最低的是漳州市，为 48.12%，两者相差 15.32 个百分点。与 2010 年相比，各设区市的 1—2 人户比重均有较大幅度增长，上升幅度最大的是漳州市，上升了 19.44 个百分点，其次是三明市，上升了 13.92 个百分点；全省 3—5 人户比重最高的是漳州市，为 44.01%，最低的是厦门市，为 32.88%，两者相差 11.13 个百分点。与 2010 年相比，各设区市的 3—5 人户比重都有所下降，但地区间仍存在较大差异，其中下降幅度最大的是漳州市，下降了 18.38 个百分点；其次是三明市，下降了 13.26 个百分点，位次从全省第二位退到第六位；全省 6 人及以上户比重最高的是莆田市，为 8.74%，最低的是厦门市，仅为 3.68%，两者相差 5.06 个百分点，最高是最低的 2.38 倍。与 2010 年相比，厦门市 6 人及以上户的比重上升 1.83 个百分点；其他设区市均有不同程度下降，下降幅度最大的是莆田市，下降了 2.04 个百分点，下降幅度最小的是南平市，下降了 0.06 个百分点。

表 6-17　各设区市家庭户规模构成

单位：%

地区别	1—2 人户		3—5 人户		6 人及以上户	
	2010 年	2020 年	2010 年	2020 年	2010 年	2020 年
全　省	41.99	53.59	52.00	40.64	6.01	5.77
福州市	42.57	53.38	52.34	41.83	5.09	4.79
厦门市	56.87	63.44	41.28	32.88	1.85	3.68
莆田市	36.49	48.66	52.73	42.58	10.78	8.74
三明市	39.70	53.62	54.04	40.78	6.26	5.61
泉州市	40.82	51.94	52.39	41.69	6.79	6.38
漳州市	28.68	48.12	62.39	44.01	8.93	7.86
南平市	45.79	55.48	49.83	40.21	4.38	4.32
龙岩市	45.59	53.57	50.02	40.77	4.39	5.66
宁德市	42.30	52.08	51.23	41.94	6.47	5.98

资料来源：1. 福建省第七次全国人口普查领导小组办公室 福建省统计局编，《福建省人口普查年鉴 -2020》，中国统计出版社，2022 年 9 月；2. 福建省第六次人口普查办公室编，《福建省 2010 年人口普查资料》，中国统计出版社，2013 年 1 月。

（三）家庭规模的城乡差异

由于城乡经济社会发展水平不同，因而福建家庭户规模在城乡间存在较大差异，主要表现在以下几方面。

1. 城镇家庭户规模低于乡村

2020 年，福建城市家庭户规模为 2.57 人，镇为 2.82 人，乡村为 2.70 人（见表 6-18）。镇家庭户规模最大，比城市多 0.25 人，比乡村多 0.12 人，城市与镇、乡村差别大，镇与乡村差别不大。家庭户规模城乡差异的主要原因：一是经济社会发展水平存在差距，城市经济水平高于乡镇；二是人口政策执行上的差别，在"全面二孩"政策实施之前城市居民生育观念变化早于农村，主动晚婚晚育、少生孩子明显好于农村；三是城乡生活观念的差异，以及农村以家庭为单位的生产方式等。

表 6-18　分城乡平均家庭户规模

单位：人 / 户

区域别	2010 年	2020 年	2020 年比 2010 年 （+−）
总　计	2.98	2.68	−0.30
城市	2.70	2.57	−0.13
镇	3.09	2.82	−0.27
乡村	3.16	2.70	−0.46

资料来源：1. 福建省第七次全国人口普查领导小组办公室 福建省统计局编，《福建省人口普查年鉴 -2020》，中国统计出版社，2022 年 9 月；2. 福建省第六次人口普查办公室编，《福建省 2010 年人口普查资料》，中国统计出版社，2013 年 1 月。

2. 城市小型家庭户比重高于乡镇

2020 年，福建城市以一人户所占比重最高，占 30.48%，乡村和镇则以二人户所占比重最高，分别占 28.43% 和 25.48%（见表 6-19）。与 2010 年相比，城市一人户所占比重明显提升，二人及以上户均呈不同程度下降；但乡村和镇有所不同，乡镇是一人户和二人户所占比重提升较多，三至五人户均有明显下降。这种现象的出现与这十年间乡镇外出人口较多有较大的关系。

表 6-19　分城乡家庭户规模构成

单位：%

区域别	合计	一人户	二人户	三人户	四人户	五人户	六人及以上户
总　计	100.00	27.31	26.28	19.45	14.25	6.94	5.77
城市	100.00	30.48	25.11	19.43	13.97	6.45	4.56
镇	100.00	24.14	25.48	19.95	15.95	7.67	6.81
乡村	100.00	25.83	28.43	19.06	13.21	6.99	6.48

资料来源：福建省第七次全国人口普查领导小组办公室 福建省统计局编，《福建省人口普查年鉴 -2020》，中国统计出版社，2022 年 9 月。

在城市、镇和乡村家庭户中，一人户所占比重以城市最高，其次是乡村，镇最低，城市为30.48%，比最低的镇高出6.34个百分点，乡村与镇差别不大，乡村比镇仅高了1.69个百分点。二人户所占比重以乡村最高，其次是镇，城市最低。但三者差距没有一人户大，乡村仅比城市和镇高出3.32个和2.95个百分点。五人户和六人及以上户的比重，以镇最高，其次是乡村，城市最低，镇的五人户和六人及以上户比重，分别比城市高出1.22个和2.25个百分点。

（四）家庭规模的变动趋势

家庭是社会最基本的生活单位，经济社会的发展必然会引起家庭各方面的变动。自实行改革开放和计划生育政策以来，福建家庭户规模发生了较大变化。人口普查资料显示，2020年，福建家庭户规模以二人户和一人户为主，取代了2010年以三人户和二人户为主的态势，与2010年相比，一人户和二人户小型化家庭比重则出现大幅度上升。这表明，全省三人户和四人户及以上规模的大家庭户在分化减少，家庭户规模在逐渐缩小。随着经济社会的发展，人口生育水平的下降，以及人们家庭观念的转变，全省家庭户规模将呈以下变化趋势：

1. 家庭户规模小型化趋势将更加突显

由于工业化迅速推进，人口城镇化水平提高，人口迁移流动加快和住房条件的改善，使得社会大家庭向小家庭转变，提供了可以实现的条件，家庭户小型化正成为现代家庭组合的导向，全省小型化家庭户主体将越来越明显。同时，随着人们生育观念的转变，人口增长速度放慢，家庭户数量的增长快于总人口的增长，使得家庭户规模逐渐缩小。因此，在社会、经济、文化等多种因素的共同作用下，全省家庭户规模小型化趋势将更加突显。

2. 一人户和二人户家庭数量将继续呈现上升趋势

随着改革开放的深入，福建家庭户规模呈现不断缩小的态势，一人户和二人户正成为家庭户的重要形式。近年来，由于提倡晚婚晚育的人越来越多，许多年轻人或是晚婚，或是完婚后推迟生育，使得一人户和二人户的家庭比重大幅提高。其次是受计划生育政策的影响，那些独生子女家庭，其子女成年后离家上学、成家或就业，导致只剩二位老人的"空巢"家庭大量增加。再就是有些老年夫妇在身体尚好，生活能够自理时，与子女分居生活形成二人户家庭带有一定普遍性。同时还有人们居住模式的改变，老年人独居，社会离婚率提高造成"单亲家庭"增多等多种因素的作用，从而推动一人户和二人户的家庭将继续呈现增加趋势。

3. 城市化水平高的地域家庭规模小型化的特点更明显

由家庭规模在城乡和地区间表现的差异，家庭规模的变动趋势与经济发展水平、城市化水平密切相关。城市家庭户平均规模大幅小于乡村，城市小型家庭户比重高于乡镇；全省家庭户规模最低的是厦门市，1–2人户比重最高的也是厦门，这种现象反映出家庭规模与经济发展的正相关性。可见，伴随着经济水平的提高、城镇化的推进，家庭规模小型化将呈加快之势。

五、家庭结构的现状及变动趋势

家庭结构是指一个家庭由几代人组成。家庭内的代数越多，家庭结构也就越复杂，家庭的规模一般也就越大。

（一）家庭结构的现状及变化特点

人口普查资料显示，2020年，福建家庭户中一代户、二代户、三代户和四代及以上户占家庭户总数的比重分别为48.05%、36.14%、15.28%和0.53%。与2010年相比，一代户比重提高了10.79个百分点，而二代户、三代户比重则分别下降了8.85个和1.79个百分点，四代及以上户所占比重虽有下降，但降幅不大（见表6-20）。

由此可见，近十年来，随着经济社会发展，人们生活观念的转变，越来越多的大家庭分解为小家庭，一代户、二代户正日益成为家庭户的重要形式，全省家庭结构正逐渐向简单化转变。2020年，福建家庭结构的变化主要有以下几个特点：

1. 家庭户结构以一、二代户为主体，一代户呈上升、二代户呈下降态势，一代户比重已超出二代户

表 6-20　家庭户类别构成

单位：%

年　份	一代户	二代户	三代户	四代及以上户
2010	37.26	44.99	17.07	0.69
2020	48.05	36.14	15.28	0.53
2020 比 2010 增减	10.79	−8.85	−1.79	−0.16

　　资料来源：1. 福建省第七次全国人口普查领导小组办公室 福建省统计局编，《福建省人口普查年鉴 −2020》，中国统计出版社，2022 年 9 月；2. 福建省第六次人口普查办公室编，《福建省 2010 年人口普查资料》，中国统计出版社，2013 年 1 月。

　　2020 年，福建家庭户中一代户家庭比重达 48.05%，比 2010 年提高了 10.79 个百分点，在各种家庭户类别中占据主导地位，是家庭户结构的主体。与此同时，由父母和子女组成的二代户明显减少，所占比重降至 36.14%，比 2010 年回落了 8.85 个百分点。二代户所占比重从 2010 年高出一代户 7.73 个百分点，到 2020 年转变为低于一代户 11.91 个百分点。这表明，在家庭户类别的变化中，一代户扩展速度快，呈上升态势，已成为目前家庭户类型的主流。

　　2. 家庭世代数呈减少态势，代际关系趋于简单化

　　家庭户规模的缩小，必然伴随着家庭代际关系的变化。2020 年福建家庭户类别构成中，一代户比重较 2010 年有大幅上升，一代户是家庭户中比重最大的类型，一代户和二代户家庭合计占比重 84.19%。可见随着经济社会的发展，人们生活水平的提高，生活习惯、方式和观念的改变以及生活节奏的加快，结构简单的小家庭在不断增加，反映了随着人们居住环境的不断改善，传统的大家庭观念逐渐淡漠，祖孙几代共同居住的情况在逐渐减少，家庭成员的组成越来越简单。

　　3. 有老年人口的家庭户增多

　　2020 年，全省有 65 岁及以上老年人口的家庭户 336.88 万户，比 2010 增加 110.54 万户，占全部家庭户的比重为 23.44%。在有老年人口的家庭户中，有一个 65 岁及以上老人的户 222.51 万户，比 2010 年增

加 57.21 万户，其中单身老人户 69.33 万户，增加 30.67 万户；有二个 65 岁及以上老人的户 112.82 万户，比 2010 年增加 52.44 万户，其中只有一对老人夫妇的户 53.88 万户，增加 27.27 万户；有三个 65 岁及以上老人的户 1.55 万户，比 2010 年增加 0.88 万户。随着全省人口老龄化程度的加深，有老年人口的家庭户增多，尤其是单身老人户和只有一对老人夫妇的纯老人户数量不断增加。政府和社会各界应高度关注老龄人口权益，积极应对老龄化，完善养老保障领域，扶持和发展养老服务产业。

（二）家庭结构的地区差异

由于经济社会发展水平和自然条件、传统习惯、文化水平、观念等不同，各设区市间家庭户类别构成也存在较大差别（见表 6–21）。

表 6–21　2020 年分设区市家庭户类别构成

单位：%

地区别	一代户	二代户	三代户	四代及以上户
总　计	48.05	36.14	15.28	0.53
福州市	47.25	38.21	14.25	0.30
厦门市	60.09	28.71	10.95	0.24
莆田市	42.64	35.42	20.63	1.32
三明市	46.74	37.19	15.40	0.67
泉州市	47.10	36.82	15.54	0.54
漳州市	43.08	37.11	19.06	0.75
南平市	48.53	36.75	14.31	0.41
龙岩市	47.05	36.57	15.67	0.71
宁德市	45.05	39.72	14.80	0.43

资料来源：福建省第七次全国人口普查领导小组办公室 福建省统计局编，《福建省人口普查年鉴 –2020》，中国统计出版社，2022 年 9 月。

1. 一代户比重差别最大

全省各设区市都是以一代户为主体，但在家庭户类别构成存在较大差别。一代户比重最高的是厦门市，为 60.09%，最低的是莆田市，只有 42.64%，两者相差 17.45 个百分点，差别显著。一代户比重较高的南平市，其比重为 48.53%，超过了全省平均水平，其他设区市一代户比重则低于全省平均水平。

2. 二代户比重存在差别

全省各设区市间二代户比重最高的是宁德市，为 39.72%，其次是福州市（38.21%）、三明市（37.19%）、漳州市（37.11%）、泉州市（36.82%）、南平市（36.75%）和龙岩市（36.57%），这六个市二代户比重都超过了全省平均水平。二代户比重最低的厦门市，仅为 28.71%，比一代户比重低了 31.38 个百分点，与比重最高的宁德市相比低了 11.01 个百分点。莆田市二代户比重虽低于全省平均水平，但差距仅 0.72 个百分点。

3. 三代户比重差别明显

设区市间的三代户比重与一代户比重基本呈反向分布，即一代户比重高的设区市，其三代户比重就低，而一代户比重低的设区市，其三代户比重就高。各设区市三代家庭户比重，最高的是莆田市，为 20.63%，最低的是厦门市，仅为 10.95%，两者相差 9.68 个百分点。漳州市、龙岩市、泉州市和三明市三代户比重高于全省平均水平，而宁德市、南平市和福州市三代户比重均低于全省平均水平。

4. 四代及以上家庭户比重差别较小

各设区市四代及以上户比重都较小，最高的莆田市也仅 1.32%，最低的是厦门市，仅为 0.24%，其他设区市比重处于 0.30%-0.75% 的范围内，差别较小。

（三）家庭结构的城乡差异

1. 城市和乡镇均以一代户为主

2020 年，福建城市、乡村和镇一代户比重分别为 50.64%、48.28% 和 43.66%，分别比其二代户比重高了 15.02 个、13.93 个和 4.51 个百分点，是各类型家庭户中比重最高的。城市一代户比重最高，分别比乡村和镇高出了 2.36 个和 6.98 个百分点（见表 6-22）。

2. 乡村三代家庭户比重高于城市和镇

2020 年，福建三代户比重乡村最高，为 16.62%，其次是镇，为 16.6%，城市最低，仅为 13.4%。乡村高于镇 0.02 个百分点，镇高于城市 3.2 个百分点，乡镇和城市三代家庭户比重差别较大（见表 6-22）。

3. 城乡四代及以上户比重极小

2020 年，福建四代及以上户比重城市为 0.34%，镇为 0.59%，乡村为 0.75%，三者的比重都在 1% 以下。四代及以上家庭户比重最高的乡村与最低的城市，两者也仅相差 0.41 个百分点（见表 6-22）。

表 6-22　分城乡家庭户类别构成

单位：%

区域别	合计	一代户	二代户	三代户	四代及以上户
总计	100.00	48.05	36.14	15.28	0.53
城市	100.00	50.64	35.62	13.4	0.34
镇	100.00	43.66	39.15	16.6	0.59
乡村	100.00	48.28	34.35	16.62	0.75

资料来源：福建省第七次全国人口普查领导小组办公室 福建省统计局编，《福建省人口普查年鉴 -2020》，中国统计出版社，2022 年 9 月。

（四）家庭结构的变动趋势

家庭户规模与家庭户类别密切相关，家庭户规模的缩小，将直接影响和带动家庭户代际关系的变化。人口普查资料显示，2010 年至 2020 年的十年间，福建家庭户在规模缩小的同时，家庭结构越来越趋向于代际关系少、结构简单的家庭格局。随着经济社会转型、人们生活水平提高、人口流动加剧以及生育水平下降，不同类型家庭成员的生存条件和关系方式亦在产生新的变化，福建家庭结构变动趋势将更加突出。

1. 家庭结构趋于简单，代际关系趋于简化

2010 年至 2020 年的十年间，福建家庭规模在不断缩小的同时，家庭结构也发生了较大变化，规模小、结构简单的小家庭在增加，家庭

户代数减少，代际关系逐渐简化。随着经济社会的不断发展，住房条件的改善和人们家庭观念的改变，传统的大家庭居住方式已不适应社会的需求，越来越多的人以及更多的青年夫妇将拥有独立的住房而单独居住，从而导致大家庭被分解为两个或者多个家庭，单人家庭、一对夫妇及一对夫妇与未婚子女共同生活的小家庭数量将大量增加，家庭户规模将进一步向小型化、核心化的方向发展，也使得家庭结构趋于简单，代际关系趋于简化。

2. 单人家庭占比最大，核心家庭和直系家庭略有下降

随着社会深刻变革和人们生活观念的转变，越来越多的大家庭在逐渐向小家庭转变，单人家庭（只有户主一人独立生活所形成的家庭）正发生明显的变化。现在大部分人，尤其是年轻人独立意识越来越强，许多人在生活上追求独立的生活空间，更愿意独立居住。同时受流动人口增多、离婚率提高及预期寿命延长形成的孤寡老人家庭增多等因素影响，近十年来，单人家庭持续保持增长的趋势，在家庭结构中所占比重最大。

在家庭结构中，核心家庭（一对夫妇及其未婚子女组成的家庭）、直系家庭（有二代成员且每代只有一对夫妇的家庭）是除单人家庭外较为普遍的家庭类型。尤其是在直系家庭中，年轻夫妇与父母共同生活，既能照顾父母，又可给彼此的生活带来便利，同时具有较强的家庭养老功能，因而成为重要的家庭形式。在农村，与父母所形成的直系家庭实际上是承担了家庭养老的责任。在城市，许多年轻夫妇由于购房和就业的压力，相当长的时期内都和父母生活在一起。在目前社会保障和社会服务体系还不完善的条件下，直系家庭这种家庭代际互助作用仍然是难以替代的。因而，在家庭结构的变动中，直系家庭将保持相当的比重和稳定。

3. 家庭模式呈多元化趋势，单身家庭、空巢家庭、丁克家庭和留守家庭增多

随着经济的发展和社会的进步，人们的自主空间以及交往空间不断扩大，选择新的生活方式和活动空间将多样化，从而使得家庭模式

的发展呈多元化趋势。家庭结构中，空巢家庭、丁克家庭、单亲家庭、留守家庭等家庭模式较快增长，正在构成家庭结构的重要内容。近十年来家庭模式出现了较大变化，由一人户和二人户比重上升，以及一代户比重的上升，又根据对一人户年龄结构的分析和对有 60 岁及 60 岁以上老人家庭的有关数据的分析，可以得知当前单身家庭和仅有一对夫妇的家庭无论在绝对数量上还是相对比重上都有较为明显的增加。单身户家庭增多的原因是多方面的，但从单身户变动的年龄结构特点可知，这主要与近年来婚育年龄的独身者、离婚者增多有很大关系。一对夫妇户的增多则与近年来愈来愈多的空巢家庭，即子女外出求学或工作，或结婚后自立门户，仅剩一对夫妇的家庭有很大关系。另外，现在也有愈来愈多的年轻人结婚后不要孩子的丁克家庭，以及家中成年劳动力外出打工，留下老年人和未成年子女的留守家庭，也是二人户和一代户增多的原因之一。目前不论是从家庭的亲属关系模式，还是家庭成员的居住模式，或是从家庭的功能看，家庭类型都呈现出多元化状态。

4. 家庭结构的变动与经济发展水平关系密切

由家庭结构在城乡和地区间表现的差异，家庭结构的变动与经济发展的水平密切相关。全省家庭户类别均以一代户家庭为主，是家庭户类别的主体。一代户家庭比重城市高于乡村和镇，二代户家庭比重镇略高于城市和乡村，三代家庭户比重乡村和镇均明显高于城市。厦门一代家庭户比重最高，达到 60.09%，高出其他设区市 11 个百分点以上，二代、三代和四代及以上户比重最低，分别为 28.71%、10.95% 和 0.24%，明显低于其他设区市，这种现象反映出家庭结构与经济发展的正相关性。

第七章　人口受教育状况

　　人口受教育程度是一个地区人口素质的重要指标。人口受教育程度的高低是决定一个地区的经济发展水平和科学技术水平的重要因素。人口普查数据显示，2010—2020 年，福建人口平均受教育年限持续提高，高学历人口明显增加，但与全国以及先进省份相比还有一定差距，需要加快教育强省建设，进一步提升人口受教育程度，进而全面推动新发展阶段新福建建设。

一、福建人口受教育情况

（一）人口受教育程度基本情况及变化

1. 高等教育人口规模明显扩大

　　人口普查数据显示，2020 年，全省常住人口中，拥有大专及以上文化程度的人口为 587.71 万人，高中（含中专，下同）文化程度的人口为 590.38 万人，初中文化程度的人口为 1338.32 万人，小学文化程度的人口为 1164.40 万人。与 2010 年相比，高中及以上文化程度人口增长明显，增加 357.68 万人。其中，大专及以上文化程度人口增加 279.94 万人，增长 90.53%；高中文化程度人口增加 78.44 万人，增长 15.3%（见表 7-1）。

2. 人口平均受教育年限持续提升

　　人口普查数据显示，2020 年全省 15 岁及以上人口的平均受教育年限为 9.66 年，比 2010 年提高 0.64 年。十年间，福建人口的文化水平呈现上升趋势，受过高等教育人口比例不断提高。全省每十万常住人口中，拥有大专及以上文化程度人口 14148 人，其中研究生人口 535 人；

拥有高中文化程度人口 14212 人；拥有初中文化程度人口 32218 人；拥有小学文化程度人口 28031 人。与 2010 年第六次全国人口普查相比，每十万人中，大专及以上文化程度人口增加 5787 人，高中文化程度人口增加 336 人，初中文化程度人口减少 5668 人，小学文化程度人口减少 1770 人（见表 7-2）。

表 7-1　福建省 3 岁及以上人口受教育情况

单位：万人

受教育程度	2020 年	2010 年	增长（%）
未上过学	152.59	–	–
学前教育	188.03	–	–
小学	1164.40	1099.48	5.90
初中	1338.32	1397.76	-4.30
高中（含中专）	590.38	511.94	15.30
大学专科	290.06	173.76	66.90
大学本科	275.42	126.32	118.00
硕士研究生	19.60	8.38	165.10
博士研究生	2.62		

资料来源：1. 福建省第七次全国人口普查领导小组办公室 福建省统计局编，《福建省人口普查年鉴-2020》，中国统计出版社，2022 年 9 月；2. 福建省第六次人口普查办公室编，《福建省 2010 年人口普查资料》，中国统计出版社，2013 年 1 月。

表 7-2　福建省每十万人口拥有不同受教育程度人数

单位：人

受教育程度	2020 年	2010 年	增减
小学	28031	29801	-1770
初中	32218	37886	-5668
高中（含中专）	14212	13876	336
大学专科	6983	4710	2273
大学本科	6630	3424	3206
硕（博）士研究生	535	227	308
平均受教育年限（年）	9.66	9.02	0.64

资料来源：1. 福建省第七次全国人口普查领导小组办公室 福建省统计局编，《福建省人口普查年鉴-2020》，中国统计出版社，2022 年 9 月；2. 福建省第六次人口普查办公室编，《福建省 2010 年人口普查资料》，中国统计出版社，2013 年 1 月。

3. 人口文盲率持续下降

2020 年，全省文盲人口（15 岁及以上不识字的人）为 97.02 万人；文盲率为 2.34%，比 2010 年下降 0.10 个百分点，比全国低 2.61 个百分点。其中，男性文盲率 0.81%，下降 0.09 个百分点；女性文盲率 3.96%，下降 0.11 个百分点。城镇文盲率 1.58%，下降 0.20 个百分点；农村文盲率 3.99%，上升 0.67 个百分点。农村文盲率不降反升，主要是由于人口流动造成的。农村大量青壮年劳动力进城务工，向城市转移，十年来，农村人口减少了 285 万；而农村文盲人口近九成年龄在 55 岁以上，进城再就业困难，多留守当地。因此，十年来农村文盲人口数量没有明显变化（2020 年比 2010 年减少 0.65 万人），但文盲率却上升了（见表 7-3）。

表 7-3　福建文盲率变化情况

单位：%

指标	2020 年	2010 年	增减
文盲率	2.34	2.44	−0.10
分性别			
男性	0.81	0.90	−0.09
女性	3.96	4.07	−0.11
分城乡			
城镇	1.58	1.78	−0.2
农村	3.99	3.32	0.67

资料来源：1. 福建省第七次全国人口普查领导小组办公室 福建省统计局编，《福建省人口普查年鉴-2020》，中国统计出版社，2022 年 9 月；2. 福建省第六次人口普查办公室编，《福建省 2010 年人口普查资料》，中国统计出版社，2013 年 1 月。

（二）各阶段受教育人口的空间分布

1. 城乡人口受教育程度全面提升

受人口结构、经济发展水平、教育资源分布等因素影响，城乡人口受教育程度存在一定差异。人口普查数据显示，2020 年，全省未上过学人口中超过一半分布在乡村，随着受教育程度的提高，小学、初中、高中、大专及以上人口中乡村所占的比重呈现直线下滑趋势；城市情况则相反，人口受教育程度越高越往城市聚集，城市集中了一半以上的高中文化程度人口、三分之二的大专及以上文化程度人口；各阶段受教育人口中镇人口所占比重介于城市和乡村之间。虽然各阶段受教育程度人口在城乡间分布不均衡，但总体来看，城乡人口受教育水平均得到提升（见表7-4）。

城市：2020年，全省3岁及以上城市人口1656.81万人。其中，小学文化程度人口343.75万人，占20.75%；初中文化程度人口501.64万人，占30.28%；高中文化程度人口307.80万人，占18.58%；大专及以上文化程度人口392.28万人，占23.68%。15岁以上城市人口平均受教育年限为10.98年，比2010年提高0.72年。

镇：2020年，全省3岁及以上镇人口1107.12万人。其中，小学文化程度人口330.82万人，占29.88%；初中文化程度人口391.10万人，占35.33%；高中文化程度人口163.51万人，占14.77%；大专及以上文化程度人口127.95万人，占11.56%。15岁以上镇人口平均受教育年限为9.48年，比2010年提高0.28年。

表7-4 2020年分城乡3岁以上人口受教育情况

受教育程度	人数（万人）			比重（%）		
	城市	镇	乡村	城市	镇	乡村
合计	1656.81	1107.12	1257.50	100.00	100.00	100.00
未上过学	36.50	36.51	79.58	2.20	3.30	6.33
学前教育	74.86	57.23	55.95	4.52	5.17	4.45
小学	343.75	330.82	489.83	20.75	29.88	38.95
初中	501.64	391.10	445.58	30.28	35.33	35.43
高中	307.80	163.51	119.07	18.58	14.77	9.47
大学专科	181.66	66.99	41.41	10.96	6.05	3.29
大学本科	192.92	57.94	24.55	11.64	5.23	1.95
硕士研究生	15.67	2.68	1.25	0.95	0.24	0.10
博士研究生	2.01	0.33	0.27	0.12	0.03	0.02

资料来源：福建省第七次全国人口普查领导小组办公室 福建省统计局编，《福建省人口普查年鉴-2020》，中国统计出版社，2022年9月。

乡村：2020 年，全省 3 岁及以上乡村人口 1257.50 万人。其中，小学文化程度人口 489.83 万人，占 38.95%；初中文化程度人口 445.58 万人，占 35.43%；高中文化程度人口 119.07 万人，占 9.47%；大专及以上文化程度人口 67.48 万人，占 5.37%。15 岁以上乡村人口平均受教育年限为 8.06 年，比 2010 年提高 0.16 年。

数据表明，2020 年，城市人口受教育程度高于镇和乡村，主要表现为初中及以下文化程度人口的占比，城市比镇低 15.93 个百分点、比乡村低 27.42 个百分点；高中及以上文化程度人口占比，城市比镇高 15.93 个百分点、比乡村高 27.42 个百分点。城市、镇、乡村的 15 岁以上人口平均受教育年限呈现逐级递减态势，且差距均在 1 年以上。

2. 地区人口受教育程度存在差异

各阶段受教育程度人口在城乡间分布不均衡外，地区间分布也不平衡。人口普查数据显示，高学历人口主要集聚在福厦泉这三个人口和经济总量均居前三的城市。2020 年，全省 15 岁及以上人口中，大专及以上文化程度人口 587.70 万人，福州拥有 154.12 万人，厦门 139.12 万人，泉州 92.17 万人，三地合计占全省的 65.58%，比 2010 年提高 1.40 个百分点。其中，研究生（硕士和博士）文化程度人口 22.23 万人，福州拥有 7.61 万人，厦门 8.30 万人，泉州 2.23 万人，三地合计占全省的比重为 81.58%，福州和厦门占比就超过七成。

具体从各设区市受教育水平看：经济特区厦门和省会城市福州人口受教育程度明显高于其他地区。厦门高中及以上文化程度人口占常住人口的比重为 43.11%，比全省平均水平高 14.75 个百分点；其中大专及以上人口文化程度占比 26.94%，比全省平均水平高 12.79 个百分点。厦门 15 岁以上人口平均受教育年限 11.17 年，比全省高 1.51 年。福州高中及以上文化程度人口占常住人口的比重为 36.23%，比全省平均水平高 7.87 个百分点；其中大专及以上人口文化程度占比 18.59%，比全省平均水平高 4.44 个百分点。福州 15 岁以上人口平均受教育年限 10.39 年，比全省高 0.73 年。其他 7 个设区市高中及以上人口比重和平均受教育年限均低于全省平均水平，莆田、漳州和宁德的大专及以上文化程度人口占比低于10%，漳州和宁德的平均受教育年限不足9年。人口平均受教育年限最高的地区与最低的地区差距达2.34年。与2010年相比，所有设区市受教育年限均有不同程度的提升，其中厦门和福州提升最快，分别增加0.88年和0.71年。（见表7–5）

表7–5　分地区人口受教育情况

地区	受教育人口占常住人口比重（％）				15岁及以上人口平均受教育年限（年）
	大专及以上	高中（含中专）	初中	小学	
全　省	14.15	14.21	32.22	28.03	9.66
福　州	18.59	17.64	30.51	24.47	10.39
厦　门	26.94	16.17	27.82	18.62	11.17
莆　田	9.81	14.48	34.51	28.48	9.13
三　明	11.83	13.84	29.99	31.82	9.23
泉　州	10.50	12.34	36.08	29.51	9.30
漳　州	9.91	11.31	34.00	31.76	8.95
南　平	10.48	13.01	33.97	31.66	9.05
龙　岩	11.85	14.09	32.35	28.06	9.42
宁　德	9.83	12.99	28.11	36.15	8.83

资料来源：福建省第七次全国人口普查领导小组办公室 福建省统计局编，《福建省人口普查年鉴–2020》，中国统计出版社，2022年9月。

（三）分年龄人口受教育程度

1. 20–24岁年龄组人口的受教育程度最高，并向两头递减

因成长阶段和成长环境的不同，不同年龄人口的受教育情况呈现较显著差异。人口普查数据显示，2020年，20—24岁年龄组人口的受教育程度最高，有一半以上人口接受了高等教育，大专及以上文化程度人口占比为50.70%。3—19岁人口多处于求学阶段，这部分人口的受教育程度随着年龄的增长而增长。其中，3—9岁人口中，42.34%的人口受教育程度为学前教育，51.16%受教育程度为小学；10—14岁人口中，51.14%的人口为小学文化程度，46.35%为初中文化程度；15—19岁人口中，23.41%的人口为初中文化程度，52.69%为高中文化程度，

22.08% 为大学（含大专）文化程度。25 岁以上人口除了极少数还在高校接受研究生教育，多数已经完成学业进入社会，这部分人口文化程度则随年龄增长逐步走低。25—34 岁人口中，约四成人口为初中文化程度，接近三分之一人口为大专及以上文化程度；35—44 岁人口中，初中文化程度人口则占一半以上，大专及以上文化程度人口降到两成左右；45—59 岁人口中，小学文化文化程度人口占比继续提高，超过四分之三人口为初中及以下文化程度；60 岁以上人口以小学文化为主体，占比超过五成，65 岁后未上过学的比例开始超过 10%，80 岁以上人口未上过学的比例达到 32.65%（见表 7-6）。

表 7-6　2020 年全省分年龄受教育程度人口

单位：万人

分组	未上过学	学前教育	小学	初中	高中	大专及以上
合计	152.59	188.03	1164.40	1338.32	590.38	587.70
3 岁	16.49	46.11	0.00	0.00	0.00	0.00
4 岁	5.18	54.57	0.00	0.00	0.00	0.00
5—9 岁	3.68	77.86	215.77	2.07	0.00	0.00
10—14 岁	0.67	2.67	126.94	115.05	2.87	0.00
15—19 岁	0.28	0.46	2.94	47.10	106.01	44.43
20—24 岁	0.3	0.08	2.88	52.64	44.64	103.39
25—29 岁	0.46	0.08	6.57	104.08	67.76	107.43
30—34 岁	0.78	0.09	15.89	179.62	88.86	114.95
35—39 岁	0.97	0.08	22.64	170.90	62.46	75.46
40—44 岁	1.96	0.14	51.31	154.47	47.38	45.89
45—49 岁	4.76	0.32	102.46	169.62	43.22	35.38
50—54 岁	8.85	0.58	136.56	131.45	35.32	23.50
55—59 岁	11.66	0.70	118.77	86.41	36.67	16.13
60—64 岁	16.23	0.87	107.88	45.96	24.58	7.27
65—69 岁	19.35	1.05	106.50	37.41	12.86	4.75
70—74 岁	15.99	0.78	64.14	21.44	7.62	3.40
75—79 岁	14.36	0.60	37.56	11.40	5.45	2.58
80 岁及以上	30.62	0.98	45.59	8.70	4.70	3.18

　　资料来源：福建省第七次全国人口普查领导小组办公室 福建省统计局编，《福建省人口普查年鉴 -2020》，中国统计出版社，2022 年 9 月。

2. 各年龄组人口受教育年限均有不同程度的提高

与第六次人口普查相比，20—24岁年龄组人口的平均受教育年限最高，也提升的最快，从2010年的11.15年提高到2020年的13.15年；15—19岁、25—29岁、30—34岁和35—39岁年龄组人口平均受教育年限均超过10年，分别为12.05年、12.25年、11.54年和10.92年，分别比2010年提高1.47年、1.67年、1.69年和1.77年；40—44岁年龄组人口平均受教育年限接近10年，比2010年提高1.31年；45岁以上各年龄组人口平均受教育年限低于全省平均受教育年限，提升幅度均不到1年。

3. 低学历人口多出生在改革开放前

从不同受教育程度人口的年龄分布来看，小学文化程度人口主要集中在6—12岁小学阶段适龄人口（占全部小学文化人口比重为28.14%），以及45—69岁年龄人口（占比为49.14%）；初中文化程度人口主要集中在12—15岁初中阶段适龄人口（占全部初中文化人口比重为9.59%），以及30—54岁年龄人口（占比为60.23%）；高中文化程度人口主要集中在15—18岁高中阶段适龄人口（占全部高中文化人口比重为16.46%），以及25—44岁年龄人口（占比为45.13%）；大专及以上文化程度人口主要集中在18–39岁年龄段（占全部大学文化人口比重为75.06%）。从以上数据基本可以判断，改革开放前出生的人口文化程度较低，这也与当时较低的经济水平和教育水平相符合。

（四）分性别人口受教育程度

1. 男性受教育程度高于女性

全省3岁及以上男性常住人口2074.83万人，其中，25.71%为小学文化程度、36.56%为初中文化程度、16.25%为高中文化程度、14.79%为大专及以上文化程度；15岁及以上人口平均受教育年限为10.10岁，比2010年增加0.57岁。3岁及以上女性常住人口1946.60万人，其中，32.41%为小学文化程度、29.79%为初中文化程度、13.00%为高中文化程度、14.42%为大专及以上文化程度；15岁及以上人口平均受教育年限为9.20岁，比2010年增加0.70岁。可以看出，虽然女性受教育程度提升比男性快，但男性的受教育程度总体高于女性，男性初中以上文化程度人口占比 67.60%，比女性高 10.39 个百分点，男性平均受教育年限比女性高 0.90 年（见表 7-7）。

表 7-7　2020 年全省 3 岁及以上分性别受教育人口

受教育程度	人数（万人）		比重（%）	
	男性	女性	男性	女性
合计	2074.83	1946.60	100.00	100.00
未上过学	38.55	114.04	1.86	5.86
学前教育	100.09	87.94	4.82	4.52
小学	533.51	630.88	25.71	32.41
初中	758.51	579.81	36.56	29.79
高中	337.24	253.15	16.25	13.00
大学专科	152.05	138.01	7.33	7.09
大学本科	143.22	132.20	6.90	6.79
硕士研究生	10.01	9.60	0.48	0.49
博士研究生	1.65	0.97	0.08	0.05

资料来源：福建省第七次全国人口普查领导小组办公室 福建省统计局编，《福建省人口普查年鉴 -2020》，中国统计出版社，2022 年 9 月。

2. 男女受教育程度随着时代进步显著缩小

全省 15 岁以上人口中，初中以上教育程度人口 2137.22 万人，受教育面（接受教育的人口占应接受教育人口的比重）为 71.50%，其中男性受教育面 78.17%，比女性高 13.62 个百分点。分年龄组来看，15—19 岁、20—24 岁男性和女性初中以上文化受教育面均超过 98%，男性还略低于女性。25—39 岁的五龄组人口受教育面均保持在 90%以上，男性受教育面高于女性，但差距控制在 5 个百分点之内。中国义务教育法于 1986 年实施，40 岁以下人口的受教育权利得到了法律保障，大多数都接受了九年义务教育，因此，不论男女受教育面都在 90%以上。40 岁以上人口的受教育机会就少很多，人口受教育面随年龄增长而缩小，并且由于当时重男轻女思想的存在，女性受教育机会更少，男女受教育程度差距越拉越大。40—44 岁男性初中及以上文化程度受教育面 87.24%，比女性高 10.22 个百分点，45—49 岁男性受教育面 78.43%，比女性高 17.71 个百分点。50 岁后，女性的受教育面进一步缩至不足 50%，50—59 岁人口初中及以上文化受教育面不足六成，60—69 岁人口不足四成，70 岁以上不足三成，男性与女性的差距拉大到 20 个百分点以上（见表 7-8）。

表 7-8　2020 年全省 15 岁及以上人口初中以上文化受教育情况

单位：%

年龄组	合计	男	女
合计	71.50	78.17	64.55
15—19 岁	98.17	98.13	98.22
20—24 岁	98.40	98.27	98.55
25—29 岁	97.52	97.57	97.46
30—34 岁	95.81	96.31	95.29
35—39 岁	92.87	94.47	91.20
40—44 岁	82.26	87.24	77.02
45—49 岁	69.77	78.43	60.72
50—54 岁	56.58	67.69	45.06
55—59 岁	51.49	64.44	38.32
60—64 岁	38.37	50.81	25.75
65—69 岁	30.24	41.28	19.72
70—74 岁	28.62	38.94	18.45
75 岁及以上	21.73	33.33	12.28

资料来源：福建省第七次全国人口普查领导小组办公室 福建省统计局编，《福建省人口普查年鉴 -2020》，中国统计出版社，2022 年 9 月。

（五）就业人口受教育情况

1. 就业人口平均受教育年限超过 10 年

人口普查数据显示，2020 年全省就业人口平均受教育年限 10.22 年，比 2010 年提高 1.04 年。就业人口中，具有小学文化程度的占 20.43%，具有初中文化程度的占 40.88%，具有高中文化程度的占 16.20%，分别比 2010 年下降 1.86 个、11.19 个、0.93 个百分点；具有大专及以上文化程度的占 21.1%，比 2010 年提高 12.94 个百分点。男性就业人口受教育年限 10.37 年，比 2010 年提高 0.91 年；女性就业人口受教育年限 10.02 年，提高 1.22 年。男女差距从 2010 年的 0.66 年缩小至 2020 年的 0.35 年。（见表 7-9）

表 7-9　2020 年全省分行业受教育人口

单位：%

行　业	小学	初中	高中	大专及以上	受教育年限（年）
合　计	20.43	40.88	16.20	21.10	10.22
农、林、牧、渔业	51.87	35.68	5.90	1.31	7.24
采矿业	23.55	49.92	14.60	11.27	9.46
制造业	19.87	52.51	15.67	11.04	9.56
电力、热力、燃气及水生产和供应业	7.40	24.13	20.02	48.24	12.74
建筑业	24.91	50.00	12.99	11.10	9.33
批发和零售业	13.04	43.67	22.79	19.88	10.63
交通运输、仓储和邮政业	13.71	48.36	19.74	17.84	10.40
住宿和餐饮业	15.92	51.67	22.22	9.24	9.75
信息传输、软件和信息技术服务业	1.57	15.65	17.67	65.06	14.03
金融业	1.74	11.04	15.29	71.86	14.43
房地产业	12.58	31.50	22.92	32.17	11.49
租赁和商务服务业	6.95	27.01	20.82	44.92	12.53
科学研究和技术服务业	3.00	14.87	15.44	66.54	14.02
水利、环境和公共设施管理业	32.43	30.26	12.52	20.59	9.47
居民服务、修理和其他服务业	21.98	47.81	18.91	9.37	9.39
教育	3.16	11.11	12.46	73.06	14.37
卫生和社会工作	4.42	11.03	17.09	67.17	14.05
文化、体育和娱乐业	7.60	34.05	23.77	34.28	11.86
公共管理、社会保障和社会组织	4.36	13.42	16.71	65.14	13.90

资料来源：福建省第七次全国人口普查数据加工。

2. 不同行业人口的受教育程度差异较大

全省 19 个行业，约三分之二的行业就业人员平均受教育年限在 10 年以上，有 5 个行业平均受教育年限超过 14 年。因行业特点不同，对就业人员的文化素质要求也不同，行业间就业人员的受教育程度差距较大。农林牧渔业对文化程度的要求相对较低，就业人员平均受教育年限最少，为7.24年，超过一半以上的就业人员只有小学文化程度。采矿业、制造业、建筑业、住宿和餐饮业、居民服务修理和其他服务业就业人员以初中文化程度为主，初中文化程度人员占比超过或接近50%，这些行业就业人员平均受教育年限均不超过10年。金融业受教育年限最高，为14.43年，信息传输、软件和信息技术服务业为14.03年，这两个均为高薪行业，文化程度要求也相对高；教育、卫生和社会工作、科学研究和技术服务业这3个行业因专业性较强、技术要求高，就业人员的受教育年限也均超过14年。以上5个行业就业人员中大专及以上文化程度人员占比均超过65%（见表7-9）。

（六）流入人口受教育情况

随着经济文化活动交流的日益频繁，人员流动规模也逐步壮大，流动人口对流入地人口总量、结构、文化素质等的影响也越来越显著。人口普查数据显示，2020年省外流入福建的人口为488.99万人，占全省常住人口的11.77%。流入福建的人口中，小学文化程度的占21.78%，初中文化程度的占48.21%，高中文化程度的占14.40%，大专及以上文化程度的占11.80%，流入人口平均受教育年限为9.72年，低于全国平均受教育年限。

流入人口多是来闽务工经商的，从流入人口的文化程度构成可以看出，福建产业结构还不够高端，相当一部分行业对用工对象的文化程度要求不高。同时也一定程度上说明，福建的发展水平和发展环境对高端人才的吸引力不强，流入人口对福建高质量发展的推动作用相对有限。各地区流入人口的文化程度构成，也印证了经济是人口流动的主要原因，经济和产业发展水平影响了流入人口的文化素质。人口普查数据显示，2020年，流入福建的大专及以上文化程度人口中有64.90%流向了福州和厦门，超过八成研究生流入这两地，这两个地区是福建经济发展水平最高的地区，也是科技水平最高、创新发展最活跃的地区。

二、福建人口受教育状况存在的问题

（一）受教育程度偏低，且与全国差距拉大

虽然福建人口受教育程度有一定提升，但与全国以及其他省份相比，福建人口文化程度仍然偏低。人口普查数据显示，2020 年福建人口平均受教育年限为 9.66 年，比全国低 0.25 年，在 31 个省（区、市）中居第 23 位，在东部 11 省（市）中居末位。全省只有福州（10.39 年）和厦门（11.17 年）平均受教育年限高于全国平均水平。每十万人口中，福建拥有大专及以上文化程度人口比全国少 1319 人，高中文化程度人口比全国少 876 人，初中文化程度人口比全国少 2289 人，小学文化程度人口比全国多 3264 人，反映出福建人口文化程度整体低于全国水平（见表 7-10）。同时，从纵向来看，十年间福建平均受教育年限仅提高 0.64 年，比全国平均少 0.19 年，与全国差距比 2010 年"六普"时进一步扩大。人口普查数据显示，2020 年，有 21 个省（区、市）平均受教育年限提升幅度超过全国平均，8 个提升幅度达到或超过 1 年，福建的提升幅度在 31 个省（区、市）中居倒数第 2 位。

从人口发展和经济发展角度来看，福建人口受教育水平偏低主要原因有两点。一方面，福建过去经济比较落后，在改革开放前福建经济总量在全国排名在 20 位以后，经济发展水平低，同时城镇化进程偏慢，第四次人口普查时（1990 年）福建城镇化率比全国低 5 个百分点。2020 年，福建 45 岁以上人口中，小学文化程度人口的比重为 44.24%，比全国高 9.78 个百分点；55 岁以上人口中，福建未上过学人口的比重为 11.58%，比全国高 2.32 个百分点。这部分人口都出生在改革开放前。历次人口普查，福建人口受教育水平均低于全国，在未来较长一段时间内，这部分人口仍将拉低福建人口的平均受教育水平。另一方面，福建民营经济发达，改革开放后经济快速发展，吸引了大量省外人口来闽务工。由于民企相对于国企和外企，规模较小，一般分布在科技含量不太高的行业，因此对外来务工人员的文化素质要求相应也不高。普查数据显示，2020 年，省外流入福建人口的文化程

表 7-10　2020 年各省每 10 万人口中拥有的各类受教育程度人数

单位：人 /10 万人

地区	大专及以上	高中	初中	小学	平均受教育年限（年）
全　国	15467	15088	34507	24767	9.91
北　京	41980	17593	23289	10503	12.64
天　津	26940	17719	32294	16123	11.29
河　北	12418	13861	39950	24664	9.84
山　西	17358	16485	38950	19506	10.45
内蒙古	18688	14814	33861	23627	10.08
辽　宁	18216	14670	42799	18888	10.34
吉　林	16738	17080	38234	22318	10.17
黑龙江	14793	15525	42793	21863	9.93
上　海	33872	19020	28935	11929	11.81
江　苏	18663	16191	33308	22742	10.21
浙　江	16990	14555	32706	26384	9.79
安　徽	13280	13294	33724	26875	9.35
福　建	14148	14212	32218	28031	9.66
江　西	11897	15145	35501	27514	9.70
山　东	14384	14334	35778	23693	9.75
河　南	11744	15239	37518	24557	9.79
湖　北	15502	17428	34280	23520	10.02
湖　南	12239	17776	35636	25214	9.88
广　东	15699	18224	35484	20676	10.38
广　西	10806	12962	36388	27855	9.54
海　南	13919	15561	40174	19701	10.10
重　庆	15412	15956	30582	29894	9.80
四　川	13267	13301	31443	31317	9.24
贵　州	10952	9951	30464	31921	8.75
云　南	11601	10338	29241	35667	8.82
西　藏	11019	7051	15757	32108	6.75
陕　西	18397	15581	33979	21686	10.26
甘　肃	14506	12937	27423	29808	9.13
青　海	14880	10568	24344	32725	8.85
宁　夏	17340	13432	29717	26111	9.81
新　疆	16536	13208	31559	28405	10.11

资料来源：国务院第七次全国人口普查领导小组办公室编，《中国人口普查年鉴 -2020》，中国统计出版社，2022 年 4 月。

度相对较低，70% 为初中及以下文化程度，大专及以上人口比重只有 11.8%；流入人口的平均受教育年限为 9.72 年，虽略高于全省平均受教育年限（9.66 年），但未及全国的平均受教育年限（9.91 年）。流入人口来源地比较集中，超过三分之二集中在贵州、四川、江西、河南、重庆、安徽等经济相对欠发达地区。与此同时，福建流出人口多流向长三角、珠三角等经济相对发达地区，流出到上海、江苏、浙江、广东的人口近 140 万人，占流出人口的一半以上，平均受教育年限为 11.09 年，比流入人口高 1.37 年。流出福建的人口中，小学文化程度的占 17.0%，初中文化程度的占 35.7%，高中文化程度的占 20.0%，大专及以上文化程度的占 21.7%，流出人口平均受教育年限为 11.09 年，比流入人口的平均受教育年限高 1.37 年。流入流出人口的文化程度差异，影响了福建人口整体受教育水平。

（二）城乡人口教育水平差距加剧

因城乡经济发展不平衡、教育资源分布不均衡等因素，城乡人口发展特别是受教育程度存在差距。2020 年，每十万人口拥有大专及以上文化程度人口，城市为 22933 人、镇为 11172 人、乡村为 5198 人，三者大致比例为 4∶2∶1。考虑到众多高校均分布在城市，扣除高校在校生影响，粗略测算城市每十万人口拥有大专及以上文化程度人口也在 1.9 万人左右，仍然明显高于镇和乡村。每十万人口中拥有高中文化程度人口，城市为 17955 人、镇为 14278 人、乡村为 9172 人，也是递减的；而拥有初中及以下文化程度人口数量则是递增的。表明较高学历人口集中于城市，城市人口受教育程度明显好于镇，镇又好于乡村。

与 2010 年相比，城乡差距在加剧。十年来，城市每十万人口拥有大专及以上文化程度人口增加了 7073 人，镇增加 3109 人，乡村增加 2618 人，城市高学历人口增加的数量显著高于镇和乡村。15 岁以上人口平均受教育年限，城市为 10.98 年、镇为 9.48 年、乡村为 8.06 年，城市领先镇的优势从 2010 年的 1.06 年扩大为 1.49 年，城市领先乡村的优势从 2010 年的 2.36 年扩大为 2.91 年。

三、人口受教育程度对经济社会的影响

（一）从社会层面看：影响人口再生产

人口受教育程度不仅决定着人自身的文化素质，而且深刻影响着人的思维逻辑、行为方式。人口的教育文化水平通过影响人口的婚育观念，对人口再生产产生极大影响。

人口普查数据显示，2020年，福建15岁及以上人口中，未婚人口的比例为18.57%。其中，小学文化程度人口未婚比例为2.78%，初中文化程度人口未婚比例为12.93%，高中文化程度人口未婚比例为33.71%，大专及以上文化程度人口未婚比例为38.50%。未婚比例随着人口受教育程度的提高而提高，高中及以上人口每三人就有一人未婚。城市、镇、乡村人口的未婚比例分别为22.72%、17.53%、13.66%，也印证了教育对婚姻的影响。在已婚人口中，初婚年龄也随着受教育程度的提高而延迟。2020年在所有已婚常住人口中，福建15岁以上人口的初婚年龄为23.5岁，其中未上过学的初婚年龄为21.3岁，小学文化程度人口为22.3岁，初中文化程度人口为23.4岁，高中文化程度人口为24.5岁，大专文化程度人口为25.5岁，大学本科文化程度人口为26.3岁，研究生文化程度为27.5岁，基本以1岁左右的差距递增。一方面是由于受教育年限的延长，初婚年龄也会相应推迟；另一方面是高学历人口独立性更强，往往更看重事业，会因打拼事业延迟了初婚年龄。

受教育程度也一样影响着人口生育。2020年，福建育龄妇女生育一个小孩的比例为41.12%，生育两个小孩的比例为47.31%，生育三个及以上小孩的比例为11.56%。其中，小学文化程度的生育两孩及以上的比例超过四分之三；初中文化程度的生育两孩及以上的比例超过三分之二；高中文化程度的生育两孩及以上的接近六成；大学（含专科和本科）文化程度的生育两孩及以上的不到一半，生育三孩及以上的只有3.86%；研究生文化程度的生育两孩的已经不到四成，生育三孩及以上的只占1.08%。可见，随着受教育程度的提高，生育多孩的妇女比例在快速下降。主要原因大概可以从两方面分析，主观上，高学历女性往往更看重自我价值的实现和生活品质的保证，她们的生育意愿没有那么强烈；客观上，学历越高的女性在职场上一般也拥有更加体面、更加高薪的工作，而生育可能会中断其职业晋升机会或阻碍事业发展，即生育养育孩子机会成本更大，两方面因素共同影响了女性的生育行为。

国际上通常以 2.1 作为人口世代更替水平，也就是说考虑到死亡风险后，平均每个育龄妇女需要生育 2.1 个孩子，才能使上下两代人的数量保持稳定。2020 年，全省总和生育率为 1.38，远远低于人口正常更替水平。若现有的生育政策和鼓励措施没有发生明显变化，将来随着人口受教育程度的不断提高，总和生育率可能会下滑到更低水平。而总和生育率长期低于更替水平，将导致人口规模萎缩和老龄化快速加深。

（二）从经济层面看：影响经济及产业发展水平

人口是社会生产生活的主体，也是经济社会发展的基础。劳动力的数量和质量是影响经济增长最重要的要素之一。人口受教育程度与经济发展水平密切相关。从福建省内看，厦门和福州是人口平均受教育年限最高的两个地区，同时也是人均 GDP 最高的地区；宁德、南平、莆田平均受教育年限较低，其人均 GDP 也居全省后三位。全国情况也是如此，北京、天津、上海、江苏、广东等地受教育年限较高，其经济发展水平也高；甘肃、青海、云南、贵州等地受教育程度较低，其人均 GDP 排名也靠后。虽然与其他省份相比，福建以较低的人口平均受教育年限，实现了较高的人均 GDP 水平，但这有福建的特殊性，既有人口发展的历史因素，也有经济结构的原因。并且因人口受教育程度所限，福建产业结构的短板已经显现。三次产业中，通常第一产业所需求的人口受教育程度最低，第二产业次低，第三产业最高，也就是说第三产业要发展就需要更多高学历的人口支撑。福建第三产业占比连续多年居全国 31 个省区、市倒数，除了福建工业强省的战略选择外，和推动生产发展的劳动力素质也关系密切，福建人口受教育程度对产业结构转型升级的支撑力还不够。制造业也因高学历高素质人口支撑不足，导致产业结构高端化进程偏慢。2020年福建规模以上工业中，高技术制造业增加值占比为12.8%，比全国平均水平低2.3个百分点，装备制造业增加值占比23.4%，比全国平均水平低10.3个百分点，制造业中传统劳动密集型行业占比仍然较高，科技含量高的先进制造业规模不大。

当前福建的人口红利正在消失，经济依靠低劳动成本造就竞争优势已愈发不可能。2010年，福建15—64岁劳动年龄人口占全省人口比重达到高峰，为76.6%，之后占比逐年下降，但劳动年龄人口数量还在增长中，还处于人口红利期。到2019年，劳动年龄人口数量也达到峰值3053万人，劳动力规模开始逐步减少。2020年，全省劳动年龄人口2896万人，占总人口的比重为69.4%，比2010年的高峰时期下降7.2个百分点。随着劳动年龄人口的减少，经济发展亟待从依赖人口红利向人才红利转变。

四、提升人口文化素质的建议

（一）大力发展教育

教育是提高人口文化素质的根本途径，提升福建人口受教育程度必须大力发展教育。一是加大教育投入。要改变福建人均教育经费低于全国水平的状况（2020年福建比全国低204元），健全各级教育经费保障机制和动态调整机制，确保一般公共预算教育支出逐年只增不减，促进各类教育生均一般公共预算教育经费达到全国中上水平。积极扩大社会资源投入，逐步提高教育经费总投入中社会投入所占比重。推动教育经费使用重心逐步向教育教学改革和教师队伍建设等转移，进一步向老区苏区困难地区、薄弱环节和关键领域倾斜。二是提质义务教育。提升义务教育学校标准化建设水平，改善义务教育薄弱环节。推动中小学课后服务扩面提质，满足学生多样化需求，强化学校育人主阵地作用。加强初中阶段名师名校长培养和配备，推动高校与地方共建高水平附属学校，打造省级义务教育教改示范校。三是优化职业教育。突出职业教育类型特色，构建纵向贯通、横向融通的现代职业教育体系，实现职业教育与普通教育协调均衡发展。全面提升职业院校办学条件，统筹推动县域中等职业学校发展，建设对接区域主导产业的专业群。深化职业技术教育产教融合，通过政行企校联动，促进教育与产业在人才、智力、技术、资本、管理等资源要素聚集融合，助推产业转型升级。四是发展高等教育。扩大高等教育总体规模，积极引进国内外高水平大学和科研机构来闽合作办学，创办特色学院、分校或研究院。加快推进"双一流"建设，支持厦门大学建设中国特色世界一流大学；支持福州大学争创世界一流大学建设高校。实施一流学科培优工程，推动部分学科在相关领域形成全国特色优势。加强研究生分类培养，提升学术学位研究生知识创新能力和专业学位研究生实践创新能力。

（二）建设人才高地

人才资源是一个地区综合实力和竞争力的决定性因素，也是地区人口文化素质的集中体现。提升福建人口文化素质，必须要在引才育才聚才上下足功夫，打造人才高地。一是强化人才是第一资源的意识，牢固树立"大人才观"，在全社会营造重视人才、尊崇人才、吸引人才、用好人才的浓厚氛围，以前所未有的力度抓紧抓好人才工作，以求贤若渴的态度、海纳百川的胸襟，培养引进各类优秀人才。二是完善人才政策。全面做好人才引进工作，实行更加积极开放的人才政策，在福州、厦门、泉州等中心城市建设高能级引才聚才平台，推动各地因地制宜做好引才文章，形成具有福建特色的人才"雁阵格局"。三是完善人才使用机制，不断激发人才创新能力、创造活力。研究制定激励人才创新创业创造的具体办法，赋予科学家更大的技术路线决定权、经费支配权、资源调度权，大胆使用实绩突出、企业认可的实用人才。四是强化产业引才。紧扣福建省经济社会发展全局，优化升级福建产业结构，加速人才链与创新链、产业链深度融合。聚焦重点领域，围绕突破"卡脖子"关键核心技术，实施一批重大引才工程，千方百计引进急需短缺人才。五是突出人文关怀，在住房、医疗、教育等方面完善精准服务体系，协调解决各类困难，落实好住房保障、安家费用、户籍落户、医疗保障、子女入学等相关事宜，解决引进人才的后顾之忧。打造顺心创业的营商环境、拴心留人的发展环境、舒心宜居的生活环境。

第八章　少数民族人口

福建省是少数民族散杂居省份，56 个民族成分齐全，少数民族人口占总人口比重低于全国，但拥有全国最多的畲族和高山族人口。2010—2020 年，由于省外人口的大量流入，福建的少数民族人口增长迅猛，并不断向沿海区域聚集，少数民族的年龄结构较全省"年轻"，受教育程度显著提高，已经成为福建经济和社会建设的一支重要力量。

一、少数民族人口的发展状况

（一）少数民族人口现状

1. 人口总量

人口普查数据显示，2020 年福建省少数民族人口为 1121470 人，占全省常住人口的 2.70%。与 2010 年相比，少数民族人口增加 324615 人，增长 40.74%，占全省常住人口的比重提高了 0.54 个百分点（见表 8-1）。

表 8-1　两次普查全国与福建少数民族人口对比情况

区域	少数民族人口（万人）		占总人口比重（%）		比上次普查增长（%）	
	2010 年	2020 年	2010 年	2020 年	2010 年	2020 年
全国	11379.22	12546.74	8.49	8.89	6.92	10.26
福建	79.69	112.15	2.16	2.70	37.37	40.74

资料来源：1. 国务院第七次全国人口普查领导小组办公室，《中国人口普查年鉴-2020》，中国统计出版社，2022 年 4 月；2. 国务院人口普查办公室 国家统计局人口和就业统计司，《中国 2010 年人口普查资料》，中国统计出版社，2012 年 4 月。

福建省少数民族人口规模相对较小，少数民族人口数量在全国 31 个省（区、市）中居第 22 位，少数民族人口占全国少数民族人口总量的比重仅为 0.89%。少数民族占总人口的比重在 31 个省（区、市）中居第 23 位，比全国少数民族占总人口的比重低 6.19 个百分点。

2. 民族人口构成

福建少数民族齐全，但不同民族人口规模差异较大。2020 年，人口超过 10 万人的少数民族有畲族、苗族、土家族和回族，共 814855 人，占全省少数民族人口的 72.66%；人口在 1 万人至 10 万人的民族有彝族、壮族、布依族、侗族、满族和瑶族，共 212773 人，占少数民族人口的 18.97%；人口在 5 千人至 1 万人的民族有白族、蒙古族、仡佬族、傣族、哈尼族、维吾尔族和黎族，共 52405 人，占少数民族人口的 4.67%；人口在 1 千人至 5 千人的民族有水族、藏族、东乡族、朝鲜族、佤族、傈僳族、仫佬族、土族、拉祜族和景颇族，共 26369 人，占少数民族人口的 2.35%；毛南族、布朗族、羌族等 28 个民族人口不足千人，其中怒族、俄罗斯族、鄂温克族等 13 个民族人口不足百人。此外，未定族称人口 9131 人，占比 0.81%，外国人加入中国籍人口 437 人，占比 0.04%（见表 8–2）。

从各民族人口构成上看，福建有 9 个少数民族人口占少数民族总人口的比重高于全国，分别为畲族、苗族、土家族、回族、布依族、侗族、仡佬族、水族和高山族，景颇族、阿昌族、德昂族、保安族等 7 个少数民族人口占比与全国接近，壮族、维吾尔族、满族等 39 个少数民族人口占比低于全国。

3. 部分民族人口规模居全国前列

全国 31 个省（区、市）中，福建有半数以上的民族人口规模位居前 10 位。其中，畲族和高山族的人口数量居第 1 位，仡佬族、阿昌族、德昂族、普米族居第 4 位，布依族、景颇族、保安族、仫佬族等 9 个民族居第 5 位，彝族、哈尼族、东乡族、拉祜族等 5 个民族居第 6 位，土家族、水族、侗族、京族等 6 个民族居第 7 位，白族、傈僳族、门巴族居第 8 位，怒族居第 9 位，苗族居第 10 位。畲族一直是福建人

表 8-2　2020 年福建省少数民族人口数及构成

民族	人口（人）	比重（%）	民族	人口（人）	比重（%）
少数民族	1121470	100.00	土族	1883	0.17
蒙古族	9154	0.82	达斡尔族	189	0.02
回族	128591	11.47	仫佬族	1891	0.17
藏族	3600	0.32	羌族	575	0.05
维吾尔族	5502	0.49	布朗族	581	0.05
苗族	168928	15.06	撒拉族	331	0.03
彝族	53930	4.81	毛南族	701	0.06
壮族	53350	4.76	仡佬族	8109	0.72
布依族	48893	4.36	锡伯族	263	0.02
朝鲜族	2963	0.26	阿昌族	379	0.03
满族	14034	1.25	普米族	158	0.01
侗族	31784	2.83	塔吉克族	19	0.00
瑶族	10782	0.96	怒族	99	0.01
白族	9612	0.86	乌孜别克族	11	0.00
土家族	142673	12.72	俄罗斯族	50	0.00
哈尼族	7074	0.63	鄂温克族	30	0.00
哈萨克族	437	0.04	德昂族	181	0.02
傣族	7622	0.68	保安族	188	0.02
黎族	5332	0.48	裕固族	14	0.00
傈僳族	1926	0.17	京族	144	0.01
佤族	2913	0.26	塔塔尔族	6	0.00
畲族	374663	33.41	独龙族	10	0.00
高山族	417	0.04	鄂伦春族	17	0.00
拉祜族	1796	0.16	赫哲族	24	0.00
水族	4838	0.43	门巴族	27	0.00
东乡族	3106	0.28	珞巴族	5	0.00
纳西族	269	0.02	基诺族	25	0.00
景颇族	1453	0.13	未定族称人口	9131	0.81
柯尔克孜族	350	0.03	入籍	437	0.04

　　资料来源：福建省第七次全国人口普查领导小组办公室 福建省统计局编，《福建省人口普查年鉴-2020》，中国统计出版社，2022 年 9 月。

口最多的少数民族，2020 年有 37.46 万人，占全省少数民族总人口的
33.41%，占全国畲族人口的比重达到 50.20%；高山族在大陆分布较少，
福建、广西、河北是主要分布区域，2020 年福建高山族人口占全国高
山族人口的比重约为 11.99%（见表 8-3）。

表 8-3　2020 年福建部分少数民族人口规模排名情况

单位：%

民族	31 个省（市、区）本民族人口数量排名	占全国本民族人口比重	民族	31 个省（市、区）本民族人口数量排名	占全国本民族人口比重
畲族	1	50.20	哈尼族	6	0.41
高山族	1	11.99	东乡族	6	0.40
仡佬族	4	1.20	拉祜族	6	0.36
阿昌族	4	0.87	黎族	6	0.33
德昂族	4	0.81	土家族	7	1.49
普米族	4	0.35	水族	7	0.98
布依族	5	1.37	侗族	7	0.91
景颇族	5	0.91	京族	7	0.43
保安族	5	0.77	瑶族	7	0.33
仫佬族	5	0.68	壮族	7	0.27
佤族	5	0.68	白族	8	0.46
傣族	5	0.57	傈僳族	8	0.25
毛南族	5	0.56	门巴族	8	0.24
布朗族	5	0.46	怒族	9	0.27
柯尔克孜族	5	0.17	苗族	10	1.53
彝族	6	0.55			

资料来源：国务院第七次全国人口普查领导小组办公室，《中国人口普查年
鉴-2020》，中国统计出版社，2022 年 4 月。

（二）少数民族人口变化特点

1. 少数民族人口增速加快

从历次人口普查少数民族人口变化情况来看，福建少数民族
人口规模持续扩大，2000 年福建少数民族人口数量比 1990 年增

长 23.40%，2010 年比 2000 年增长 37.37%，2020 年比 2010 年增长 40.74%，少数民族人口规模增长速度不断加快。

图 8-1　福建省历次普查少数民族人口及占比变化

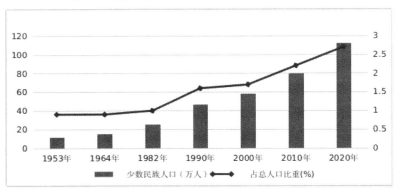

2010 年至 2020 年，福建常住人口年平均增长 1.19%，少数民族人口年平均增长 3.48%，全国少数民族人口年平均增长 0.98%，福建少数民族人口的年均增长率高出全国少数民族人口 2.50 个百分点，高出福建常住人口的年平均增长率 2.29 个百分点。

2. 不同民族人口变化差异大

从人口数量变化看，苗族、土家族、彝族、布依族、壮族、侗族、回族等 7 个民族 2020 年的人口数量比 2010 年增加超过万人，其中苗族增加了 80911 人，土家族增加了 52849 人，彝族增加了 40394 人；独龙族、高山族、珞巴族、塔塔尔族等 10 个民族 2020 年的人口数量较 2010 年减少，其中，土族减少了 2117 人，哈萨克族减少了 1055 人。

从人口增长速度看，保安族、东乡族、德昂族、柯尔克孜族等 23 个民族 2020 年较 2010 年人口增速翻番，增幅最大的为保安族，人口增长 36.6 倍，而人口下降幅度最大的民族为哈萨克族，降幅为 70.7%。

3. 外来少数民族占比超过世居少数民族

人口普查资料显示，福建外来少数民族人口首次超过了世居少数民族。2020 年福建畲族、回族、满族、蒙古族和高山族等 5 个世居少数民族共有 526859 人，占少数民族人口的比重为 46.98%，比 2010 年 62.26% 降低了 15.28 个百分点，而以苗族、土家族、彝族、壮族等为主的外来少数民族人口占比由 2010 年的 37.74% 提高到 53.02%。与 2010 年相比，2020 年各民族占少数民族人口的比重变化各有不同，有 12 个少数民族的占比出现下降，其中畲族降幅最大，下降了 12.46 个百分点，其次为回族，下降了 3.09 个百分点；33 个少数民族的占比提高，其中苗族提高 4.02 个百分点，彝族提高 3.11 个百分点，布依族提高了 1.58 个百分点。

（三）少数民族人口分布

1. 少数民族人口行政区域分布广泛

人口普查数据显示，福建少数民族分布广泛，全省 84 个县级行政单位（不含金门县）都有少数民族人口分布。2020 年有 5 个设区市少数民族人口超过 10 万人，比 2010 年多出 3 个，其中，泉州市有少数民族人口 309825 人，数量规模保持全省第一，其次为厦门市和宁德市，少数民族人口为 199620 人和 179304 人。少数民族人口占总人口比重上，宁德市占比居全省第一位，为 5.70%，其次为厦门市和泉州市，占比分别为 3.87% 和 3.53%。

图 8–2　2020 年福建少数民族人口分布情况

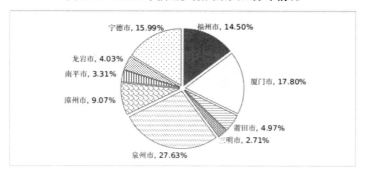

从县级行政单位看，2020 年福建有 34 个县（市、区）少数民族人口超过万人，比 2010 年增加 7 个，其中，晋江市是全省首个少数民族人口突破 10 万人的县级市，拥有少数民族人口 128301 人。少数民

人口占本县（市、区）常住人口比重方面，有 23 个县（市、区）的占比超过全省水平，福安市占比最高，达 10.31%，其次为罗源县、霞浦县和上杭县，占比分别为 8.01%、7.90% 和 6.75%（表 8-4）。

表 8-4　2020 年福建省部分县域少数民族人口规模及占比情况

单位：%

县（市、区）	少数民族人口（人）	比 2010 年增长	占全省少数民族人口比重	占本地常住人口比重
晋江市	128301	39.23	11.44	6.22
福安市	62889	0.90	5.61	10.31
同安区	43783	268.05	3.90	5.12
集美区	42929	172.67	3.83	4.14
霞浦县	37619	0.09	3.35	7.90
南安市	36793	46.04	3.28	2.42
惠安县	34027	27.93	3.03	3.30
福鼎市	33457	1.20	2.98	6.05
湖里区	32805	23.35	2.93	3.16
蕉城区	30915	40.48	2.76	4.96

资料来源：福建省第七次全国人口普查领导小组办公室 福建省统计局编，《福建省人口普查年鉴 -2020》，中国统计出版社，2022 年 9 月。

2. 少数民族人口向沿海发达区域聚集

从地理分布上看，2020 年福建省 89.95% 的少数民族人口分布在宁德、福州、莆田、泉州、厦门、漳州等沿海地区，比 2010 年的占比提高 3.71 个百分点，集中度进一步提高。厦门市 2020 年少数民族人口较 2010 年增长了 1.42 倍，占全省少数民族人口的比重提高了 7.45 个百分点，福州市 2020 年少数民族人口较 2010 年增长了 72.12%，占全省少数民族人口的比重提高了 2.64 个百分点，少数民族人口向福、厦两个经济发达区域集中的趋势显著。

3. 近五成外来少数民族聚居在城市

2020 年福建分布在城市的少数民族人口有 469790 人，占少数民族总人口的 41.89%；分布在镇的有 273820 人，占 24.42%；分布在乡村的有 377860 人，占 33.69%。与总体分布不同的是，外来少数民族有 295892 人聚集在城市，占外来少数民族人口的 49.76%，而世居少数民族 33.01% 居住在城市，44.53% 仍分布在乡村。

4. 畲族、苗族、土家族和回族分布集中度较高

福建畲族、苗族、土家族和回族人口规模均超过 10 万人。其中福州、漳州、宁德三个设区市的畲族人口最多，占全省畲族人口比重的 67.64%；厦门、莆田、泉州三个设区市的回族人口最多，占全省回族人口比重的 78.33%；苗族、土家族人口主要分布在福州、厦门和泉州，三地的苗族人口占全省苗族人口的比重为 74.13%，土家族比重为 83.26%（见表 8-5）。

表 8-5　2020 年福建省世居与外来少数民族人口地区分布

单位：%

地区	少数民族	世居民族	畲族	回族	外来民族	苗族	土家族
合计	100.00	100.00	100.00	100.00	100.00	100.00	100.00
福州市	14.50	13.15	13.76	10.28	15.69	16.77	9.37
厦门市	17.80	9.70	6.94	13.20	24.97	22.66	28.07
莆田市	4.97	3.76	0.67	12.89	6.04	6.01	4.46
三明市	2.71	3.22	3.99	1.14	2.25	2.76	1.42
泉州市	27.63	18.99	7.08	52.24	35.28	34.70	45.82
漳州市	9.07	9.59	12.52	1.64	8.61	9.47	7.00
南平市	3.31	4.36	5.63	1.01	2.38	3.08	0.90
龙岩市	4.03	5.94	8.06	0.47	2.34	2.58	1.48
宁德市	15.99	31.29	41.36	7.14	2.43	1.96	1.48

资料来源：福建省第七次全国人口普查领导小组办公室 福建省统计局编，《福建省人口普查年鉴-2020》，中国统计出版社，2022 年 9 月。

二、少数民族人口的自然构成和受教育情况

（一）少数民族人口性别构成

人口普查数据显示，2020 年福建少数民族男性人口 624311 人，比 2010 年增加了 187476 人，增长 42.92%，占少数民族人口的 55.67%，比 2010 年提高了 0.85 个百分点；女性人口 497159 人，比 2010 年增加了 137139 人，增长 38.09%，占少数民族人口的 44.33%。

男女性别比持续升高，且显著高于全国和汉族。2020 年福建少数民族男女性别比为 125.58，比 2010 年提高 4.24 个百分点，比 2000 年提高 7.06 个百分点，比汉族高 19.10 个百分点，比全国少数民族高 21.06 个百分点。在 31 个省（区、市）中，仅次于广东省 135.80 的少数民族男女性别比，居全国第二位。

图 8-3 2020 年福建汉族与少数民族分年龄段性别比

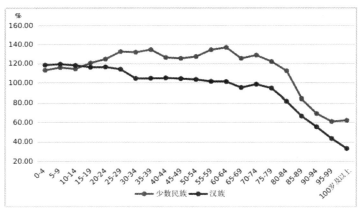

年龄性别比波动大于汉族。汉族人口性别比整体上随着年龄的增长逐渐走低，但少数民族则有多个波动，0—14 岁各年龄组的少数民族人口性别比在 110 至 120 之间，15—79 岁区间的性别比升高至 120—140 之间，在 60—64 岁达到峰值 136.64，80 岁后性别比显著下降。14 岁以下少数民族人口性别比低于汉族，15 岁后超过汉族，且两者的差距逐渐显著，在 60—64 岁区间性别比差距达到 35.63，进入老年人阶

段后差距逐渐缩小（见图 8-3）。

少数民族间人口性别比存在较大差异。2020 年人口规模超过 1 万人以上的 10 个少数民族中，土家族的性别比最高，达 142.20，壮族的性别比最低，为 102.60，土家族比壮族高 39.60 个百分点。与 2010 年相比，满族性别比提高了 10.69 个百分点，土家族提高了 10.22 个百分点，而瑶族降低了 10.96 个百分点，均高出全省和少数民族总体的变化幅度，而壮族、畲族的性别比变动幅度仅分别提高 0.02 个和 0.11 个百分点（见表 8-6）。

表 8-6　2010-2020 年福建省万人以上民族人口性别比

女 =100

民族	2020 年	2010 年	两次普查变化	民族	2020 年	2010 年	两次普查变化
全省	106.94	105.96	0.98	彝族	128.62	129.19	-0.57
汉族	106.47	105.65	0.82	壮族	102.60	102.58	0.02
少数民族	125.58	121.34	4.24	布依族	128.22	121.03	7.18
畲族	116.47	116.36	0.11	侗族	138.17	140.23	-2.06
苗族	134.48	131.67	2.81	满族	114.19	103.50	10.69
土家族	142.20	131.98	10.22	瑶族	115.25	126.22	-10.96
回族	137.56	130.50	7.06	其他民族	119.53	108.82	10.71

资料来源：福建省第七次全国人口普查领导小组办公室 福建省统计局编，《福建省人口普查年鉴 -2020》，中国统计出版社，2022 年 9 月。

（二）少数民族人口年龄构成

从年龄分布看，福建 2020 年 30—34 岁的少数民族人口最多，有 124264 人，占少数民族人口比重为 11.08%，20—24 岁、25—29 岁、35—39 岁、45—49 岁四个年龄段人口也超过 10 万人。与 2010 年相比，100 岁以上的人口增速最高，增长 1.83 倍，其次为 50—54 岁，增长 141.36%，45—49 岁和 65—69 岁分别增长 99.07% 和 95.47%。

图 8-4　2020 年福建少数民族人口金字塔

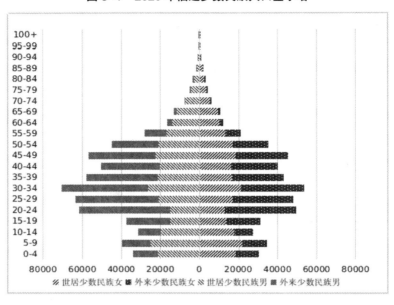

福建人口年龄结构已转变为老年型，人口老龄化水平和速度不断攀升，少数民族人口的年龄结构也正逐渐向老龄化靠拢。少数民族 14 岁以下人口占少数民族总人口的比重，即少儿系数从 2010 年的 16.79% 上升为 17.63%，增长了 0.84 个百分点；65 岁及以上的老年人口占比，即老年系数从 2010 年的 4.91% 上升为 5.01%，增长了 0.1 个百分点，与联合国制定的人口老龄化标准（65 岁及以上人口占比超过 7%）还有 1.99% 的差距，老少比则下降了 0.84%。2020 年少数民族的年龄中位数为 32.89 岁，比 2010 年增加了 2.36 岁。少数民族人口金字塔呈现出紧缩型形态，但世居少数民族人口金字塔比较接近静止型，这是由于福建吸引了大批外来务工人员，来闽的少数民族人口多为 15—64 岁的劳动年龄人口（见表 8-7）。

与汉族人口的年龄结构相比，少数民族的人口年龄结构仍较为年轻。少数民族人口的年龄中位数比全省低 4.86 岁，比汉族人口低 5.03 岁；老年系数比全省低 6.09 个百分点，比汉族低 6.26 个百分点；老少比仍未超过 30%，比全省低 29.03 个百分点，比汉族低 29.77 个百分点。与

表 8-7　2010-2020 年福建少数民族人口的年龄结构

单位：%

分组	2020 年			2010 年		
	全省	汉族	少数民族	全省	汉族	少数民族
0—14 岁（少儿系数）	19.32	19.37	17.63	15.47	15.44	16.79
15—64 岁	69.58	69.37	77.37	76.64	76.61	78.30
65 岁及以上（老年系数）	11.10	11.27	5.01	7.89	7.96	4.91
老少比	57.44	58.18	28.41	51.04	51.56	29.26
年龄中位数（岁）	37.75	37.92	32.89	34.44	34.54	30.53

　　备注：年龄中位数，是将全体人口按年龄大小排列，位于中点的那个人的年龄，年龄在这个人以上的人数和以下的人数相等。国际上通常用年龄中位数指标作为划分人口年龄构成类型的标准。年龄中位数在 20 岁以下为年轻型人口，在 20—30 岁之间为成年型人口，在 30 岁以上为老年型人口。

　　资料来源：福建省第七次全国人口普查领导小组办公室 福建省统计局编，《福建省人口普查年鉴 -2020》，中国统计出版社，2022 年 9 月。

2010 年少儿系数高于全省水平不同，2020 年少数民族人口的少儿系数比全省低 1.69 个百分点，比汉族低 1.74 个百分点，这是由于国家实施的二孩、三孩生育政策有力地增强了汉族人口生育意愿，而福建少数民族一直享受生育优惠政策，国家生育政策的改变对少数民族人口的生育意愿影响不大。

（三）少数民族人口的受教育情况

　　2020 年福建少数民族人口中，拥有大学（指大专及以上）文化程度的人口为 105774 人；拥有高中（含中专）文化程度的人口为 120732 人；拥有初中文化程度的人口为 446313 人；拥有小学文化程度的人口为 334235 人（以上各种受教育程度的人包括各类学校的毕业生、肄业生和在校生）。与 2010 年第六次全国人口普查相比，每 10 万人中拥有大学文化程度的由 5359 人上升为 9432 人；拥有高中文化程度的由 9729 人上升为 10766 人；拥有初中文化程度的由 41113 人下降为

39797 人；拥有小学文化程度的由 33077 人下降为 29803 人。

少数民族人口受教育广度反超汉族人口，但总体受教育程度仍低于汉族人口。2020 年，福建少数民族每 10 万拥有小学及小学以上文化程度的人口为 89798 人，比汉族人口多 1222 人，而 2010 年少数民族则比汉族人口少 660 人。少数民族人口的文化素质水平不断提高，拥有高中文化程度的人口比 2010 年增长了 55.73%，大学文化程度的人口增长 1.48 倍，但每 10 万人拥有大学文化程度的人口比汉族人口少了 4847 人，2010 年比汉族人口少了 3068 人，高等学历教育水平的差距并未缩小。15 岁及以上的少数民族人口平均受教育年限为 9.11 年，汉族人口为 9.68 年，少数民族比汉族人口少 0.57 年。

图 8-5　2020 年福建少数民族每 10 万人受教育情况

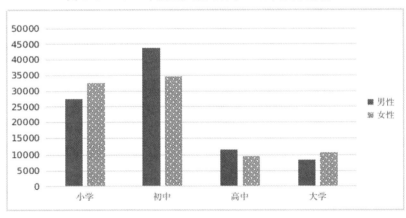

男性总体受教育机会高于女性，但接受高等学历教育的比重不如女性。2020 年 15 岁及以上的少数民族男性的平均受教育年限为 9.26 年，女性 8.91 年，女性比男性短 0.36 年。少数民族男性每 10 万人拥有小学及以上文化程度的人口为 91463 人，女性为 87707 人，其中，男性每 10 万人拥有初中文化程度的人口比女性多 9283 人，拥有高中文化程度的人口多 1948 人，女性每 10 万人拥有小学文化程度的人口比男性多 5113 人，拥有大学文化程度的人口多 2362 人。从性别比上看，少数民族拥有小学文化程度人口的性别比是 105.91，初中文化程度是

159.24，高中文化程度是 150.84，而大学文化程度的性别比为 97.97，女性在大学本科和硕士研究生学历上的人口数量超过男性。

在各少数民族中，福建满族 15 岁及以上人口的平均受教育年限最高，为 12.48 年，其次为回族，为 9.96 年，壮族、瑶族次之，分别为 9.79 年、9.62 年，畲族和苗族垫底，为 8.70 年和 8.63 年。义务教育普及情况最好的是苗族，每 10 万人拥有小学及初中文化程度的人口为 79380 人，其次为布依族和彝族，拥有 78154 人和 77973 人。高等教育方面，满族每 10 万人拥有大学文化程度的人口最多，为 38649 人，其次为回族和壮族，拥有 15723 人和 12587 人（见表 8-8）。

表 8-8　2020 年福建分民族文化程度情况

| 民族 | 每 10 万人拥有各类文化水平人口（人） | | | | 15 岁及以上人口平均受教育年限（年） |
	小学	初中	高中	大学	
汉族	27981	32007	14308	14148	9.68
少数民族	29803	39797	10766	9432	9.11
畲族	37563	28095	10275	9465	8.70
苗族	28737	50643	8507	4276	8.63
土家族	26262	50286	11336	5366	8.99
回族	27498	30186	14150	15723	9.96
彝族	26136	51838	10449	5596	8.89
壮族	21411	48827	11308	12587	9.79
布依族	27491	50664	8022	6414	8.88
侗族	24160	50629	10291	7837	9.23
满族	14401	23571	13189	38649	12.48
瑶族	24485	44917	12122	11631	9.62

资料来源：福建省第七次全国人口普查领导小组办公室 福建省统计局编，《福建省人口普查年鉴 -2020》，中国统计出版社，2022 年 9 月。

三、少数民族人口的就业情况

（一）少数民族人口的行业分布

普查数据显示，2020年福建就业人口中少数民族占3.03%，其中男性占少数民族就业人口的比重为60.78%，女性占比为39.22%，少数民族就业女性的比重较全国低3.96个百分点，较福建汉族女性低1.80个百分点。

第二产业吸纳了近六成少数民族就业人口。产业分布上，2020年福建有11.77%的少数民族就业人口分布在第一产业，比2010年降低14.33个百分点；57.20%分布在第二产业，比2010年提高5.3个百分点；31.03%分布在第三产业，比2010年提高9.03个百分点。与全省和汉族人口相比，少数民族第一产业就业人员比重略低，第二产业则高出全省21.92个百分点，高出汉族22.60个百分点，第三产业则比全省低19.69个百分点，比汉族低20.31个百分点，全省分布在第三产业的就业人口占比超过了五成。与全国少数民族相比，福建少数民族第一产业就业人口比重低于全国23.41个百分点，第二产业高于全国32.25个百分点，第三产业低于全国8.84个百分点。

分行业数据看，44.28%的少数民族就业人口集中分布在制造业，其次为建筑业12.02%，农、林、牧、渔业11.77%，批发和零售业9.58%，四个行业的就业人口占比之和高出全国12.01个百分点，福建少数民族就业人口行业分布集中，且多分布在进入门槛低、技能要求不高的劳动密集型行业。分性别看，制造业、批发零售业、住宿和餐饮业、居民服务修理和其他服务业、教育等9个行业女性就业人口分布比例高于男性，而房地产业、租赁和商务服务业、水利环境和公共设施管理业男女比例相当（见表8-9）。

（二）少数民族人口的职业构成情况

与行业分布相适应的，2020年福建少数民族就业人口半数以上为生产制造及有关人员，高出全省23.48个百分点，高出汉族24.22个百分点；社会生产服务和生活服务人员是少数民族的第二大职业，从事

表 8-9　2020 年福建少数民族就业人口行业构成

单位：%

行　　业	全省	汉族	少数民族	男	女
合计	100.00	100.00	100.00	100.00	100.00
农、林、牧、渔业	14.00	14.07	11.77	11.53	12.16
采矿业	0.28	0.27	0.49	0.74	0.10
制造业	23.72	23.07	44.28	42.34	47.29
电力、热力、燃气及水生产和供应业	0.83	0.84	0.41	0.50	0.26
建筑业	10.46	10.41	12.02	16.55	4.99
批发和零售业	17.03	17.27	9.58	8.26	11.63
交通运输、仓储和邮政业	4.75	4.79	3.46	4.93	1.18
住宿和餐饮业	5.55	5.58	4.51	3.89	5.48
信息传输、软件和信息技术服务业	1.93	1.96	1.05	1.13	0.92
金融业	1.47	1.50	0.47	0.36	0.65
房地产业	1.82	1.83	1.31	1.35	1.25
租赁和商务服务业	2.17	2.19	1.29	1.30	1.27
科学研究和技术服务业	1.08	1.09	0.64	0.72	0.51
水利、环境和公共设施管理业	0.70	0.71	0.50	0.50	0.51
居民服务、修理和其他服务业	3.82	3.84	3.00	2.05	4.47
教育	4.20	4.27	2.00	1.10	3.40
卫生和社会工作	1.79	1.82	0.78	0.48	1.24
文化、体育和娱乐业	0.89	0.89	0.87	0.61	1.29
公共管理、社会保障和社会组织	3.53	3.59	1.57	1.67	1.40

资料来源：福建省第七次全国人口普查领导小组办公室 福建省统计局编，《福建省人口普查年鉴 -2020》，中国统计出版社，2022 年 9 月。

人员占比 25.39%，较全省低 12.34 个百分点，比汉族低 12.73 个百分点；党的机关、国家机关、群众团体和社会组织、企事业单位负责人，专业技术人员，办事人员和有关人员这 3 种职业，少数民族的占比仅约为汉族的一半（见表 8-10）。

表 8-10　2020 年福建少数民族就业人口职业构成

单位：%

职　　业	全省	汉族	少数民族	畲族	回族	苗族	土家族
党的机关、国家机关、群众团体和社会组织、企事业单位负责人	1.75	1.78	0.92	1.17	3.13	0.28	0.48
专业技术人员	10.30	10.45	5.51	7.54	10.89	2.24	3.18
办事人员和有关人员	7.36	7.47	3.76	5.18	8.41	1.50	2.13
社会生产服务和生活服务人员	37.73	38.12	25.39	30.68	38.78	17.30	23.72
农、林、牧、渔业生产及辅助人员	13.83	13.90	11.85	30.38	5.30	5.69	1.97
生产制造及有关人员	28.92	28.18	52.40	24.96	33.16	72.86	68.26
不便分类的其他从业人员	0.11	0.11	0.17	0.09	0.34	0.12	0.25

资料来源：福建省第七次全国人口普查领导小组办公室 福建省统计局编，《福建省人口普查年鉴-2020》，中国统计出版社，2022 年 9 月。

2020 年人口规模超过 1 万人以上的 10 个少数民族中，回族人口成为党的机关、国家机关、群众团体和社会组织、企事业单位负责人的比重最高，为 3.13%，是汉族从事该职业人口比重的 1.76 倍，专业技术人员、办事人员和有关人员的比重也高于全省和汉族；畲族有 30.38% 的就业人口成为农、林、牧、渔业生产及辅助人员，占比居省内各民族之首，高出第二位的汉族 16.49 个百分点，其余畲族人口的职业多集中在社会生产服务和生活服务人员、生产制造及有关人员；以苗族、土家族为代表的外来少数民族，其职业分布显著集中在生产制造及有关人员、社会生产服务和生活服务人员上，福建较为发达的纺织鞋服制造业、批发零售业等劳动力密集行业吸纳了大量外来少数民族劳动人口。

（三）少数民族人口的生活来源构成

15 岁及以上的少数民族人口的生活来源以劳动收入和家庭其他成

员供养为主，这与全国少数民族和福建汉族人口的来源情况一致，但在各类生活来源的占比上仍有一些不同。福建少数民族人口 75.75% 以劳动收入作为生活来源，比全国少数民族高 15.21 个百分点，比福建汉族人口高 12.41 个百分点；19.69% 依靠家庭其他成员供养，比全国少数民族低 4.93 个百分点，比汉族低 6.63 个百分点；而依靠离退休金、养老金的占比为 1.73%，依靠最低生活保障金和失业保险金的占比仅为 0.61%，均低于全国少数民族和福建汉族人口（见表 8-11）。生活来源构成反映了少数民族人口在闽就业机遇较为充分，社会保障体系相对完善。

表 8-11　2020 年 15 岁及以上的福建少数民族人口生活来源构成

单位：%

生活来源	全省	汉族	少数民族	畲族	回族	苗族	土家族
劳动收入	63.66	63.34	75.75	65.72	63.56	87.84	86.02
离退休金 / 养老金	6.23	6.34	1.73	2.58	4.71	0.22	0.25
最低生活保障金	0.83	0.84	0.60	1.44	0.81	0.04	0.04
失业保险金	0.03	0.03	0.01	0.00	0.02	0.02	0.02
财产性收入	0.66	0.67	0.37	0.31	1.67	0.07	0.13
家庭其他成员供养	26.15	26.32	19.69	27.63	26.77	10.49	12.14
其他	2.45	2.47	1.85	2.32	2.46	1.33	1.41

资料来源：福建省第七次全国人口普查领导小组办公室 福建省统计局编，《福建省人口普查年鉴 -2020》，中国统计出版社，2022 年 9 月。

从性别上看，少数民族男女生活来源的差异主要体现在女性更多地接受家庭其他成员供养，而男性更多地依靠劳动收入。2020 年福建少数民族人口中生活来源以劳动收入为主的男性占比为 83.93%，女性为 65.75%，而以家庭其他成员供养为主的男性占比为 11.54%，女性为 29.65%，这一差异在世居民族中更为显著，畲族有 40.45% 的女性依靠家庭其他成员供养，回族有 38.21%。

图8-6　2020年15岁及以上福建少数民族男女生活来源构成差异

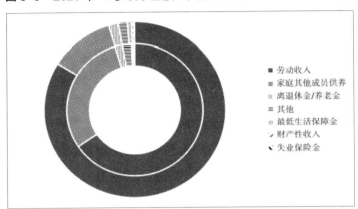

- ■ 劳动收入
- ▨ 家庭其他成员供养
- ▥ 离退休金/养老金
- ▤ 其他
- ▨ 最低生活保障金
- ◿ 财产性收入
- ◣ 失业保险金

四、少数民族的婚姻家庭情况

（一）少数民族人口的婚姻情况

2020年，福建15岁以上少数民族人口中，未婚人口占26.41%，与汉族同年龄段未婚人口所占比重18.37%相比，少数民族未婚率高8.04个百分点，其中男性未婚率30.96%，比汉族高9.02个百分点，女性未婚率20.85%，比汉族高6.18个百分点。与2010年相比，少数民族未婚人口占比下降0.89个百分点，其中未婚男性的占比提高0.16个百分点，女性下降2.35个百分点。

15岁以上少数民族人口中有配偶的占68.66%，比汉族人口低5.21个百分点，与全国少数民族同年龄段有配偶的人口所占比重相当，其中，男性有配偶的占比为65.46%，比汉族低7.91个百分点，女性有配偶的占比为72.59%，比汉族低1.83个百分点。与2010年相比，少数民族人口有配偶的占比提高了0.76个百分点，其中，男性下降0.24个百分点，女性提高1.89个百分点，少数民族适婚男女的结婚率差距进一步拉大（见表8-12）。

15岁以上少数民族人口中离婚人口占1.95%，比汉族人口低0.29个百分点，比全国少数民族人口的离婚率低0.64个百分点，其中，男

表 8–12　2020 年 15 岁及以上福建汉族与少数民族婚姻状况

单位：%

婚姻状况	性别	全省	汉族	少数民族
未婚	小计	18.57	18.37	26.41
	男	22.19	21.94	30.96
	女	14.82	14.67	20.85
有配偶	小计	73.75	73.88	68.66
	男	73.14	73.36	65.46
	女	74.37	74.41	72.59
离婚	小计	2.23	2.24	1.95
	男	2.34	2.35	2.09
	女	2.12	2.12	1.79
丧偶	小计	5.45	5.52	2.97
	男	2.32	2.35	1.50
	女	8.70	8.79	4.78

资料来源：福建省第七次全国人口普查领导小组办公室 福建省统计局编，《福建省人口普查年鉴 –2020》，中国统计出版社，2022 年 9 月。

性离婚率为 2.09%，比汉族低 0.26 个百分点，女性离婚率为 1.79%，比汉族低 0.34 个百分点。与 2010 年相比，少数民族人口离婚率提高了 1.05 个百分点，汉族人口离婚率提高了 1.14 个百分点，受民族习俗和家庭观念的影响，少数民族的离婚率低于全省和汉族人口，但随着少数民族聚居区域社会经济的发展及少数民族人口与汉族的融合，少数民族的离婚率涨幅正逐渐与汉族人口追平。

15 岁以上少数民族人口中丧偶人口占 2.97%，比汉族人口低 2.54 个百分点，比全国少数民族低 4.03 个百分点，其中，男性丧偶率 1.50%，比汉族低 0.85 个百分点，女性丧偶率 4.78%，比汉族低 4.01 个百分点。与 2010 年相比，少数民族人口丧偶率下降 0.83 个百分点，其中男性下降 1.0 个百分点，女性下降 0.62 个百分点。

（二）少数民族人口的生育情况

2020 年福建少数民族有 15—49 岁的育龄女性 310920 人，比 2010

年增加了 62494 人，增长 25.16%。15—64 岁的女性 379341 人，比 2010 年增加了 97493 人，增长 34.59%。

福建少数民族 15—64 岁的妇女中，平均每一妇女活产子女数 1.46 个，平均每一妇女存活子女数 1.43 个，存活子女数占活产子女数的 97.91%。活产子女与存活子女的性别比差异不大，少数民族活产子女性别比为 119.58，存活子女性别比为 119.13，汉族活产子女性别比略高，为 120.42，存活子女性别比为 119.81。

2020 年人口规模超过 1 万人以上的 10 个少数民族中，苗族和畲族的妇女平均活产子女数最高，为 1.60 个，其次为土家族、布依族和侗族，分别为 1.53 个、1.46 个和 1.36 个，满族妇女的平均活产子女数最少，为 0.77 个。妇女平均存活子女数量的排序亦然。

第九章　人口迁移流动

　　人口迁移流动是人口迁移和人口流动的简称，人口流动的概念通常在使用上要比人口迁移更加广泛。人口迁移是指人们从一个地点向另一个地点的迁徙行为，具有明确的目的与动因，具有长久性倾向的、超越给定地域范围的常住地改变；人口流动则是以临时性工作、学习、生活、旅游、休假、经商或其他经济、社会活动为目的的暂时居住地的变动。人口流动与迁移有一定联系，一部分人的暂时性流动往往是长久性迁移的前奏。人口普查时的流动人口是指普查时点居住地与户口登记地不一致且离开户口登记地所在乡（镇、街道）半年以上人口，即人户分离人口，其中既包括居住地与户口同时发生变动的人口，即理论上的迁移人口，也包括居住地发生变动而户口未变动的人口，即理论上的流动人口。鉴于实际工作中人们常常忽略两者之间的差别，故本文把两者统称为人口迁移流动，并把这两部分人户分离人口合称为迁移流动人口。

　　人口迁移流动是改革开放以来中国经济社会发展变迁和城市化进程中的一个重要现象。福建是改革开放以来中国迁移流动人口的主要流入地之一。人口普查资料显示，2020年，福建迁移流动人口的规模仍在不断扩大，人户分离现象更加普遍，人口流动更加活跃。如此庞大规模的迁移流动人口给福建社会经济建设和发展带来巨大影响。本章拟从人口区域分布情况及演化特征、人口迁移流动规模、流向、构成特征、流动原因及影响作用等方面进行较为深入的挖掘和分析，以期对人口发展和人口战略安全、制定福建人口及相关政策提供有益的决策参考。

一、人口的地区分布

人口分布是指一定时间内的人口地理分布状况，是人口与自然、经济、社会和政治等多种因素综合作用的结果。福建人口分布具有一定的区域性。

（一）人口分布呈东多西少特征

人口普查数据显示，2020 年，全省 9 个设区市中，人口超过800 万人的设区市有泉州和福州（含平潭，下同），常住人口分别为878.23 万人和 829.13 万人；人口在 500 万人至 600 万人之间的设区市有厦门和漳州，常住人口分别为 516.40 万人和 505.43 万人；人口在 300 万人至 400 万人之间的设区市有莆田和宁德，常住人口分别为321.07 万人和 314.68 万人；人口少于 300 万人的设区市有龙岩、南平和三明，常住人口分别为 272.36 万人、268.06 万人和 248.65 万人。其中，人口居前三位的福州、泉州、厦门 3 个设区市合计人口占全省人口比重为 53.53%。与 2010 年相比，9 个设区市中，有 8 个设区市人口增加。人口增加较多的 3 个设区市依次为厦门、福州、泉州，常住人口分别增加 163.26 万人、117.59 万人、65.38 万人。2020 年，福建中部和北部的福州、莆田、宁德三个设区市常住人口合计 1464.88 万人，占全省总人口的 35.26%；福建南部的厦门、漳州、泉州三个设区市人口合计1900.06 万人，占 45.74%；福建西部山区的南平、三明、龙岩三个设区市人口合计 789.07 万人，占 19.00%（见表 9-1）。与 2010 年相比，福州、莆田、宁德和厦门、漳州、泉州两大区域的人口分别增长 15.20%和 15.36%；南平、三明、龙岩区域的人口增长 2.36%。福州、莆田、宁德与厦门、漳州、泉州六个设区市位于福建东部，具有沿海、近台、靠江的区位优势，这两部分地区是连接长三角、珠三角的重要地段，经济较为发达，而南平、三明、龙岩三个设区市位于福建西部，多为山地丘陵地带，由于自然环境、历史原因、产业层次等原因，整体对劳动力的吸引力有限，人口聚集水平偏低。

表 9-1　各设区常住人口及占比

地区	常住人口（万人）		占全省常住人口比重（%）	
	2020 年	2010 年	2010 年	2010 年
全　省	4154.01	3689.42	100.00	100.00
福　州	829.13	711.54	19.96	19.29
厦　门	516.40	35.78	12.43	9.57
莆　田	321.07	353.13	7.73	7.53
三　明	248.65	277.85	5.99	6.78
泉　州	878.23	250.34	21.14	22.03
漳　州	505.43	812.85	12.17	13.04
南　平	268.06	481.00	6.45	7.17
龙　岩	272.36	264.55	6.56	6.94
宁　德	314.68	255.95	7.57	7.65

资料来源：1. 福建省第七次全国人口普查领导小组办公室 福建省统计局编，《福建省人口普查年鉴 -2020》，中国统计出版社，2022 年 9 月；2. 福建省第六次人口普查办公室编，《福建省 2010 年人口普查资料》，中国统计出版社，2013 年 1 月。

（二）人口发展呈集中化特点

2020 年，福建有 84 个县（市、区）（不含金门县），常住人口数量居全省前三位的是晋江市、南安市和福清市，常住人口分别为206.16 万人、151.75 万人和 139.05 万人，后三位的是泰宁县、明溪县和柘荣县，常住人口分别为 10.41 万人、9.89 万人和 9.30 万人，晋江市的常住人口总量是柘荣县的 22.17 倍。2020 年，常住人口在 50 万人以上的县（市、区）有 31 个，其常住人口占全省总人口的比重达64.83%，比 2010 年相比，县（市、区）数量增加 6 个，常住人口所占比重提高 9.84 个百分点（见表 9-2）。

表 9-2　人口按县级区划发展聚集情况

人口规模	2020 年		2010 年	
	县（市、区）数量（个）	占全省人口比重（%）	县（市、区）数量（个）	占全省人口比重（%）
合计	84	100.00	84	100.00
＞100 万人	9	27.19	3	12.58
50 万人—100 万人	21	37.64	22	42.41
20 万人—50 万人	38	30.16	41	37.84
＜20 万人	16	5.01	18	7.17

资料来源：1. 福建省第七次全国人口普查领导小组办公室 福建省统计局编，《福建省人口普查年鉴 –2020》，中国统计出版社，2022 年 9 月；2. 福建省第六次人口普查办公室编，《福建省 2010 年人口普查资料》，中国统计出版社，2013 年 1 月。

福建人口发展有以下两个特点：一是强者恒强。人口数量较多的县（市、区）保持着快速增长。2020 年，常住人口在 100 万人以上的 9 个县（市、区）总人口合计达 1129.40 万人，比 2010 年增加 152.77 万人，增长 15.64%，其增长速度比全省平均增长速度快 3.05 个百分点。二是沿海聚集。常住人口在 100 万人以上的县（市、区）全部集中在东部沿海，其中，福州市有 2 个（福清市、仓山区），厦门市有 3 个（思明区、集美区、湖里区），泉州市有 4 个（晋江市、南安市、惠安县、安溪县）。

二、人口迁移、流动的现状及原因

（一）迁移流动规模与方向

1. 跨乡（镇、街道）迁移流动人口数量

福建跨乡（镇、街道）迁移流动人口的规模相当庞大，在全国省

（区、市）中名列前茅。人口普查数据显示，2020年，全省跨乡（镇、街道）迁移流动人口总数达1646.46万人，占全省常住人口的比重为39.64%，即全省平均每10个人中就有近4个人为跨乡（镇、街道）迁移流动人口，这一比例位居31个省（区、市）第10位，与2010年相比，全省跨乡（镇、街道）迁移流动人口增加539.01万人，增长48.67%，其中常住户籍人口的人户分离人数增加481.38万人，增长71.20%，占全省常住户籍人口的比重由2010年的18.33%提高到2020年的27.86%。

21世纪以来，福建跨乡（镇、街道）迁移流动人口规模占本地常住人口的比重明显提高，但增长速度则经历了由快到慢的变化。2000—2010年、2010—2020年，全省跨乡（镇、街道）迁移流动人口年均增长速度分别为6.48%和4.05%，而同期常住人口年均增长速度分别为0.79%和1.19%，相应地，前后十年间，跨乡（镇、街道）迁移流动人口占常住人口的比重分别提高了12.99个百分点和9.62个百分点（见表9-3）。

表9-3 跨乡（镇、街道）迁移流动人口规模变化情况

年份	跨乡（镇、街道）迁移流动人口数量（万人）	占常住人口比重（%）	省内跨乡（镇、街道）迁移流动人口（包括市辖区人户分离人口）		省外流入人口	
			数量（万人）	占迁移人口数量的比重（%）	数量（万人）	占迁移人口数量的比重（%）
2000	591.12	17.03	376.60	63.71	214.53	36.29
2010	1107.45	30.02	676.09	61.05	431.36	38.95
2020	1646.46	39.64	1157.47	70.30	488.99	29.70

资料来源：1.福建省第七次全国人口普查领导小组办公室 福建省统计局编，《福建省人口普查年鉴–2020》，中国统计出版社，2022年9月；2.福建省第六次人口普查办公室编，《福建省2010年人口普查资料》，中国统计出版社，2013年1月。

从设区市看，2020 年，跨乡（镇、街道）迁移流动人口排名前三的是福州、泉州和厦门，迁移流动人口规模均超过 300 万人，三者合计占全省跨乡（镇、街道）迁移流动人口总数的 64.36%。特别是福州的人口流入规模增势迅猛，2020 年比 2010 年增加 126.05 万人（见表 9-4），超越泉州成为跨乡（镇、街道）流入人口最多的设区市，厦门则以跨乡（镇、街道）流入人口占本地常住人口 65.23% 的比例遥遥领先于其他设区市，泉州跨乡（镇、街道）迁移流入人口增速减缓，但规模仍占全省的 21.82%。漳州、宁德和莆田 3 个设区市跨乡（镇、街道）迁移流入人口规模及其占本地常住人口的比重增长迅速，与福厦泉差距缩小。内陆的南平、三明、龙岩跨乡（镇、街道）流动人口规模均在 100 万以下，三者合计迁移流动人口占全省比重仅为 16.06%。

表 9-4　分设区市跨乡（镇、街道）迁移流入人口规模变化情况

单位：万人

地区	2020 年	2010 年	增减
合　计	1646.46	1107.45	539.01
福州市	363.54	237.50	126.05
厦门市	336.86	215.12	121.74
莆田市	89.71	52.32	37.39
三明市	85.84	54.97	30.87
泉州市	359.28	291.49	67.79
漳州市	121.77	69.98	51.80
南平市	90.07	60.25	29.82
龙岩市	88.49	63.55	24.94
宁德市	110.88	62.28	48.60

资料来源：1. 福建省第七次全国人口普查领导小组办公室 福建省统计局编，《福建省人口普查年鉴 -2020》，中国统计出版社，2022 年 9 月；2. 福建省第六次人口普查办公室编，《福建省 2010 年人口普查资料》，中国统计出版社，2013 年 1 月。

2. 跨县（市、区）迁移流动人口数量

2020年，全省跨县（市、区）流入人口有1099.41万人，跨县（市、区）流入人口最多的设区市是厦门、泉州和福州，流入人口均超过250万人，分别达302.70万人、270.48万人和260.36万人，占全省跨县（市、区）流入人口的比重分别为27.53%、24.60%和23.68%；2020年，全省跨县（市、区）流出人口有871.82万人，跨县（市、区）流出人口最多的设区市是泉州、福州和莆田，流出人口分别达162.19万人、152.01万人和99.77万人，占全省跨县（市、区）流出人口的比重分别为18.60%、17.44%和11.44%；厦门、福州和泉州跨县（市、区）迁移流动人口为净流入，分别达247.80万人、108.35万人和108.29万人，其他设区市跨县（市、区）迁移流动人口均为净流出（见表9-5）。

表9-5 2020年跨县（市、区）迁移流动人口情况

单位：万人

地区	流入人口	本省跨县（市、区）流入人口	省外流入人口	流出人口	本省跨县（市、区）流出人口	流出省外	净流入人口
福建省	1099.41	610.42	488.99	871.82	610.42	261.40	227.59
福州市	260.36	163.53	96.83	152.01	109.70	42.31	108.35
厦门市	302.70	163.52	139.18	54.90	47.35	7.55	247.80
莆田市	56.40	33.01	23.39	99.77	50.70	49.07	−43.37
三明市	34.99	25.40	9.59	74.83	54.97	19.86	−39.84
泉州市	270.48	115.27	155.21	162.19	111.85	50.34	108.29
漳州市	75.81	44.87	30.94	95.41	76.39	19.02	−19.60
南平市	27.01	18.01	9.00	75.88	47.67	28.21	−48.87
龙岩市	38.79	29.37	9.42	84.40	67.15	17.24	−45.62
宁德市	32.88	17.45	15.43	72.43	44.63	27.80	−39.55

资料来源：福建省第七次全国人口普查基础数据加工。

从流入看：2020 年，跨县（市、区）流入人口超过 50 万人的有晋江市、湖里区、集美区、仓山区，流入人口分别达 100.00 万人、74.82 万人、69.99 万人、58.71 万人，流入人口在 40 万人—50 万人的有同安区、思明区、丰泽区和晋安区，流入人口分别为 47.80 万人、46.07 万人、42.75 万人、42.59 万人，这 8 个县（市、区）均分布在沿海地区，流入人口占全省跨县（市、区）流入人口的比重达 43.91%；跨县（市、区）流入人口少于 1 万人的县（市、区）有清流县、周宁县、柘荣县、松溪县、屏南县、泰宁县、寿宁县和建宁县，均分布在山区地区。

从流出看：2020 年，跨县（市、区）流出人口超过 30 万人的有南安市、秀屿区和仙游县，流出人口分别达 42.02 万人、35.31 万人和 31.30 万人，流出人口在 19 万人—30 万人的有安溪县、思明区、福清市、鼓楼区和永春县，流出人口分别有 29.58 万人、23.02 万人、22.67 万人、19.86 万人和 19.30 万人，这 8 个县（市、区）流出人口占全省跨县（市、区）流出人口的比重达 25.59%；跨县（市、区）流出人口少于 3 万人的县（市、区）有三元区、明溪县、梅列区、马尾区、龙文区、东山县和柘荣县。

从净流入看：2020 年，全省 84 个县（市、区），有 31 个县（市、区）跨县（市、区）流动人口为净流入，53 个县（市、区）跨县（市、区）流动人口为净流出。净流入最多的 10 个县（市、区）分别为晋江市、湖里区、集美区、仓山区、同安区、丰泽区、晋安区、海沧区、石狮市和闽侯县，这 10 个县（市、区）净流入人口达到 467.96 万人。净流出最多的十个县（市、区）分别为诏安县、上杭县、南安市、长汀县、永定区、平和县、永春县、安溪县、仙游县和秀屿区，这 10 个县（市、区）净流出人口达到 183.90 万人。

3. 跨设区市迁移流动人口数量

人口流动受公共交通、基础设施发展、城镇化推进等影响更为频繁。从 2010 年到 2020 年十年间，福建总体上人口由内陆向沿海集聚程度加深，福厦泉保持流动人口集聚中心地位，漳莆宁人口集聚程度增强，南三龙人口流动持续减弱。全省跨设区市迁移流动人口从 2010 年的 627.56 万人提高到 2020 年的 821.86 万人，占全省总人口的比重由

2010 年的 16.99% 提高到 2020 年的 19.78%，也就是说，2020 年，有近 1/5 的人口从自己户口所在地到其他设区市去学习、工作或生活。其中，省内户籍跨地市的人户分离人口从 2010 年的 196.20 万人增加到 2020 年的 332.87 万人，增加 136.67 万人，增长 69.66%。

2020 年，跨设区市流入人口最多的是厦门、泉州和福州，分别达 271.50 万人、207.43 万人和 178.57 万人，占全省跨设区市流入人口比重分别为 33.03%、25.24% 和 21.73%。与 2010 年相比，流入人口分别增加 86.97 万人、6.14 万人和 55.50 万人，厦门和福州所占比重分别提高 3.63 和 2.12 个百分点，泉州所占比重减少 6.84 个百分点。跨设区市流入人口相对较少的设区市分别为宁德、三明、南平和龙岩，2020 年分别流入 23.09 万人、21.41 万人、19.05 万人和 17.57 万人，与 2010 年相比，流入人口分别增加 13.76 万人、0.16 万人、1.96 万人和 0.59 万人，宁德所占比重提高 1.32 个百分点，其他三个设区市所占比重均有所减少，比 2010 年分别减少 0.78 个、0.41 个和 0.57 个百分点（见表 9–6）。

表 9–6　跨设区市迁移流动人口规模变化情况

设区市	跨设区市流动人口（万人）		所占比重（%）		2020 年与 2010 年相比	
	2020	2010	2020	2010	人口增减（万人）	占比增减（百分点）
全省	821.86	627.56	100.00	100.00	194.30	0.00
福州市	178.57	123.07	21.73	19.61	55.50	2.12
厦门市	271.50	184.53	33.03	29.40	86.97	3.63
莆田市	33.35	23.54	4.06	3.75	9.81	0.31
三明市	21.41	21.25	2.61	3.39	0.16	−0.78
泉州市	207.43	201.29	25.24	32.08	6.14	−6.84
漳州市	49.89	30.48	6.07	4.86	19.41	1.21
南平市	19.05	17.09	2.32	2.72	1.96	−0.41
龙岩市	17.57	16.98	2.14	2.71	0.59	−0.57
宁德市	23.09	9.33	2.81	1.49	13.76	1.32

资料来源：福建省第七次全国人口普查基础数据加工。

人口普查资料显示，2020年，全省跨设区市流动人口中，只有厦门、福州和泉州人口是净流入的，其他6个设区市人口都是净流出，除漳州净流出接近20万人外，莆田、三明、南平、龙岩和宁德5个设区市净流出人口都在40万人左右（见表9-7）。

表 9-7　2020 年跨设区市迁移流动人口情况

单位：万人

地区	流入人口	省内其他地市流入人口	省外流入人口	流出人口	本市户籍流出到省内其他地市的人口	本市户籍流出到外省人口	净流入人口
全 省	821.86	332.87	488.99	594.27	332.87	261.40	227.59
福州市	178.57	81.74	96.83	70.22	27.91	42.31	108.35
厦门市	271.50	132.32	139.18	23.71	16.16	7.55	247.80
莆田市	33.35	9.96	23.39	76.72	27.65	49.07	−43.37
三明市	21.41	11.81	9.59	61.25	41.39	19.86	−39.85
泉州市	207.43	52.22	155.21	99.14	48.80	50.34	108.29
漳州市	49.89	18.95	30.94	69.50	50.47	19.02	−19.60
南平市	19.05	10.06	9.00	67.93	39.72	28.21	−48.87
龙岩市	17.57	8.15	9.42	63.18	45.94	17.24	−45.61
宁德市	23.09	7.66	15.43	62.63	34.83	27.80	−39.54

资料来源：福建省第七次全国人口普查基础数据加工。

厦门、福州净流入人口分别从2010年的173.94万人和78.32万人增加到2020年的247.80万人和108.35万人，分别增加73.86万人和30.03万人，泉州净流入人口从2010年的142.00万人减少到2020年的108.29万人，减少了33.71万人。莆田等其他设区市人口净流出规模均比2010年有不同程度扩大，其中莆田、三明、南平和龙岩人口净流出规模与2010年比超过一倍（见图9-1）。

图 9-1　各设区市人口净流入（净流出）变化情况

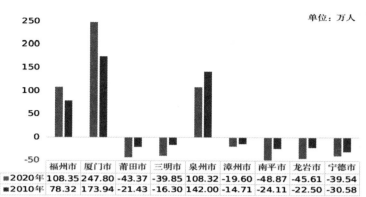

单位：万人

	福州市	厦门市	莆田市	三明市	泉州市	漳州市	南平市	龙岩市	宁德市
■2020年	108.35	247.80	-43.37	-39.85	108.32	-19.60	-48.87	-45.61	-39.54
■2010年	78.32	173.94	-21.43	-16.30	142.00	-14.71	-24.11	-22.50	-30.58

　　资料来源：1. 福建省第七次全国人口普查领导小组办公室 福建省统计局编，《福建省人口普查年鉴 -2020》，中国统计出版社，2022 年 9 月；2. 福建省第六次人口普查办公室编，《福建省 2010 年人口普查资料》，中国统计出版社，2013 年 1 月。

4. 跨省迁移流动情况

　　作为东南沿海发达省份，福建一直以来都是全国迁移流动人口的主要流入地之一，每年净流入人口均超过 200 万人。2020 年，省外流入福建人口有 488.99 万人，比 2010 年增加 57.63 万人，增长 13.36%；从福建流到省外的人口有 261.40 万人，省际净流入人口为 227.59 万人（见表 9-7）。其中，流入福建人数排名前五的省市有贵州、四川、江西、河南和重庆，分别流入 82.70 万人、65.71 万人、62.98 万人、50.61 万人和 44.19 万人，占省外流入人口的比重为 16.91%、13.44%、12.88%、10.35% 和 9.04%，这五省市流入福建人口占外省流入福建人口的比重达 62.62%。2020 年，从福建流出到全国各地的人口有 261.40 万人，其中到广东、上海、浙江、江苏和云南人口最多，广东有 64.02 万人，上海有 29.48 万人，浙江有 24.76 万人，江苏有 18.50 万人，云南有 10.33 万人，福建流出到这五省市占全部流出省外人口的比重达 56.27%（见表 9-8）。

　　受经济、社会、地理气候等因素的影响，福建省际间净流入差别较大。普查数据显示，2020 年，从贵州流入福建的人数，是从福建

表 9-8　省际流入流出人口变动分布情况

单位：万人

省份	2020		2010		省际净流入	
	省外户籍流入到福建人口	本省户籍流出到省外人口	省外户籍流入到福建人口	本省户籍流出到省外人口	2020	2010
总计	488.99	261.40	431.36	166.73	227.59	264.63
北京	0.69	8.61	0.39	9.59	-7.92	-9.20
天津	0.54	5.73	0.34	2.95	-5.19	-2.61
河北	4.16	6.15	1.68	2.00	-1.99	-0.32
山西	3.04	3.40	1.04	2.16	-0.36	-1.12
内蒙古	1.28	1.92	0.54	1.54	-0.64	-1.00
辽宁	2.82	3.37	1.26	1.98	-0.55	-0.72
吉林	2.86	1.51	1.21	0.71	1.35	0.50
黑龙江	4.13	1.24	2.01	0.76	2.89	1.25
上海	0.69	29.48	0.49	26.38	-28.79	-25.89
江苏	6.77	18.50	4.12	13.86	-11.73	-9.74
浙江	10.08	24.76	6.91	16.37	-14.68	-9.46
安徽	29.85	5.15	25.03	2.89	24.69	22.14
江西	62.98	8.77	94.87	4.46	54.22	90.41
山东	7.14	7.69	4.29	3.72	-0.55	0.57
河南	50.61	4.35	27.79	2.03	46.26	25.76
湖北	22.00	7.95	34.01	3.73	14.05	30.28
湖南	21.53	6.66	23.46	3.27	14.87	20.19
广东	10.60	64.02	5.13	43.43	-53.43	-38.30
广西	12.36	6.99	7.00	4.39	5.37	2.61
海南	1.32	4.81	0.90	1.88	-3.49	-0.98
重庆	44.19	4.28	40.96	2.12	39.91	38.84
四川	65.71	7.50	82.24	3.39	58.21	78.85
贵州	82.70	6.06	47.20	2.85	76.65	44.35
云南	24.40	10.33	9.82	4.14	14.06	5.68
西藏	0.19	0.25	0.06	0.11	-0.06	-0.05
陕西	8.30	5.59	5.63	2.59	2.71	3.04
甘肃	5.41	1.88	1.81	0.96	3.53	0.85
青海	0.59	0.69	0.25	0.55	-0.10	-0.30
宁夏	0.69	0.68	0.44	0.44	0.02	0.00
新疆	1.34	3.08	0.48	1.49	-1.74	-1.01

　　资料来源：1.福建省第七次全国人口普查领导小组办公室 福建省统计局编，《福建省人口普查年鉴-2020》，中国统计出版社，2022 年 9 月；2.国务院人口普查办公室 国家统计局人口和就业统计司编，《中国 2010 年人口普查资料》，中国统计出版社，2012 年 4 月。

流入贵州的 13.66 倍；从河南流入福建的人数，是从福建流入河南的 11.65 倍；从重庆流入福建的人数，是从福建流入重庆的 10.33 倍；从四川流入福建的人数，是从福建流入四川的 8.77 倍；从江西流入福建的人数，是从福建流入江西的 7.18 倍。与此同时，从福建流到上海的人数，是上海流入福建的 42.51 倍；从福建流到北京的人数，是北京流入福建的 12.40 倍；从福建流到天津的人数，是天津流入福建的 10.59 倍；从福建流到广东的人数，是广东流入福建的 6.04 倍；从福建流到海南的人数，是海南流入福建的 3.65 倍；从福建流到江苏的人数，是江苏流入福建的 2.73 倍；从福建流到浙江的人数，是浙江流入福建的 2.46 倍。由此可见，福建省际流入人口来源总体上来源趋于多元化，省际流入人口主要来自中西部省（区、市），西部取代中部成为首要来源地，贵州、四川、江西与河南是最重要的来源省份，来自西部和中部的省际流入人口占比分别达 50.55% 和 38.86%。福建人口流出地主要还是传统的北上广和经济较发达的江浙一带。

在福建净流入人口中，贵州籍人口从 2010 年的 44.35 万人增加到 2020 年的 76.65 万人，增加 32.30 万人；河南籍人口从 2010 年的 25.76 万人增加到 2020 年的 46.26 万人，增加 20.50 万人；云南籍人口从 2010 年的 5.68 万人增加到 2020 年的 14.06 万人，增加 8.38 万人。与此同时，江西籍人口从 2010 年的 90.41 万人减少到 2020 年的 54.22 万人，减少 36.19 万人；四川籍人口从 2010 年的 78.85 万人减少到 2020 年的 58.21 万人，减少 20.64 万人；湖北籍人口从 2010 年的 30.28 万人减少到 2020 年的 14.05 万人，减少 16.23 万人。此外，在福建净流出人口中，福建净流出到广东的人口从 2010 年的 38.30 万人增加到 2020 年的 53.43 万人，增加 15.13 万人；福建净流出到浙江的人口从 2010 年的 9.46 万人增加到 2020 年的 14.68 万人，增加 5.22 万人；福建净流出到上海的人口从 2010 年的 25.89 万人增加到 2020 年的 28.79 万人，增加 2.90 万人。受此影响，全省净流入人口从 2010 年的 264.63 万人减少到 2020 年的 227.59 万人，减少 37.04 万人。

从设区市看，省外流入人口主要流向泉州、厦门和福州，2020 年，这三个设区市省外流入人口分别有 155.21 万人、139.18 万人和 96.83 万人，占省外流入人口的比重分别达 31.74%、28.46% 和 19.80%，这三个设区市省外流入人口合计占比超过全省八成。从全省 84 个县（市、区）看，省外流入人口超过 10 万人的县（市、区）有 16 个，5 万人—10 万人的县（市、区）有 10 个，1 万人—5 万人的县（市、区）有 26 个，不足 1 万人的县（市、区）有 32 个。其中晋江市一枝独秀，2020 年，省外流入人口 70.25 万人，占 14.37%，其次是厦门市的集美区、同安区、湖里区，省外流入人口均超过 25 万人，分别达 33.15 万人、28.09 万人和 26.16 万人，这三个市辖区省外流入人口占比分别有 6.78%、5.75% 和 5.35%。省外流入人口最少的县（市、区）有松溪县、屏南县、建宁县和泰宁县，省外流入人口分别只有 0.29 万人、0.26 万人、0.23 万人和 0.19 万人。

（二）迁移流动人口构成特征

迁移流动人口的构成特征及其发展变动趋势对福建省的产业结构调整与升级、城镇和区域的发展规划、未来城镇化推进方向、公众教育、医疗卫生保障等各项人民事业的发展，以及公共服务均等化目标的实现等方面具有越来越重要的参考价值。

1. 迁移流动人口年龄构成

人口普查资料显示，福建跨乡（镇、街道）迁移流动人口中青壮年人口占多数。2020 年，20—24 岁、25—29 岁、30—34 岁、35—39 岁、40—44 岁、45—49 岁年龄组的人口分别占全省迁移流动人口总数的 8.10%、9.57%、12.20%、9.29%、8.14% 和 9.13%，这六个年龄组所占比重合计为 56.43%。0—14 岁年龄组人口占全省迁移流动人口总数的 15.19%，50 岁以上年龄组占全省迁移流动人口总数的 20.86%（见表 9–9）。

2. 迁移流动人口性别构成

人口普查资料显示，2020 年，福建跨乡（镇、街道）流动人口多为男性，人口性别比（女性 =100）达到 114.77。分类型看，省外流动人口性别比高达 139.49，省内流动人口性别比 105.79，省外流动人口

表9-9　迁移流动人口年龄构成

单位：%

年龄组	总计			省内			省外		
	小计	男	女	小计	男	女	小计	男	女
合计	100.00	100.00	100.00	100.00	100.00	100.00	100.00	100.00	100.00
0—4 岁	4.54	4.60	4.48	5.24	5.53	4.93	2.90	2.66	3.22
5—9 岁	5.74	5.87	5.60	6.48	6.89	6.04	4.01	3.75	4.37
10—14 岁	4.91	5.03	4.76	5.40	5.74	5.03	3.75	3.56	4.02
15—19 岁	7.52	7.47	7.57	8.31	8.42	8.19	5.64	5.46	5.89
20—24 岁	8.10	8.03	8.18	6.76	6.63	6.90	11.26	10.94	11.70
25—29 岁	9.57	9.56	9.59	8.93	8.82	9.05	11.09	11.09	11.08
30—34 岁	12.20	12.16	12.25	11.72	11.52	11.92	13.35	13.49	13.15
35—39 岁	9.29	9.45	9.11	9.06	9.13	8.99	9.84	10.11	9.46
40—44 岁	8.14	8.28	7.98	7.62	7.69	7.54	9.38	9.52	9.19
45—49 岁	9.13	9.26	8.97	8.05	8.06	8.04	11.67	11.76	11.53
50—54 岁	7.55	7.63	7.46	6.90	6.76	7.06	9.09	9.52	8.58
55—59 岁	5.15	5.10	5.22	5.36	5.15	5.59	4.66	5.00	4.19
60—65 岁	3.03	2.89	3.18	3.61	3.47	3.76	1.63	1.66	1.59
65+ 岁	5.13	4.68	5.64	6.56	6.19	6.95	1.74	1.53	2.03

资料来源：福建省第七次全国人口普查领导小组办公室 福建省统计局编，《福建省人口普查年鉴 -2020》，中国统计出版社，2022 年 9 月。

性别比明显高于常住人口的性别比，两者相差达 33.70 个百分点。在省内流动人口中，省内跨设区市流动人口性别比 109.06，市内跨乡流动人口性别比为 105.79；市辖区内流动人口性别比为 96.19，省内跨市流动人口性别比分别高出市内跨乡、市辖区内 3.27 和 12.87。

从分五岁组年龄性别比看，全省跨乡（镇、街道）流动人口性别比总体上呈现随着年龄增长下降，年龄越大，性别比越低。人口普查资料显示，2020 年，流动人口从 0—4 岁到 55—59 岁年龄组性别比均高于 110，其中 5—9 岁、10—14 岁年龄组性别比最大，均超过 120，分别达 120.47 和 121.39，但比 2010 年减少了 6.62 和 7.68。15—19 岁、20—24 岁、25—29 岁年龄组性别比分别比 2010 年提高 7.26、11.59 和 7.59，说明福建青年流动人口性别比较前十年有所提高。30—34 岁到

55—59 岁年龄组性别比均比 2010 年小，显示福建劳动力流动人口性别比有所改善。60—64 岁、65—69 岁、70—74 岁年龄组性别比分别为 104.07、96.41 和 99.81，分别比 2010 年减少 11.58、22.75 和 16.65。由于女性预期寿命高于男性，2020 年，65 岁以上年龄组性别比均小于 100（见表 9–10）。

表 9–10　迁移流动人口分年龄组性别比

女 =100

年龄组	性别比		增减
	2020 年	2010 年	
合计	114.77	114.39	0.38
0—4 岁	117.91	127.96	−10.05
5—9 岁	120.47	127.08	−6.62
10—14 岁	121.39	129.08	−7.68
15—19 岁	113.12	105.86	7.26
20—24 岁	112.64	101.05	11.59
25—29 岁	114.36	106.77	7.59
30—34 岁	113.90	115.76	−1.86
35—39 岁	118.98	120.57	−1.60
40—44 岁	119.08	121.55	−2.47
45—49 岁	118.49	129.26	−10.78
50—54 岁	117.35	131.64	−14.30
55—59 岁	112.18	115.81	−3.64
60—64 岁	104.07	115.66	−11.58
65—69 岁	96.41	119.16	−22.75
70—74 岁	99.81	116.45	−16.65
75—79 岁	99.68	102.07	−2.39
80—84 岁	90.02	86.83	3.19
85—89 岁	77.16	65.03	12.13
90—94 岁	69.81	54.71	15.10
95—99 岁	57.67	59.82	−2.15
100 岁及以上	50.20	45.45	4.74

资料来源：1. 福建省第七次全国人口普查领导小组办公室 福建省统计局编，《福建省人口普查年鉴 –2020》，中国统计出版社，2022 年 9 月；2. 福建省第六次人口普查办公室编，《福建省 2010 年人口普查资料》，中国统计出版社，2013 年 1 月。

3. 迁移流动人口文化构成

人口普查资料显示，2020年，福建跨乡（镇、街道）迁移流动人口中，中等教育文化程度，尤其是初中文化程度的人口集中度最高，达到34.99%。其次是小学文化程度的人口所占比重达20.91%，高中文化程度的人口所占比重达18.08%，大学及以上文化程度的人口占20.55%。与2010年相比，小学文化程度的人口所占比重减少0.39个百分点，初中文化程度的人口所占比重减少9.79个百分点，高中文化程度的人口所占比重减少0.57个百分点，大学专科文化程度的人口所占比重提高2.29个百分点，大学本科文化程度的人口所占比重提高4.19个百分点，研究生文化程度的人口所占比重提高0.48个百分点（见9–11）。

表 9–11　迁移流动人口受教育程度构成

单位：%

受教育程度	2020 年	2010 年	增减
合计	100.00	100.00	0.00
未上过学	1.88	1.68	0.20
学前教育	3.60	–	–
小学	20.91	21.29	−0.39
初中	34.99	44.78	−9.79
高中	18.08	18.66	−0.57
大学专科	9.76	7.47	2.29
大学本科	9.98	5.80	4.19
研究生	0.81	0.33	0.48

资料来源：1.福建省第七次全国人口普查领导小组办公室 福建省统计局编，《福建省人口普查年鉴–2020》，中国统计出版社，2022年9月；2.福建省第六次人口普查办公室编，《福建省2010年人口普查资料》，中国统计出版社，2013年1月。

与2010年相比，福建跨乡（镇、街道）迁移流动人口中，2020年，受教育程度为初中的人口占比大幅下降，而大专及以上的人口占比大幅提升，说明福建流动人口的受教育程度结构在这段时间得到了优化，在一定程度上满足了经济社会发展、各种产业对劳动力的需求。但同时要看到的是，福建省流动人口中受过高等教育者的比重还有上升的空间，这对于完善产业结构与转型升级、发挥都市圈功能、提高区域竞争力具有不可忽视的推动作用。

4. 迁移流动人口时间构成

福建流动人口的流动过程表现出不稳定性和长期性并存的局面。人口普查数据显示，2020 年，全省跨乡（镇、街道）流动人口离开户口登记地时间超过半年不满两年的比例接近三成，达到 29.89%。流动人口数量和比例随着离开户口登记地时间的增长呈现先减少再增加的趋势，表明虽然有流动人口随着时间的推移，退出了流动过程，但是长期流动人口依然占很大比例。离开户口登记地五年以上的流动人口的比例已经超过四成，达到 41.07%，长期流动人口在流动人口整体中的地位已不容忽视。人口迁徙流动的时间过程在来自省内和省外的流动人口间还存在明显差异：由图 9-2 可见，福建流动人口的流动时间在半年以上、两年以内，以及十年以上的比例表现为省内低于省内外合计、也低于外省流入口径，而流动时间在二年以上、十年以下的比

图 9-2　流动人口按时间段分所占比重　单位：%

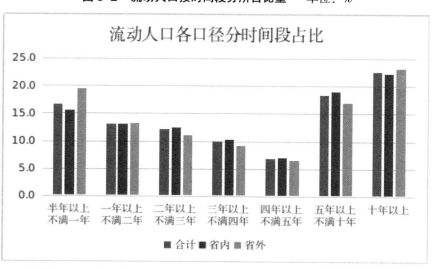

资料来源：福建省第七次全国人口普查领导小组办公室 福建省统计局编，《福建省人口普查年鉴 -2020》，中国统计出版社，2022 年 9 月。

例均表现为省内高于省内外合计、高于外省流入口径，并在离开户口登记地时间半年以上、不满一年这一群体中两者差值达到最大化。省内流动人口离开户口登记地时间超过半年不满两年的比例为28.67%，省内流动人口离开户口登记地五年以上的流动人口的比例41.41%。对于外省流入人口来说，离开户口登记地时间超过半年不满两年的比例为32.78%，明显高于省内流动人口比例，离开户口登记地五年以上的流动人口的比例40.24%，比省内流动人口比例又略低。

人口流动分时间段的上述总体特征及其在省内外流动人口间的差异表明，福建流动人口在外流动的时间特征仍然具有多层次性，短期流动人口仍占有相当比例；在外省流入的人口占比方面，呈现"中间小、两头大"的橄榄型，对于长期迁移的，可能是由于长期季节性务工人群，而半年以上、不满两年的人群，则可能是被近年来福建良好的发展态势所吸引。总而言之，就流动人口整体而言，流动的不稳定性和时期性都是值得重视的两个方面。全面和正确认识流动人口流动时间的多样多层性和流动过程长期性和不稳定性并存的局面，在制定适合不同流动人口需求的各种政策措施上具有重要意义。

三、福建省境内外籍及港澳台人员状况

近十年，福建紧紧抓住历史机遇，着力推进平潭综合实验区、自由贸易试验区、21世纪海上丝绸之路核心区、福州新区建设等国家赋予的重大使命和任务，不断积聚对外开放新动能、拓展发展新空间，对外开放蹄疾步稳，与港澳台地区、世界各国的经济社会交往越来越多，在福建居住、工作、学习等的外籍与港澳台人士也日趋增多，他们属于广义上的流动迁移人口，现将第七次全国人口普查时接受普查登记、居住在福建省的境外人员情况分析如下。

（一）基本情况

1. 总量

人口普查数据显示，2020年，居住在福建且接受普查登记的境外人员共 10.62 万人，其中，香港居民 4.64 万人、澳门居民 0.55 万人、台湾地区居民 1.87 万人、外籍人员 3.56 万人。居住在福建的境外人数占全国总数的 7.43%，仅次于广东（29.25%）、云南（26.51%）、上海（11.46%），居全国第四位。

分性别看，2020 年，在福建的境外人口中男性人口 5.32 万人，占 50.09%，女性人口 5.30 万人，占 49.91%。男女性别比基本持平。

2. 年龄构成

2020 年，在福建的境外人口中，5—9 岁、10—14 岁两个年龄段人口较多，分别占 14.50%、13.97%。15—59 岁占比为 54.33%，60 岁及以上占比仅为 10.16%。说明福建的境外人员年龄结构较为年轻。其中，5—14 岁的境外人口中，香港居民占比最高，达到 38.36%，之后是外籍人员，占 26.73%；澳门居民，占 15.26%；台湾地区居民，占 11.14%。香港居民主要集中在 5—24 岁，澳门居民主要集中在 0—24 岁，台湾地区居民主要集中在 35—64 岁，外籍人员主要集中在 0—39 岁。

3. 受教育程度

2020 年，境外人员中，3 岁及以上人口的平均受教育年限达到 9.78 年。其中台湾地区居民受教育最高，达 12.75 年，最低的为外籍人员，8.43 年（见表 9-12）。

表 9-12　境外人员受教育程度构成

项　目	受教育程度构成（%）				平均受教育年限（年）
	小学	初中	高中	大专及以上	
总计	29.18	20.65	15.20	27.16	9.78
香港居民	35.23	23.07	18.04	19.63	9.49
澳门居民	19.55	22.18	17.53	32.79	10.52
台湾地区居民	11.10	11.02	18.49	55.43	12.75
外国人	32.39	22.42	9.20	21.03	8.43

资料来源：福建省第七次全国人口普查基础数据加工。

从受教育程度来看，境外人员超过 1/4 都接受过大学专科及以上的教育，台湾地区居民更是超过一半。

（二）来源地及居住地分布

1. 境外人员来源地及来华目的

2020 年，在来福建的港澳台居民中，香港居民最多，有 4.64 万人，占 43.67%；其次是台湾地区居民，有 1.87 万人，占 17.63%；澳门居民最少，有 0.55 万人，占 5.14%。

2020 年，在外国人中，来自越南的居民最多，有 0.92 万人，占 25.69%；其次是阿根廷居民，有 0.63 万人，占 17.57%；之后是美国居民，有 0.54 万人，占 15.01%。人数达到一千人以上的还有日本、加拿大、菲律宾，分别占 3.87%、3.34%、3.16%。

2020 年，在福建的境外人员中，因定居而来的占 35.43%，居首位。其次是因学习、探亲、就业，分别占 25.28%、12.69%、11.84%，四者合计占 85.24%。在商务、就业这两个因素中，占比最高的都是台湾地区居民。

2. 境外人员在福建的居住地及居住时间

2020 年，境外人员主要居住在福建的泉州、福州和厦门，占全省境外人员的比重分别为 29.95%、25.88% 和 25.93%，三市合计占 81.76%。其他各设区市所占比重均未超过百分之五。福厦泉三市在省内拥有较多科研院校，也是省内部分龙头产业、港澳台和外资企业集中地，这是吸引境外人士前来的主要原因。

从居住时间看，75.01% 的境外人员在福建居住时间超过 2 年以上。其中：居住 5 年以上的占 54.76%，居住 2—5 年的占 20.26%，居住 1—2 年的占 11.25%，居住 6 个月—12 个月的占 8.16%，居住不满 6 个月的占 5.57%。港澳台和外籍人员基本上都呈现随居住时间延长人数越多的现象，这显示了境外人员不仅选择来学习、商务、就业，而且有不少人员最终选择了定居。

四、人口迁移流动原因

（一）福建经济保持着较快发展

人口流动作为社会的正常现象，是社会经济和个人发展等多元因素综合作用的必然结果。十年来，福建保持着较快的经济社会发展速度，不仅促进了省内人口的流动，也吸引了外省人口流入。

1. 经济保持稳定发展，实现量质双升

2011-2020年间，福建以供给侧结构性改革为主线，经济发展实现量质双升，经济总量接连跃上2万亿元、3万亿元、4万亿元三个台阶，年均增长8.89%。2020年福建地区生产总值居全国第7位，比2010年前移了7位。经济总量跃升的同时，福建锚定高质量发展，经济结构优化升级，三次产业结构由2010年的8.46∶51.36∶40.18调整为2020年的6.26∶46.25∶47.49。

2. 居民生活水平不断提高，人均收支皆提升

2020年，全省城镇居民人均可支配收入4.72万元，比2010年增加2.54万元，增长85.83%，在全国排名第七位，比2010年上升一位。全省农村居民人均可支配收入2.09万元，比2010年增加1.35万元，增长182.43%，在全国排名第六位；2020年，全省城镇居民人均生活消费支出3.05万元，比2010年增加1.57万元，增长106.08%。全省农村居民人均生活消费支出1.63万元，比2010年增加1.08万元，增长197.18%。十年来，全省居民人均可支配收入与人均消费支出水平显著提升。

（二）城镇化处于高速增长时期

随着经济社会持续快速发展，城镇化战略的有效实施，城镇的经济元素、民生职能不断得到加强，带动了大量的乡村人口向城镇转移。2010—2020年，福建城镇人口由2106.19万人增加到2855.72万人，十年新增城镇人口749.53万人，比2000—2010年新增城镇人口多74.02万人。城镇化率由2010年57.09%提高到2020年68.75%，平均每年提高1.17个百分点。

（三）社会文化等其他因素的综合影响

人口普查数据显示，2020 年，福建跨乡（镇、街道）人口迁移流动的原因中，工作就业为最主要的原因，占 47.13%；拆迁搬家占 16.32%；随同离开投亲靠友占 14.76%，学习培训占 10.60%，婚姻嫁娶、照料孙子女、为子女就学、养老康养、寄挂户口等其他因素占 11.19%。在省内跨乡（镇、街道）流动的就业人口中，从事社会生产服务和生活服务行业占比最高，达到 46.66%，从事生产制造行业占比达到 21.94%，两者占比接近七成，说明福建省第二、第三产业在解决就业方面做出了很多贡献。在省外来闽就业人口中，从事社会生产服务和生活服务行业占比达到 31.11%，从事生产制造行业占比达到 57.82%，两者占比接近九成，表明福建省第二、第三产业蓬勃发展是不断吸引省外人口流入的主要因素。

不同的迁移原因既和流动人口本身的性别、年龄、受教育程度等因素有关，同时也会和迁入地社会发展程度有关。在这些因素共同作用下，影响了流动和居住的稳定性或长期性。纯粹以工作就业、学习培训为目的、年轻、单身的流动人口流动的不稳定性较大，而以拆迁搬家、婚姻嫁娶等原因流动的人口往往具有家庭化特征，其流动的行为往往是家庭综合决策的结果，因而也具有相对较大的稳定性。

五、人口迁移流动对福建经济社会发展的影响

人口流动本身具有多样化和层次性，福建经济社会发展为吸引流动人口创造了客观条件，流动人口又为福建经济社会持续稳定发展起到了重要的作用。流动人口承接了农村劳动力转移、补充了福建劳动力供给，这种迁移对福建社会经济发展带来了多重积极的影响。

（一）承接农村劳动力转移

在党中央的带领下，全国完成脱贫攻坚任务，让全体百姓过上了更高水平的生活，促进了农业生产方式的改进与提高。2020 年福建农作物播种面积为 1682 千公顷，比 2010 年减少 259 千公顷，降低

13.34%。与此同时，2020 年福建农林牧渔业总产值为 0.49 万亿元，比 2010 年增加 0.27 万亿元，提高 122.73%。农业生产方式的改变，客观上也使得农村劳动人口资源相对富余，农村由于自身经济规模有限，无法完全消化这些劳动力，人口流动就为吸收农村富余劳动力提供了有效的途径。

一方面，部分农村劳动力来到城镇，从事各行各业生产经营活动，拓展了生存技能，增加了农民人均纯收入，提高人民生活水平，劳动力转移已成为当前农民增收的重要途径之一。在 2020 年农村居民人均可支配收入 2.09 万元中，工资性收入达 0.94 万元，占比 44.98%，对农民收入增长的贡献最大。另一方面，返乡创业的农民也开始增多，劳动力的回流，又将新技术、信息、项目带回农村，实现了一定的要素转移，带动了城乡经济发展。总之，人口流动，不仅缓解了农村就业压力，还承接了农村劳动力的转移，为城乡一体化创造了条件、为城镇化率攀升带来了效益、为消费规模扩大了市场、为经济持续发展注入了动能。

（二）推动乡村振兴与城镇一体化建设

人口迁移中，大规模的人口涌向城镇，推动了城镇化的发展。流动人口加强了中心城市与其他地区的关联，让大城市发挥了带动与辐射作用，促进了都市圈的发展，加快了城镇化的进程。人口流动过程其实也体现着资源的再配置，城乡之间的人口流动，提高了乡村劳动人口的利用率，也有利于搭建城乡间资本、技术等要素的交流，有利于农村人口素质的提高，有利于缩小城乡差距，有利于乡村振兴，这一切在加快城乡一体化和提高城镇化率的过程中起着重要作用。2010 年至 2020 年，农村人口流入城市的限制政策变得宽松，尤其在相关鼓励农民进城发展的相关经济政策出台后，人口从农村流向城市呈现出快速增长的局面。在这一过程中，一部分来自农村户籍的人口在城市定居，一部分虽未定居，但是为城镇化的沟通联合发展也作出了贡献。通过乡村流入城镇，逐渐实现人口的城镇化，是福建社会经济发展的重要特征之一。

人口迁移流动也为城镇化发展和产业融合做出了贡献，人口普查数据显示，2010 年时，福建城镇化率为 57.09%，2020 年时，已经达到 68.75%，人口城镇化水平的提高，在加快城乡一体化进程中发挥着重要作用。

（三）优化年龄结构比例

流动人口的迁移不仅在满足福建对劳动力总量的需求方面发挥了重要作用，还在很大程度上改变了福建常住人口的结构特征，延缓了人口老龄化进程，减轻了社会负担系数。流动人口的总体结构较为年轻，在省外流入人口中，15—44 岁的青壮年流动人口比例为 60.55%，比全省青壮年常住人口占比高了近二十个百分点，而 65 岁及以上老龄人口比重为 1.74%，比全省老龄常住人口占比低了近十个百分点。可以看出，人口流动带来了大量劳动适龄人口，降低了少儿人口和老年人口比例，使得社会抚养负担相对减轻。人口普查数据显示，2020 年，福建常住人口的总抚养比、少儿抚养比和老年抚养比分别为 43.71%、27.76%、15.95%。如果扣除全省户籍登记在外乡镇街道的流动人口，则这三个指标将分别提高为 58.9%、35.0% 和 28.9%，这意味着全省户籍登记在外乡镇街道的流动人口对这三个指标的降低分别贡献了 15.2 个、7.2 个和 13.0 个百分点。

（四）促进产业结构优化升级

流动人口可以带动其他要素活跃起来，促进产业结构优化升级，加快第二、第三产业发展。劳动力作为经济增长的重要因素之一，本身就会带着资本、技术等生产要素流动，而要素的流动会和产业布局互相影响，产生集聚效应。福建在人力、技术、资本等要素方面具备良好的基础，再加上优越的自然生态环境，不断吸引着全国各地人口流入，带动了相关要素的集聚，促进了产业结构优化升级，形成了良好的正循环效应，为福建经济社会的持久健康发展创造了可靠的条件。三大产业与民生息息相关，流动人口为三大产业的发展提供了更多可能，为居民的生活方便做出了大量贡献。随着经济快速发展和流动人口规模扩大，福建的产业结构不断调整，第一产业的比重由 2010 年的 8.46% 下降到 2020 年的 6.26%，第二产业比重由 2010 年的 51.36% 下降到 2020 年的 46.25%，第三产业比重由 2010 年的 40.18% 上升到 2020 年的 47.49%。在这一优化升级过程中，流动人口起到了重要作用。

（五）优化受教育程度水平

跨乡（镇、街道）流动人口对福建省人口结构的另一个重要影响表现在对人口受教育水平的提升上。外省流入人口中，受教育程度为初中、高中、大学本科（含专科）、硕士研究生及以上的占比分别为 48.21%、14.40%、11.04%、0.76%。在省内流动人口中，这四项分别为 29.34%、19.66%、23.46%、0.83%。受竞争意识、求知欲望的驱动，劳动力群体在工作与生活中不断学习新知识、新技能，同时，一部分回流人口可以把先进的思想理念、信息技术、管理经验等带回原住地，达到正向循环效果。这对于优化福建人口整体受教育程度水平起着十分积极的作用。

（六）拉动商品流通和社会消费

流动人口在提供大量劳动力的同时，在当地生活本身也属于一股巨大的消费力量，扩充了消费需求市场，由于相当规模流动人口是涌入城市的，因此在衣食住行、教育医疗等方面也产生了巨大消费需求。消费既是社会再生产循环的终点，又是社会再生产的起点。因此，流动人口带来的消费需求，有利于拉动福建多行业的生产发展，特别是食品、服装、交通、房地产、日用品等行业。另一方面，流动人口及其不断增长的消费需求也促进了储蓄的增加，激发了金融业的更多活力。大量的流动人口在城市各行业谋生时，缴纳税费为地方财政增加了收入，繁荣了城市商业市场，拉动了商品流通。

（七）增强人口空间分布集聚

由于各设区市之间、沿海和内陆之间自然条件和社会经济发展状况的差异，福建的人口分布存在明显的空间差异，沿海地区集中了超过全省七成的人口。改革开放以来，随着沿海经济市场的繁荣发展，福建的人口不断向沿江沿海聚集，流动人口在福建人口分布这一空间格局形成过程中起着十分重要的推动作用。

（八）提供丰富的劳动力资源

福建经济的快速发展，对劳动力数量提出了更多的需求，由于产业结构的调整，在城市化、工业化、现代化的进程中吸引着大量流动人口，缓解了部分行业的劳动力供求矛盾。十年来，全省就业水平持续保持在高位，就业人口占总人口的比重始终保持在一半以上。2020年末，全省就业人口总量达到2206万人，比2010年末增加了92万人，增长4.35%。其中，第一产业323万人，比2010年减少了277万人，下降46.17%；第二产业719万人，比2010年减少了55万人，下降7.43%；第三产业1164万人，比2010年增加了424万人，提高了57.3%。

第一产业劳动生产率的提高，将大量劳动力解放出来，促进了劳动力的流动，填补了第二、第三产业快速发展导致的劳动力缺口。2020年，福建人口自然增长率已经稳定在较低水平，但是由于人口流动具备的惯性，福建的劳动适龄人口依然维持着庞大的数量，人口普查数据显示，2020年，全省劳动适龄人口达到2890万人，比2010年增加62万人，增长2.19%。2010年至2020年，劳动适龄人口占常住人口的比重，一直维持在较高水平。

第十章 新型城镇化与城乡融合发展

城镇化是现代化的必由之路，是新时代推动经济高质量发展的强大引擎。改革开放以来，福建经济社会建设取得了巨大成就，八闽风貌发生了翻天覆地的变化，城镇化水平快速提高。特别是党的十八大以来，福建坚持创新、协调、绿色、开放、共享的新发展理念，以城镇化高质量发展为主题，以满足人民日益增长的美好生活需要为目的，深入推进以人为核心的新型城镇化建设，更加注重协调发展，城镇化发展进入了从"数量增长"到"质量提升"的新阶段，公共服务水平不断提升，居民生活环境大为改观，实现了城镇化在新的起点上转型升级的历史性跨越，谱写了福建发展新篇章。本章根据 2020 年第七次全国人口普查资料，以人口城镇化为主线，对福建省城镇化发展的演化过程、发展水平和特点等进行分析，通过各地推进城乡融合发展实践探索，总结提炼了有福建特色的新型城镇化发展模式，为福建全方位推进高质量发展提供强有力的支撑。

一、福建城镇化的历史进程

（一）城镇化相关概念

城镇化是指农村人口向城镇人口转化并在城市集中和聚集的过程，即居住在城镇地区的人口占总人口比例增长的过程。这个过程表现为两个方面，一方面是城镇数目的增多，另一方面是城市人口规模不断扩大。城镇化进程中，第一产业比重逐渐下降，第二、第三产业比重逐步上升，同时伴随着人口从农村向城市流动这一结构性变动。现行城镇化水平常用城镇常住人口占总人口的比重来衡量，俗称人口城镇化率。

新型城镇化是以城乡统筹、城乡一体、产业互动、节约集约、生态宜居、和谐发展为基本特征的城镇化。其内涵就是坚持走中国特色新型城镇化道路，推进以人为核心的城镇化，推动大中小城市和小城镇协调发展、产业和城镇融合发展，促进城镇化和新农村建设协调推进；优化城市空间结构和管理格局，增强城市综合承载能力。

城镇化按城镇化率划分为初期、中期和后期三个阶段。城镇化率在 30% 以内为发展的初期阶段，该阶段的经济结构以第一产业为主，经济发展缓慢，经济总体实力比较薄弱，因此，城镇化发展也比较缓慢。城镇化率在 30%–70% 为发展的中期阶段，该阶段第二产业发展迅速，伴随着工业化进程，人口和经济活动快速向城镇集聚，经济快速发展，经济实力得到很大提升，城镇化进入加速发展时期。城镇化率在 70% 以上为发展的后期阶段，该阶段完成工业化，进入后工业化社会，表现为城镇化率增长趋缓，城镇化进入平稳阶段，城市成为经济、文化、娱乐和商业中心。

（二）城镇化发展历程

纵观福建城镇人口规模发展历程，新中国成立至改革开放前这一阶段，福建城镇化建设发展缓慢，城镇人口低速攀升，城镇化率略有回落；从 1950 年至 1978 年的 28 年中，城镇人口比重一直在 11%–18% 之间徘徊。1978 年以后，伴随着工业化、非农化的快速发展，城镇化总体上经历了一个城镇数量不断增加，城镇人口规模不断扩大，城镇人口比重不断上升的发展历程（见表 10–1）。到 2020 年底，全省城镇人口达 2861 万人，比 1978 年增加了 2525 万人，增长 7.51 倍，年均增长 5.23%；城镇化水平从 13.74% 提高到 68.75%，年均增长 1.31 个百分点。城镇化发展总体经历了"波动徘徊——加速发展——快速发展——质量提升"的变化过程。具体可划分以下六个阶段。

1. 起步阶段（1949—1962 年）

1949 年新中国成立初期，福建只有福州、厦门两个城市。为适应经济发展需要，即着手进行扩市工作。至 1962 年，全省共有建制市 6

表 10-1　主要年份福建人口城镇化率变动情况

单位：万人

年　份	年末常住人口	城镇人口	城镇化率（%）	年　份	年末常住人口	城镇人口	城镇化率（%）
1949	1187	171	14.40	2002	3476	1587	45.66
1950	1211	137	11.30	2003	3502	1624	46.37
1952	1270	145	11.38	2004	3529	1681	47.63
1953	1303	222	17.04	2005	3557	1758	49.42
1957	1461	216	14.78	2006	3585	1807	50.40
1962	1602	287	17.92	2007	3612	1856	51.38
1964	1703	227	13.31	2008	3639	1929	53.01
1965	1759	287	16.33	2009	3666	2019	55.07
1970	2020	285	14.13	2010	3693	2109	57.09
1975	2297	317	13.81	2011	3784	2199	58.11
1978	2446	336	13.74	2012	3841	2278	59.31
1979	2487	355	14.28	2013	3885	2362	60.80
1980	2519	367	14.56	2014	3945	2446	62.00
1981	2563	381	14.86	2015	3984	2519	63.23
1982	2620	555	21.18	2016	4016	2586	64.39
1985	2769	447	16.15	2017	4065	2674	65.78
1990	3037	649	21.36	2018	4104	2749	66.98
2000	3410	1432	41.99	2019	4137	2808	67.88
2001	3445	1473	42.76	2020	4161	2861	68.75

　　资料来源：福建省统计局　国家统计局福建调查总队编，《福建统计年鉴-2021》，中国统计出版社出版，2021 年 8 月。

个（其中地级市 3 个，县级市 3 个），建制镇 127 个，城镇人口 287 万人，城镇化率为 17.92%，与 1949 年相比，城镇化率年均上升 0.6 个百分点。该阶段主要通过扩市或撤乡建镇等行政手段增加城镇人口。

　　2. 停滞、倒退阶段（1963—1977 年）

　　这期间，由于受"文革"影响，部分干部、工人和知青从城市转到农村，上山下乡支援农业生产，接受再教育，城市人口有所下降。至 1977 年，全省城市个数仍为 6 个，建制镇 68 个，城镇人口 327.6 万人，城镇化率仅为 13.6%，比 1962 年下降 4.3 个百分点。

3. 恢复发展阶段（1978—1990 年）

改革开放初期，受计划经济体制影响，城乡本来相互联系的两部分被户籍制度隔开，致使城镇人口的增长主要来源于自然增长，城镇化进程十分缓慢。1978–1981 年城镇化率从 13.74% 上升到 14.86%，4 年间仅上升了 1.12 个百分点。随着农村经济的快速发展和乡镇企业的异军突起，加上户籍制度、用工制度和土地使用制度的改革，大量农村剩余劳动力冲破"城乡隔绝"堡垒，逐步向城镇转移，城镇发展进入起步阶段。到 1990 年，全省共有建制市 16 个（其中地级市 6 个，县级市 10 个），建制镇 240 个，城镇人口 642 万人，城镇化率为 21.36%，比 1978 年提高 7.62 个百分点，年均增长 0.64 个百分点。

4. 加速推进阶段（1991—2000 年）

1992 年党的十四大正式确立"中国经济体制改革的目标是建立社会主义市场经济体制"。市场经济推动了经济进入持续增长的快车道，为人口、产业向城镇集聚提供了广阔空间。各地积极落实"严格控制大城市规模、合理发展中等城市和小城市"政策，使城镇化持续快速发展。1992–1995 年间，福建省先后撤销晋江县、建瓯县、南安县、龙海县、长乐县、建阳县、福鼎县等 7 个县，并升级为县级市。1994–1996 年间，撤销南平地区、龙岩地区，将原地区所辖的县级南平市和龙岩市升级为地级市。这一阶段，全省城镇化建设进入一个新的发展时期。至 2000 年，全省共有建制市 23 个（其中地级市 9 个、县级市 14 个），市辖区 23 个，建制镇 577 个，城镇人口 1432 万人，城镇化率为 41.99%，比 1990 年提高 20.21 个百分点，年均增长 2.0 个百分点，城镇发展进入加速发展阶段。

5. 快速发展阶段（2001—2010 年）

这一时期，福建省人民政府关于《福建省进一步加快小城镇建设的若干意见》的出台，进一步加快了福建小城镇建设。各地积极探索推进城镇化新方式，采取多种措施强化宜居城镇建设，推动从传统粗放式城镇化向新型城镇化转型。到 2006 年，全省城镇化水平首次突破

50% 关口，达到 50.40%，标志着全省告别以乡村型社会为主体的时代，进入了以城市型为主体的新时代；至 2010 年，全省共有城市 23 个（其中地级市 9 个，县级市 14 个），市辖区 26 个，县城 45 个，建制镇 595 个，城镇人口达 2109 万人，城镇化率为 57.09%，比 2000 年提高 15.52 个百分点，年均增长 1.6 个百分点。初步形成了以省会城市福州为核心、以福、厦、泉三大城市群为主体、以中小城市为依托、以县城和中心镇为基础的城镇体系总框架。

6. 质量提升阶段（2011—2020 年）

这一期间，中共福建省委、福建省人民政府下发了《福建省新型城镇化规划（2014—2020 年）》，揭开了福建新型城镇化发展的新篇章，城镇化进入了由速度型向质量型转变的新阶段。各地深入实施主体功能区战略和区域协调发展战略，推进以县城为重要载体的新型城镇化，顺应人口流动特征和产业发展基础，不断优化基础设施建设和公共资源配置，建立完善与人口流动、经济发展相适应的行政区划设置标准规范，有力拓展城镇化发展新空间。至 2020 年，全省共有城市 21 个（其中地级市 9 个，县级市 12 个），市辖区 29 个，县城 44 个，建制镇 658 个，城镇人口达 2861 万人，城镇化率为 68.75%，比 2010 年提高 11.66 个百分点，年均增长 1.2 个百分点。十年间，福州市撤长乐市改长乐区，南平市撤建阳市改建阳区，龙岩市永定县撤县改区，2020 年全省市辖区常住人口占总人口的比重升到 41.51%，比 2010 年提高 7.3 个百分点。通过稳慎推进县（市）改市辖区等措施，有效提升了城镇地区的承载能力；随着以县城为重要载体的新型城镇化和全面乡村振兴战略的推进，城乡人口流动与融合发展将迎来新格局。

二、福建城镇化的水平及地区差异

（一）城镇化发展现状

1. 同全国相比，福建城镇化水平高于全国平均水平

人口普查资料显示，2020 年普查时点福建城镇人口为 2856 万人，

城镇化率达 68.75%，比全国平均水平高 4.86 个百分点，从历次人口普查数据看，第二次和第四次人口普查时，福建的城镇化水平都低于全国平均水平；从第五次人口普查起，福建城镇化发生了转折性变化，城镇化水平高于全国平均水平（见表 10-2）。其中 2010 年高于全国 7.41 个百分点。从 2000 年起，福建城镇化率已连续 21 年高于全国平均水平；2006 年，福建省城镇化水平首次突破 50%，而全国在 5 年后的 2011 年才首次超过 50%；到 2013 年，福建城镇化率已超过 60%。

表 10-2 福建省历次人口普查城镇化率与全国比较

单位：万人

年 份	福建省			全国		
	常住总人口	城镇人口	城镇化率（%）	常住总人口	城镇人口	城镇化率（%）
1953	1285	219	17.04	58260	7726	13.26
1964	1676	223	13.31	69458	12710	18.30
1982	2587	548	21.18	100818	21082	20.91
1990	3005	642	21.36	113368	29971	26.44
2000	3471	1443	41.57	126583	45844	36.22
2010	3689	2106	57.09	133972	66557	49.68
2020	4154	2856	68.75	141178	90199	63.89

资料来源：1. 福建省统计局 国家统计局福建调查总队编，《福建统计年鉴2021》，中国统计出版社出版，2021 年 8 月。2. 国家统计局人口和就业统计司编，《2021 年中国人口和就业统计年鉴》，中国统计出版社出版，2021 年 12 月。

2. 同经济发达的省份比，福建城镇化水平仍有差距

与全国各省（自治区、直辖市）比较，2020 年福建城镇化率在全国居第 9 位，比 2010 年第六次全国人口普查时的第 8 位后退 1 位，分别低于上海（89.30%）、北京（87.50%）、天津（84.70%）、广东（74.15%）、江苏（73.44%）、浙江（72.17%）、辽宁（72.14%）和重庆（69.46%）。在华东七省市中仍位居第 4 位（见表 10-3）。

表 10-3　华东地区各省市人口城镇化率及位次

单位：%

地区	2000 年		2010 年		2020 年	
	城镇化率	华东排位	城镇化率	华东排位	城镇化率	华东排位
全国	36.44		49.68		63.89	
上海	88.31	1	89.30	1	89.30	1
浙江	48.67	2	61.62	2	72.17	3
福建	41.57	3	57.09	4	68.75	4
江苏	41.49	4	60.22	3	73.44	2
山东	38.00	5	49.70	5	63.05	5
安徽	27.81	6	43.01	7	58.33	7
江西	27.67	7	44.06	6	60.44	6

资料来源：国务院第七次全国人口普查领导小组办公室编，《2020 年中国人口普查年鉴》，中国统计出版社出版，2022 年 4 月。

（二）城镇化地区差异及城市、镇、乡村人口变化

1. 各设区市及县（市、区）间人口城镇化发展比较

（1）各设区市城镇化率差距缩小。由于人口规模、社会经济发展水平、地域环境等方面存在较大的差异，各地城镇化水平仍存在差距。厦门市作为海峡西岸经济区的重要中心城市，城市功能品质不断提升，伴随着跨岛发展战略顺利实施和岛外新城加快建设，通过现代化基础设施建设提高城市空间的承载力、吸引力，人口城镇化率位居全省首位，2020 年为 89.41%（见表 10-4），南平市城镇化率最低，为 59.65%，城镇化率最高和最低相差 29.76 个百分点，与 2010 年城镇化率最高和最低相差 43.30 个百分点比，差距在逐步缩小。其余 7 个设区市的城镇化率按从高到低顺序依次为福州市（72.49%）、泉州市（68.46%）、三明市（63.20%）、龙岩市（62.88%）、莆田市（62.70%）、漳州市（61.36%）、宁德市（60.99%）。厦门市、福州市、泉州市 3 个设区市的城镇化率高于全国平均水平，其余的 6 个设区市均低于全国平均水平。

表 10-4　福建省各设区市城镇化率情况

单位：万人，%

地区	2020 年		2010 年		2020 年比 2010 年	
	城镇人口	城镇化率	城镇人口	城镇化率	城镇人口增加	城镇化率提高个百分点
全　省	2855.72	68.75	2106.19	57.09	749.53	11.66
福州市	601.02	72.49	440.81	62.00	160.21	10.49
厦门市	461.73	89.41	311.91	88.30	149.82	1.11
莆田市	201.32	62.70	141.10	50.80	60.22	11.90
三明市	157.15	63.20	127.98	51.10	29.17	12.10
泉州市	601.27	68.46	474.95	58.40	126.32	10.06
漳州市	310.15	61.36	224.76	46.70	85.39	14.66
南平市	159.91	59.65	134.23	50.70	25.68	8.95
龙岩市	171.26	62.88	115.22	45.00	56.04	17.88
宁德市	191.91	60.99	135.23	47.90	56.68	13.09

资料来源：1. 福建省人口普查办公室编，《福建省 2010 年人口普查资料》，中国统计出版社，2013 年 1 月；2. 福建省第七次全国人口普查领导小组办公室　福建省统计局编，《福建省人口普查年鉴 -2020》中国统计出版社，2022 年 9 月。

（2）设区市间城镇人口吸纳能力不一。从新增的城镇人口看，福州市、厦门市、泉州市 3 个设区市相对于其他设区市而言，对流动人口的吸引力大，城镇集聚人口的能力较强。2010—2020 年年均新增城镇人口均超过 10 万人以上，分别为 16.02 万人、14.98 万人、12.63 万人，福州市位居首位，充分体现了城镇化进程活力和重要地位。年均新增城镇人口在 5 万人—8 万人的有 4 个设区市，分别是漳州市、莆田市、宁德市、龙岩市；年均新增城镇人口在 3 万人以下有 2 个设区市，分别是三明市、南平市。

从城镇化率的提高速度看，排在前 3 位的分别是龙岩市、漳州市和宁德市。龙岩市提高速度最快，2020 年比 2010 年提高了 17.88 个百分点，平均每年提高 1.79 个百分点；其次是漳州市，2020 年比 2010 年提高了 14.66 个百分点，平均每年提高 1.47 个百分点；宁德市 2020 年比 2010 年提高了 13.09 个百分点，平均每年提高 1.31 个百分点；提高速度较慢的是南平市和厦门市，南平市城镇化率 2020 年比 2010 年提高了 8.95 个百分点，平均每年仅提高 0.90 个百分点。厦门市城镇化水平一直以来就比较高，城镇化率从 2010 年的 88.30% 增加到 2020 年的 89.41%，十年只提高 1.11 个百分点。

（3）县（市、区）人口城镇化水平存在差距。从县城比较看：全省 44 个县只有 3 个县（见表 10-5）的城镇化率高于全省平均水平，最高的是德化县，城镇化率为 78.13%，与最低的永泰县相比，最高和最低相差 34.83 个百分点。从县级市比较看：全省 12 个县级市有 3 个市的城镇化率高于全省平均水平。石狮市作为福建综合改革试验区，民营经济充满活力，人口城镇化率位居县级市的首位，为 86.00%，与最低的建瓯市相比，城镇化率相差 33.96 个百分点。从市辖区比较看：全省 29 个市辖区有 21 个区的城镇化率高于全省平均水平。其中，城镇化率达到 100% 的有 7 个区，城镇化率最高与最低的秀屿区相比，相差 56.10 个百分点。2020 年全省 84 个县（市、区）中，城镇化率低于全省平均水平的县（市、区）共有 57 个，低于 50% 的县（市、区）有 15 个，分别占全省县级个数的 67.1% 和 17.6%。可见，福建省各县（市、区）间人口城镇化水平还有较为明显的差距，要实现全省各县（市、区）间人口城镇化水平的均衡发展还需要努力构建区域间整体布局、相互协调、产业互补，城乡统筹等发展模式，才能在共同发展的过程中逐步达到区域、城乡的均衡发展。

2. 城镇化进程中城市、镇、乡村的人口变化

人口向城市聚集是人口城镇化的主要方式，从福建城市、镇、乡村的人口变化情况看，全省城市人口由 2010 年的 1254.33 万人增加到 2020 年的 1710.50 万人，净增 456.17 万人，增长 36.37%；城市人口占总人口比重由 2010 年的 34.00% 上升到 2020 年的 41.18%，提高了 7.18 个百分点。镇人口由 2010 年的 851.86 万人增加到 2020 年的 1145.22

表 10-5　2020 年福建省各县（市、区）城镇化率情况

单位：%

地区	城镇化率	地区	城镇化率	地区	城镇化率
鼓楼区	100.00	秀屿区	43.90	平潭县	53.74
台江区	100.00	石狮市	86.00	长汀县	53.49
仓山区	100.00	邵武市	79.58	武平县	53.19
思明区	100.00	永安市	72.05	华安县	53.17
湖里区	100.00	晋江市	68.69	南靖县	53.08
鲤城区	100.00	福安市	65.12	周宁县	52.79
丰泽区	100.00	福鼎市	63.52	明溪县	52.41
海沧区	97.70	南安市	61.74	仙游县	52.36
晋安区	97.50	龙海市	61.38	政和县	51.85
梅列区	97.50	武夷山市	61.35	上杭县	51.47
龙文区	90.90	漳平市	58.19	顺昌县	51.38
集美区	90.30	福清市	53.56	清流县	50.75
芗城区	89.40	建瓯市	52.04	连江县	50.66
马尾区	87.90	德化县	78.13	光泽县	50.36
三元区	87.50	罗源县	71.55	寿宁县	49.78
新罗区	85.80	沙县	70.35	连城县	49.72
涵江区	79.40	东山县	64.47	安溪县	49.63
同安区	75.10	柘荣县	63.01	古田县	49.57
荔城区	74.20	永春县	61.28	屏南县	49.33
延平区	72.10	霞浦县	60.85	松溪县	49.24
城厢区	71.90	闽侯县	60.11	建宁县	49.18
蕉城区	68.20	长泰县	59.33	尤溪县	48.77
翔安区	61.90	将乐县	58.76	宁化县	48.25
建阳区	61.60	泰宁县	57.97	浦城县	48.13
长乐区	60.00	惠安县	56.67	平和县	47.35
洛江区	58.70	漳浦县	55.10	诏安县	45.49
泉港区	55.70	云霄县	54.40	闽清县	43.82
永定区	50.30	大田县	54.11	永泰县	43.30

资料来源：1. 福建省人口普查办公室编，《福建省 2010 年人口普查资料》，中国统计出版社，2013 年 1 月；2. 福建省第七次全国人口普查领导小组办公室　福建省统计局编，《福建省人口普查年鉴-2020》中国统计出版社，2022 年 9 月。

万人，净增 293.36 万人，增长 34.44%；镇人口占总人口比重由 2010 年的 23.09% 上升到 2020 年的 27.57%，提高了 4.48 个百分点。乡村人口则由 2010 年的 1583.23 万人减少到 2020 年的 1298.28 万人，净减 284.95 万人，下降了 18.00%；乡村人口占总人口比重由 2010 年的 42.92% 下降到 2020 年的 31.25%，减少了 11.67 个百分点（见表 10-6）。

表 10-6　主要普查年份福建省城市、镇、乡村人口构成情况

年份	城市		镇		乡村	
	人口数（万人）	占总人口比重（%）	人口数（万人）	占总人口比重（%）	人口数（万人）	占总人口比重（%）
2000	782.49	22.95	648.20	19.01	1979.11	58.04
2010	1254.33	34.00	851.86	23.09	1583.23	42.92
2020	1710.50	41.18	1145.22	27.57	1298.28	31.25

资料来源：1. 福建省人口普查办公室编，《福建省 2010 年人口普查资料》，中国统计出版社，2013 年 1 月；2. 福建省第七次全国人口普查领导小组办公室　福建省统计局编，《福建省人口普查年鉴 -2020》中国统计出版社，2022 年 9 月。

（三）推进城镇化进程需要关注的主要问题

1. 中心城市不够强大，辐射带动能力弱

福建虽然形成了以福州、厦门、泉州为中心，其他地市为区域中心，县城为骨干，小城镇为基础的城镇体系，但中心城市还不够强大，辐射带动作用不够突出。以福州、厦门为例，从福州与发达省份的省会城市比较来看：2020 年福州市辖区的城镇人口、GDP 总量、财政收入（见表 10-7）分别只有广州的 23.2%、24.5%、22.0%，南京的 46.2%、41.4%、23.1%，杭州的 40.4%、40.7%、18.9%，济南的 58.1%、63.1%、43.7%；从厦门与发达省份的中心城市相比，2020 年厦门的 GDP 总量、财政收入分别只有深圳的 23.1%、20.3%，苏州的 67.5%、63.2%，宁波的 80.9%、72.8%，青岛的 64.6%、75.7%。可见，福州、厦门两大中心城市与广州、深圳、南京、苏州、杭州、宁波、

济南、青岛等发达省份中心城市相比，尽管在产业结构和人均GDP上不相上下，但在人口规模、GDP总量和财政实力上还有较大差距，中心城市辐射带动能力偏弱。

表 10-7　2020 年福州、厦门与省外部分中心城市主要指标对比

城市		总人口（万人）	城镇人口（万人）	GDP（亿元）	三次产业结构	地方一般公共预算收入（亿元）
福建	福州	411	374	6140	1.25∶32.65∶66.09	379
	厦门	518	463	6384	0.45∶39.47∶60.08	784
浙江	杭州	1074	926	15097	1.49∶29.24∶69.27	2002
	宁波	507	408	7894	1.27∶40.98∶57.75	1076
江苏	南京	932	809	14818	2.00∶35.19∶62.81	1638
	苏州	449	357	9456	0.72∶42.99∶56.29	1240
山东	济南	839	644	9728	2.88∶34.42∶62.71	867
	青岛	720	619	9877	1.85∶33.72∶64.42	1035
广东	广州	1874	1615	25019	1.15∶26.34∶72.51	1723
	深圳	1763	1760	27670	0.09∶37.78∶62.13	3857

资料来源：本表数据均取自《中国城市统计年鉴2021》市辖区统计数据。

2. 大中城市数量少，规模小

从城市发展、城市等级的情况看，福建大城市缺少，中小城市的规模明显偏小，城市等级构成不够合理。与沿海发达地区省份比，福建的大中城市数量偏少，规模偏小，整体水平相对低。2020 年，福建共有各类城市 21 个，而广东 41 个、山东 42 个、江苏 34 个，浙江 31 个。地级市以上城市按城镇人口规模分：人口在 300 万人以上的大城市，广东 9 个、山东 10 个、江苏 10 个，浙江 7 个，而福建仅 4 个。其中，城镇人口在 700 万人以上超大城市，广东 4 个、山东 1 个、江苏 2 个，浙江 2 个，而福建 0 个。由于城市规模小，实力较弱，辐射带动能力小，城镇格局存在"小、散、弱"的现象；中小城市由于集中资金、产业和人口不足，存在小城镇众多，服务功能弱，区域聚集效应不明显，缺少能实现梯度推进的有效增长极。

3. 产业结构不合理,第三产业发展水平低

福建的服务业规模较小,结构层次偏低,落后于其他沿海省份。2020年全省第三产业增加值占GDP的比重为47.5%,低于全国平均水平7.4个百分点,也低于广东(56.5%)、江苏(52.5%)、浙江(55.8%)和山东(53.5%)。在全省9个设区市中仅有福州市、厦门市第三产业的比重超过50%,分别为56.1%、60.1%。据测算,20世纪90年代以来,中国第二产业增加值平均每增长1个百分点,可提供26万个新增就业岗位,而第三产业增加值平均每增长1个百分点,可提供100万个新增就业机会。这足以说明第三产业是提供新增就业岗位,带动经济发展,推动城镇化进程的巨大动力,没有发达的第三产业则无法支撑和加快城镇化进程,将直接影响城市向高层次的发展,也影响城市经济实力进一步提高。

4. 城镇规模普遍较小,辐射带动效应不强

2020年,福建共有建制镇658个,每个镇平均常住人口为17405人,比2010年增加3088人。其中:人口在10万人以上的建制镇仅47个,占7.14%;人口5万人—10万人的建制镇113个,占17.17%;人口2万人—5万人的建制镇196个,占29.78%;人口1万人—2万人建制镇173个,占26.29%;人口在1万人以下的建制镇129个,占19.60%。有关研究表明,"小城镇人口应在5万人以上才能产生一定的聚集效应和扩散作用,超过5万人则可以对周边地区的经济和社会发展起到明显的带动作用"。福建人口小于5万人的建制镇有498个,占全部建制镇的75.68%。由于大部分城镇规模小,人口聚集度低,功能弱,这些小城镇在城镇化进程中难于有效发挥人口聚集效应。

5. 人口聚集态势与城市空间规划不匹配,老城区人口密度大

以省会城市福州为例,2020年,福州市常住人口829.13万人。其中城镇人口601.02万人,人口城镇化率达72.49%,高于全省平均水平3.74个百分点。近年来,尽管以滨海新城建设为代表的新城新区建设快速推进,城市空间得到了极大扩展,但人口并没有呈现出相应的扩张趋势,老城区人口密度依然较大,仅二环内,就以16%的五城区建

成区面积聚集了 40% 的人口、供应了 45% 的就业岗位、生成了 52% 的交通出行。其中，鼓楼区、台江区人口密度分别高达 18742 人/平方公里、21835 人/平方公里，远超全市（677 人/平方公里）、全省（355 人/平方公里）平均水平。而农村人口转移到城镇和中心城区的趋势仍在持续中，进一步加剧了"城市病"，给环境和社会资源带来极大压力；新城吸附人口能力差直接影响了产业的发展和城镇化的推进。

三、新型城镇化发展的特点及模式

（一）福建新型城镇化发展的基本特点

1. 科学谋划布局，新型城镇化体系不断完善

进入新发展阶段，福建印发了《福建省新型城镇化规划（2021—2035 年）》，规划按照坚持走中国特色新型城镇化道路、进一步落实新型城镇化战略的新要求，明确未来福建城镇化的主要目标和重点任务，展望了两个重要时间节点。第一个是到 2025 年，全省常住人口城镇化率要达到 71.5%。届时，农业转移人口市民化质量显著提升，随迁子女在公办学校接受义务教育比例超过 93%；福州都市圈、厦漳泉都市圈影响力、竞争力大幅跃升。第二个是到 2035 年，全省城镇化进入成熟期，常住人口城镇化率要达到 78%，基本实现新型城镇化。届时，农业转移人口市民化总体完成，城镇基本公共服务实现均等化；城镇空间布局和规模结构成熟定型，福州都市圈、厦漳泉都市圈成为引领粤闽浙沿海城市群发展的主要引擎，大中小城市和小城镇协调联动发展；城市综合承载能力明显增强，功能品质更加完善，宜居、韧性、创新、智慧、绿色、人文成为城市的基本特征，城市治理体系和治理能力基本实现现代化。规划的出台，为福建新型城镇化发展明确了新方向。

2. 全面统筹，推动城镇化从空间发展向人的全面发展转变

支撑新型城镇化健康发展的体制机制不断创新，户籍管理、社会保障、就业服务、教育医疗、住房保障等公共服务体制改革取得重大进展，推动城镇化从空间发展向人的全面发展转变。一是农业转移人

口市民化取得实效。着力推进放开放宽落户限制，2014 年以来，全省有 720 余万农业转移人口进城落户。全面实施《居住证暂行条例》办法，发放居住证逾 390 万张，推进城镇基本公共服务向常住人口全覆盖，居住证持有人可在居住地参加基本养老保险，维护居住证持有人的合法权益。积极解决外来务工人员随迁子女平等接受义务教育问题，实施随迁子女入学电脑派位入学办法，实施随迁子女"异地高考"政策。建立积分落户制度，引导和鼓励农业转移人口市民化有序推进，推进基本公共服务均等化步伐加快，促进了城乡一体化协调发展。二是城镇基本公共服务加快向常住人口覆盖，义务教育阶段随迁子女在公办学校就读比例达 92.8%，公共就业服务和城镇职工基本医疗保险实现农业转移人口全覆盖，城乡常住人口基本医疗保险覆盖率达 96%。三是扩大了城镇住房保障范围，将一线环卫工人和公交司机等 8 类住房困难家庭列入分类保障范围。

3. 城市服务功能增强，人居环境质量明显提高

实施城市更新工程，全面升级公共服务设施，人居环境条件得到不断改善。一是城市建成区面积和道路长度持续增长。建成区面积由 2010 年末的 1059 平方公里提升至 2020 年末的 1648 平方公里，增长 55.6%；城市道路长度由 2010 年末的 6756 公里提高至 2020 年末的 14386 公里，增长 1.13 倍。二是城市生活用水用气普及率明显提高。2020 年城市供水管道长度达 31722.18 公里，比 2010 年增长 1.17 倍。城市用水普及率高达 99.9%，城市燃气普及率为 99.21%。三是污水垃圾处理水平明显提升。城市污水处理率从 2010 年的 84.4% 提升至 2020 年的 97.15%，城市生活垃圾无害化处理率从 2010 年的 92% 提升至 2020 年的 100%。生活垃圾焚烧能力居全国第 3 位。四是电信信息化水平不断提高。移动电话交换机容量由 2010 年的 6282 万户提高至 2020 年的 8862 万户，移动电话基站由 2010 年的 60136 个增加至 2020 年的 323151 个，2020 年全省光缆线路长度达 154.89 万公里，比 2010 年增长 2.94 倍，县级以上区域（含重点乡镇）5G 全覆盖。五是市容绿化环境持续改善。2020 年城市人均公园绿地面积 14.94 平方米，比 2010 年

提高 3.95 平方米；建成区绿化覆盖率达 100%。六是城市生态环境质量全国领先。设区市空气质量优良天数比例达 98.8%，高于全国 11.8 个百分点，在全国率先实现省级园林城市（县城）全覆盖。全面建立历史文化保护名录体系，历史文化名城、街区、名镇名村保护的法律保障更加健全。

4. 城镇化空间格局优化，交通更加健全完善

福厦泉等闽南、闽东沿海发达地区经济人口承载能力不断增强，要素资源加快优化配置，发展规模效益和集聚效益日益显现。福州都市圈、厦漳泉都市圈发展能级不断提升，沿海城镇连绵成带、山区城市点状集聚态势更加凸显，为全方位推进高质量发展提供了强劲的空间动力支撑。2020 年常住人口超过 300 万人的设区市全部位于沿海，依次是泉州 878 万人、福州 829 万人、厦门 516 万人、漳州 505 万人、莆田 321 万人和宁德 315 万人；这 6 个设区市的城镇人口达 2332.64 万人，占全省城镇总人口的 81.7%。内陆 3 个设区市的常住人口均在 300 万人以下，龙岩 272 万人、南平 268 万人、三明 249 万人。交通网更加健全完善，2015 年福建成为全国第一个市市通高铁的省份、全国第四个"县县通高速"省份，高速公路密度 4.12 公里 / 百平方公里，居全国第 2 位。2020 年福建公路通车里程突破 11 万公里，高速公路网累计建成 5635 公里，铁路营业里程 3774 公里；全省 80% 的陆域乡镇实现 30 分钟便捷通高速。"轨道上的福建"初步建成，南三龙、衢宁、福平铁路竣工通车，世界最长跨海峡公铁两用大桥建成投用，全省所有设区市实现动车环形运营。公众出行服务更加便捷，福州、厦门双双迈入"地铁换乘时代"，各城市基本实现中心城区公共交通站点 500 米覆盖。

5. 城乡融合发展深入推进，公共服务日趋均等

城乡基础设施一体化建设成效显著，全省所有乡镇通达三级及以上公路、所有建制村通硬化路和客车基本实现，城乡供水一体化全面展开，乡镇生活垃圾转运系统实现全覆盖、生活污水处理设施基本建成。实现县域电网 220 千伏变电站全覆盖，行政村光纤宽带和 4G 网络

全覆盖。农村邮政快递网络不断完善，建制村直接通邮率 100%，快递网点乡镇覆盖率 100%。基本公共服务持续向农村地区延伸覆盖，城乡居民养老和医疗保险进一步统筹，城乡三级医疗救治服务网络更加完善。城乡居民收入差距连续缩小，2020 年农村居民人均可支配收入达20880 元，比 2010 年增长 1.81 倍，城镇居民人均可支配收入与农村居民人均可支配收入之比由 2010 年的 2.93 缩小至 2020 年的 2.26。城乡要素双向自由流动渠道更加顺畅，土地流转规范有序，农村发展活力进一步增强。

6. 产业支撑力度提高，人口就业不断优化

从福建省三大产业生产总值占比来看，2010 年福建 GDP 的一、二、三产业所占比例为 8.5∶51.4∶40.2，到了 2020 年这一比例为 6.2∶46.3∶47.5，第三产业首次占据经济的主导地位。再从全社会从业人员构成看，2010 年福建全社会从业人员按一、二、三产业所占比例为 28.4∶36.6∶35.0，到了 2020 年这一比例为 14.6∶32.6∶52.8。同全国平均水平相比，第二产业和第三产业从业人数占比分别高 3.9 个百分点和 5.1 个百分点；十年时间全省第三产业从业人员所占比重提高 17.8 个百分点。

（二）福建新型城镇化发展主要模式

改革开放以来，福建在城镇化特别是新型城镇化推进城乡融合发展中进行了积极探索，不断引导调整大城市、中小城市、小城镇与乡村发展的空间关系，在发展大城市同时，重视中小城市、小城镇的发展，重视城乡关系改善。一方面，规划构建海峡西岸城市群，建设福州大都市区、厦漳泉大都市区，另一方面，开展了 43 个省级小城镇综合改革试点、15 个国家和省级新型城镇化综合改革试点、15 个镇级"小城市"培育试点，批复创建 55 个省级特色小镇，对中小城市和特色小（城）镇进行多层次、全面深入的改革探索；围绕中央和福建关于新型城镇化的战略部署，结合实际，各地总结提炼出"城市现代化、产城融合、大城关、特色新市镇、美丽乡村"等五种新型城镇化发展模式，体现以人为本、布局优化、生态文明、文化传承等丰富内涵，打造了一批有特色的、可学可复制可推广的精品示范区。

模式一："城市现代化"。在城镇化率达60%以上的中心城市区域，针对城市首位度不高、辐射带动能级低等问题，重点探索城市现代化与城市一体化协调发展，加快规划、建设、管理一体化，以生态、人文、智慧城市建设为主导提升城市综合服务功能，以现代服务业、高科技产业、文化产业为主导构建都市型产业体系，全域协同，力促注重数量规模扩大向注重质量内涵提升的转变，实现城市发展水平和市民生活质量同步永续提升，避免城市"规模不经济"现象。

模式二："产城融合"。突出相生相长，坚持以产兴城、以城促产，产城融合发展。重点探索产业园区与城市新区的同步建设、融合互动、协同发展，以产业革新为保障驱动城市更新，以城市规划为基础提升产业能级，推动区域由基础建设向宜居宜业城市功能阶段发展，从"产城割裂"走向"产城融合"，实现城市、产业、人三者共生发展。

模式三："大城关"。在山区县域，针对山区人口分散居住、城关拓展空间有限、县域特色主导产业后劲乏力、城乡公共设施资源配置滞后等问题，重点探索按照中小城市标准推动县域城关扩容提质、"量质并进"，以"大健康"生态产业为驱动打造县域经济升级版，以推进本地农业人口市民化为核心，有序引导农业人口向城关、中心镇聚集，改造完善公共基础设施，促进城乡统筹、区域均衡发展，基本形成现代化城市与新型农村和谐交融的城乡形态。

模式四："特色新市镇"。在经济基础好、有特色、有潜力的中心镇和小城镇，针对"权小责大"、财力与事权不匹配、空间布局不合理、产业带动能级弱、公共服务水平不高等问题，重点培育城镇功能，强化对接城市、辐射农村的节点支撑作用，发挥区位、产业、交通、资源、文化或生态等比较优势，培育发展工业强镇、商贸重镇、旅游名镇、现代农业镇等特色新市镇，有序引导就近、就地城镇化，并鼓励有条件的特色新市镇发展成为"小城市"。

模式五："美丽乡村"。针对规划建设水平低、"造血"功能不强、生产生活环境不好、农民参与度不高等问题，重点探索建立和完善"美丽乡村"建设标准体系，注重引入现代生产生活方式与保留自身生态文化特色相结合，坚持"宜聚则聚，宜散则散"，遵循"小规模、组团式、生态化"，推动村落民居、产业发展、基础设施、公共服务、社会建设等生产生活要素在农村新型社区集约配置，探索社区（村居）自主改造模式，深化农业经营制度和农村土地、产权制度等改革，激活农村发展活力，促进农业持续增效，农村居民生活幸福。

"五种模式"，是福建各地推进新型城镇化的主要举措，也积累一些可学、可复制、可推广的经验做法。如晋江农业转移人口市民化、石狮全域城市化、德化统筹城乡发展等主题探索，既是全省、全国的典型，也是福建的一面旗帜。2014年5月，习近平总书记专门就晋江推进新型城镇化试点工作做了"眼睛不要只盯着大城市，中国更宜多发展中小城市及城镇，要总结这方面的经验，积极培育推广先进经验"的重要批示，这是对福建推进新型城镇化工作的肯定、鼓励，也是鞭策。

（三）进一步推进福建新型城镇化发展的思路对策

进入新发展阶段，全方位推进高质量发展超越是贯穿福建各领域发展的主题，同时，以国内大循环为主体、国内国际双循环相互促进的新发展格局正在逐步形成，为城镇化发展带来了新机遇、明确了新方向、提出了新要求。当前，福建正处于城镇化中后期，呈现出一些新的趋势特征，必须因势利导，顺势而为，按照《福建省新型城镇化规划（2021—2035年）》的目标要求，切实提高城镇化发展质量，为经济社会发展提供坚实支撑。

1. 提升中心城市发展能级，加快发展现代化都市圈

持续做大做强福州、厦门、泉州等中心城市，优化提升福州市都市圈，培育发展厦漳泉都市圈，加快三明、莆田、南平、龙岩和宁德等区域中心城市发展，促进大中小城市和小城镇协调发展，形成城市和城乡间人口有序流动的机制，进一步增强对中西部跨省转移人口的吸引力，打造全国重要的人口集聚区，加快形成更多支撑福建经济发展的增长极。

（1）提升中心城市发展能级。中心城市是引领推动都市圈高质量发展的核心引擎，为此，一是要加快福州国家中心城市创建，实施强

省会战略，持续深入实施"3820"战略工程，加快建设现代化国际城市，实现空间、人口、经济规模倍增式跨越，打造区域发展引擎。二是要进一步推动厦门提升开放水平。深入贯彻"提升本岛、跨岛发展"战略，坚持岛湾一体，区域协调发展，推动岛内城市更新，疏解部分公共服务资源，提高环境品质和城市功能。三是要打造泉州制造业强市，以城市新区规划建设为引领，加快形成环湾聚核，布局建设面向市域的综合服务"高端职能环"。四是要做强区域中心城市。统筹推进漳州、三明、莆田、南平、龙岩、宁德等区域中心城市发展，高标准建设平潭综合实验区，优化城市空间结构布局，促进城市功能合理分工。

（2）加快推进福州都市圈、厦漳泉都市圈同城化建设，引领带动沿海城镇发展带，培育发展山区绿色发展带。加强两大都市圈内大中小城市和小城镇联动发展，强化中心城市对周边欠发达地区的辐射带动作用，依托重大交通基础设施建设，拓展北部福州宁德至南平、中部泉州莆田至三明、南部厦门漳州至龙岩山海发展轴。推动环三都澳、闽江口、湄洲湾、泉州湾、厦门湾、东山湾特色化协同化发展，拓展城镇化发展新空间。推进福州、厦漳泉都市圈建设，推动人口合理集聚。

（3）将城市群、都市圈作为新发展阶段城镇化建设的主攻方向。立足新发展阶段，更好破解城镇化面临的新矛盾新挑战，应把城市群、都市圈作为城镇化建设的重点，依托中心城市高端要素集聚优势，发展先进制造业与高端服务业，促进中心城市与新城及周边城镇分工互补；加强城市群内部的高效连接，构建具有同城效应的通勤圈，疏解中心城市人口集聚压力，辐射带动新城及周边中小城镇发展；逐步缩小中心城市与新城及周边城镇在公共服务数量和质量方面的差距，积极探索在城市群内部率先实现基本公共服务均等化；完善决策协调和利益平衡机制，促进区域内各城镇在公共事务方面实现协同治理。

（4）以推动区域一体化发展和优化生产力布局作为新发展阶段城镇化建设的重要抓手。一方面，以城市群、都市圈为重点区域，打破各类显性和隐性市场壁垒，统一规划、共同建设、合作运营交通基础设施，促进产业体系跨地区有机衔接，实现创新资源有效整合和共享，增强协同治理法治化水平,提升公共资源供给效率和均衡性。另一方面,依托中心城市优化生产力布局,促进城市群、都市圈之间协同联动发展,增强区域发展平衡性协调性,加大对漳州、三明、莆田、南平、龙岩、宁德等区域中心城市的支持力度,提升其发展能力,实现主导产业转型升级,进而带动周边城镇发展。

(5)积极打造地区之间既有良性竞争又有横向协作的城镇化推进模式。在保持地方政府能动性的同时,大力优化营商环境,强化区域规划的硬约束,避免出现地方无序竞争和产业同构。与此同时,加强地方间合作的广度和深度,使地方合作的范围覆盖招商引资、环境保护、民生建设等多个领域,通过完善相关制度来提高合作的稳定性,通过改革考核机制来增强合作的内生动力。

2. 把握人口仍向沿海集聚的特点,提升中心城镇的综合承载力

随着福建省城镇化进程进入中后期阶段,福建省的总人口和城镇人口还在向沿海集中,人口城镇化进程除了与省外流入的人口有重要关系外,更紧要的是在省内沿海和山区内陆间的协调发展做出布局。针对以上特点,首先,在保持流入地城镇地区原有优势产业的同时,培育新的产业增长点,推动产业结构的转型与升级,进一步提升本地各类企业的规模优势和集聚效应,强化其对人口的集聚功能,加强产业园区及其相关配套基础设施的建设,优化资源配置和改善生态环境,增强城镇的综合承载能力;其次,把人口城镇化的重心转移到注重内涵发展上,以福州、泉州、厦门三大中心城市的中心城区和发达县市为依托,以"点 - 轴 - 网络"的思维为指导,加强跨区域合作步伐,遵循市场化经济规律,适时突破行政区划界限,加快形成具有带动力强、联系紧密的福州都市圈和厦漳泉都市圈,实现其与闽西南和闽东北地区的联动,优化城镇人口的内在结构。

3. 完善城镇科学发展规划,优化产业布局

突出差异发展和特色发展,把城镇建设与科学发展规划、产业升级、新兴产业培育结合起来,提升产城融合协调度,推进工业企业向规划区集中、农民用地向规模集中、农村居住向新型社区集中,促进

产业集群、土地集约和人口集中。一要树立强烈的规划理念，突出规划引领，全面提升规划的科学性、超前性和权威性。尤其是在新城的发展，必须做好前瞻性的规划和定位，坚持城市功能规划和产业发展定位同步原则，在完善城市功能的过程中，同步优化产业布局，实现城市与产业发展之间的相互促进，进一步提升产城融合的协调度。二要做好产业布局。根据区域经济特色，突出城镇产业功能，推进产业体系建设。明确产业定位分工，实现优势互补。工业向园区集聚，关联产业向龙头企业集聚，大项目、大企业向园区集结，走项目产业集聚之路，实现产业对城镇发展的支撑。三要培育优势产业。按照产业集群的发展模式，坚持招商引资与发挥能人优势相结合、与做大做强传统产业相结合、与培植新兴产业相结合、与推进农业产业化相结合、与推进重大基础设施相结合。推动传统产业优化升级，新产业集聚发展，中小企业做大做强。四要壮大第三产业。城镇新区建设要充分考虑服务业发展的需要，规划确定商业、服务设施用地，出台具体配套政策，推动服务业加速发展。加强商业网点规划管理，重点发展现代物流配送、新型商贸业态。加快旅游观光、生态农业、休闲娱乐场所建设和旅游服务设施建设，进一步提高旅游接待水平，加快旅游业发展。五要加快城镇产业集聚和人口集聚。实现产业集聚和人口集聚，是加快建设闽北城镇群的关键。加快发展县域经济，把推进城镇化与工业化、农业产业化有机结合起来，不断提升综合竞争实力。各县、市城区要依托各自优势和特色，立足本地优势，做大县域特色产业，着力发展一批产业关联度高、带动力强的骨干项目，培育扶持一批竞争力强、比较优势明显的龙头企业。要引导工业企业向园区集中、农村人口向城镇转移、土地向规模经营集中，提高城镇建设质量和水平。合理规划建设各类园区，使其在布局上既不远离中心城区，又有一定的生态环境空间，通过快速干道实现与城区相连，把各类园区建设成为城市新区，实现工业化和城镇化协调发展。

4. 内地应集中优势资源，推进以县城为主体的就近城镇化

内陆山地县域地区的城镇地区是吸引城乡人口流入的主体，而主

要的人口来源是省内乡村人口，且县内乡村人口比省内跨县乡村人口更具优势。这些地区主要涉及内地山区三明、南平、龙岩等所属的区、县、市，其特征是市辖区和一些城镇人口城镇化水平和非农化水平均较高、外来人口也占一定比例，但其非农化程度相比闽东南地区要低得多，来自中心城市带动和乡村就地转型的城镇化动力不强。由此表明，在对这种类型地区的城镇化发展中不能参照沿海发达地区的方式，而应在县域范围内将优势资源于"单点"集中，推动本地以县城为重要载体的就地就近城镇化。首先，要把省内跨县与县内的乡村人口以及由外地返回的回流人口等作为一个整体，适时开展迁村并点和聚落体系的功能分区，调整这些聚落内部人口和产业的布局，引导人口就近向区位和条件较好的县城或中心镇等人口和产业相对集聚的重点镇转移，加快重点镇的基础和服务设施建设，促进城乡的统筹协调发展；其次，产业是一个地区可持续发展的源泉。这些地区的县域应发挥自身发展条件，充分利用丰富的森林、矿产、旅游、农业等资源，结合互联网和电商直播等新业态，发展一二三产融合的优势特色产业，并创新区域合作机制，鼓励沿海发达地区采用定向援助、对口支援和对口帮扶等多种形式，通过发展"飞地经济"、共建园区等合作平台，打破跨区域合作的屏障，进一步强化资源配置优化，促进内地山区县域人口集聚"点"的升级。

5. 加快户籍制度改革的步伐，实现公共服务的普惠性和均等化

据预测，福建省在2030年左右将步入人口负增长时代，因此为了缓解人口老龄化、年轻劳动力不足的现象，须着力提升对省际流动人口的吸引力，努力实现劳动力供给与需求的动态平衡。在具体政策落脚点上，可通过完善以合法稳定住所及合法稳定职业为基本依据的户口迁移政策体系，构建更具包容性的社会治理环境，真正做到能吸引人，更要能留住人、用好人。加快省级中心城市户籍制度改革的步伐，让更多的流动人口转为"城镇居民"，促进城市化质量的提升。推动居住证制度扩面提质，实现有意愿的未落户常住人口全部持有居住证。深化与户籍相关联的各项配套制度改革和调整，逐步实现农业转移人

口与当地户籍人口享受同等基本公共服务，完善共建共治共享的社会治理共同体。

参考文献：

1. 国务院人口普查办公室，国家统计局人口和就业统计司 . 迈向小康社会的中国人口：全国卷〔M〕. 北京 . 中国统计出版社，2014.
2. 福建省人口普查办公室 . 世纪之交的中国人口：福建卷〔M〕. 北京 . 中国统计出版社，2005.
3. 福建省发展和改革委员会 . 福建省新型城镇化规划 2021—2035 年〔Z〕.2021.

第十一章 人口居住状况

　　住房是民生之基，住房问题关系到千家万户的立身之地、安居之所。进入 21 世纪以来，尤其是党的十八大以来，伴随着城镇化进程和生活水平的提升，人们住房条件持续改善，从保障性住房逐渐向改善型住房转变，居住条件和居住环境不断优化，实现从住有所居到住有宜居，极大地提升了群众居住的舒适感。

一、人口居住水平的情况

（一）家庭户人口居住的现状及特点

1. 基本住有所居

　　人口普查数据显示，2020 年，福建家庭户总数 1335.03 万户，全省有 99.77% 的家庭户都有住房居住（包括租房），其中普通住宅占 94.52%，集体住所占 3.65%，工作住所和其他住房占 1.60%。

2. 户均住房超过 3 间

　　住房间数是指除厨房、厕所、过道和厅以外的所有自然间数（包括扩建的房间）。2020 年，福建家庭户户均住房间数为 3.46 间，比 2010 年 3.37 间增加 0.09 间，增长 2.67%。从人均住房间数来看，家庭户人均住房间数为 1.26 间，比 2010 年 1.13 间增加 0.13 间，增长 11.50%。平均每个家庭户超过 3 间住房，人均至少有 1 间住房，居住舒适度和生活质量都得到了较大的改善。

3. 人均住房建筑面积大幅增加

　　2020 年，福建人均建筑面积为 48.72 平方米，比全国平均水平多 6.96 平方米，高出 16.67%；与 2010 年 36.95 平方米相比，增加 11.77 平方米，增长达 31.85%。国际上通常将居住标准分为三个等级：一是低标准，即每人一床，人均居住面积 2 平方米；二是文明标准，即每户一套，人均居住面积 8 平方米；三是舒适标准，即每人一间，人均居住面积 10 平方米以上（这里的"人均居住面积"是指只包括卧室的净面积，中国一般以 1/2 建筑面积来计算）。也就是说，福建人均建筑面积为 48.72 平方米，相当于国际上"居住面积"为 24.36 平方米，超过人均居住面积 10 平方米的舒适标准。从人均住房建筑面积不同的家庭户分组情况看，福建家庭户人均住房建筑面积为 70 平方米及以上的户数最多，占 26.59%，其次是 20—29 平方米，占 16.41%；第三是 30—39 平方米，占 13.62%；家庭户人均住房建筑面积为 30 平方米以上的比重为 65.94%（见表 11-1）。

表 11-1　福建家庭户人均住房建筑面积构成及变化

单位：%

建筑面积	人均住房建筑面积所占比重		增减百分点
	2020 年	2010 年	
合计	100.00	100.00	0.00
8 平方米以下	3.47	10.45	−6.98
9—12 平方米	4.66	6.84	−2.18
13—16 平方米	6.54	8.13	−1.59
17—19 平方米	2.98	3.88	−0.90
20—29 平方米	16.41	18.21	−1.80
30—39 平方米	13.62	14.10	−0.48
40—49 平方米	10.74	10.10	0.64
50—59 平方米	7.30		
60—69 平方米	7.69		
50 平方米以上	41.59	28.29	13.30
其中 70 平方米以上	26.59	15.75	10.84

资料来源：1. 福建省第七次全国人口普查领导小组办公室 福建省统计局编，《福建省人口普查年鉴 -2020》，中国统计出版社，2022 年 9 月；2. 福建省第六次人口普查办公室编，《福建省 2010 年人口普查资料》，中国统计出版社，2013 年 1 月。

从表 11-1 可以看出，与 2010 年相比，2020 年福建家庭户人均住房建筑面积为 40 平方米以下的各组比重均不同程度地回落，合计下降 13.94 个百分点，其中 8 平方米以下的比重回落幅度最大，达 6.98 个百分点；相应地，家庭户人均住房建筑面积为 50 平方米以上的比重上升 13.30 个百分点，其中 70 平方米以上的比重增加 10.84 个百分点。

（二）家庭户住房质量提高

福建家庭户住房总体上以 2000 年后建造为主，占比接近七成，建造质量高，承重类型稳固，钢筋混凝土和混合结构占比超九成。

1. 住房建造的年份较新

从住房的建造年代看，随着时间的推移，年代久远的住房已不断被新建的所取代。到 2020 年，1989 年以前建成的比重已很低，其建设面积占全部住房建筑面积的比重仅为 12.55%；改革开放头十年，即 20 世纪 80 年代建成的比重由 2010 年的 17.19% 降为 8.38%，下降

表 11-2　按建成年代分福建家庭户住房建筑面积构成及变化

单位：%

建成年代	建筑面积比重		增减百分点
	2020 年	2010 年	
合　计	100.00	100.00	0.00
1949 年以前	0.55	1.59	−1.04
1949—1959 年	0.35	0.83	−0.48
1960—1969 年	0.85	2.14	−1.29
1970—1979 年	2.41	6.13	−3.72
1980—1989 年	8.38	17.19	−8.81
1990—1999 年	21.35	33.71	−12.36
2000—2009 年	32.52	38.42	−5.90
2010—2014 年	21.30		
2015 年以后	12.28		

资料来源：1. 福建省第七次全国人口普查领导小组办公室 福建省统计局编，《福建省人口普查年鉴-2020》，中国统计出版社，2022 年 9 月；2. 福建省第六次人口普查办公室编，《福建省 2010 年人口普查资料》，中国统计出版社，2013 年 1 月。

8.81 个百分点；20 世纪 90 年代建成的比重由 2010 年的 33.71% 降为 21.35%，下降 12.36 个百分点；2000 年以后建造的最多，比重由 2010 年的 38.42% 升为 66.10%，上升 27.68 个百分点，表明住房建造年代较新，以 2000 年以后建造的为主（见表 11-2）。

2. 住房建造质量大幅提高

福建所调查的 126.70 万个家庭户中，住房的承重类型为钢及钢筋混凝土结构的占 59.92%，混合（钢筋混凝土和砖木）结构的占 30.48%，砖木结构的占 5.44%，其他（木、竹、土楼、土坯房等）结构的占 4.16%。全省家庭户住房的承重类型为钢及钢筋混凝土结构和混合结构的总比重达 90.40%，以稳定牢固的承重类型为主体。其中，钢筋混凝土结构比重比 2010 年的 39.11% 提高 20.81 个百分点，比 2000 年的 19.7% 提高 40.22 个百分点。

3. 住房建筑层数以多层为主

从住房建筑层数看，平房的比例为 8.94%，比 2010 年下降 12.21 个百分点；而多层楼房比例上升到 91.06%，比 2010 年提高 12.21 个百分点。其中 7 层及以下最多，占 68.69%，比 2010 年提高 2.32 个百分点；

表 11-3 按建筑层数分福建家庭户数构成及变化

单位：%

建筑层数	家庭户数比重		增减百分点
	2020 年	2010 年	
合计	100.00	100.00	0.00
平房	8.94	21.15	−12.21
多层（7 层及以下）	68.69	66.37	2.32
7 层以上	22.37	12.48	9.89
其中高层（8—33 层）	21.44		
超高层（34 层及以上）	0.93		

资料来源：1. 福建省第七次全国人口普查领导小组办公室 福建省统计局编，《福建省人口普查年鉴-2020》，中国统计出版社，2022 年 9 月；2. 福建省第六次人口普查办公室编，《福建省 2010 年人口普查资料》，中国统计出版社，2013 年 1 月。

7层以上的占22.37%，比2010年提高9.89个百分点；其中高层（8—33层）占21.44%，超高层（34层及以上）占0.93%；多层楼房比例的上升，从另一个侧面反映了居民住房质量的提高（见表11-3）。

（三）家庭户住房生活配套设施趋于完善

福建家庭户住房中电梯配比提升，炊事设施比较健全，饮用水、卫生条件比较好，燃料较为环保。

1. 超二成住房所在建筑有配备电梯

家庭户住房所在建筑有配备电梯比重提升。家庭户住房所在建筑中有配备电梯比重超过二成，达22.49%，比重相比2010年提高明显；尤其是城市住房所在建筑中有配备电梯比重达37.10%。

2. 超九成住房内有独立使用的厨房

家庭户的饮食设施条件持续改善。家庭户住房内，本户独立使用厨房的比重超过九成，达93.71%，比2010年83.79%提高9.92个百分点；本户与其他户合用厨房的占1.84%，比2010年6.22%下降4.38个百分点。

3. 超九成家庭以清洁能源为主要燃料

清洁能源使用得以普及，在家庭户中炊事燃料使用占比超过九成，达到94.70%。其中，所调查的家庭户中以燃气作为主要炊事燃料的接近六成，达58.43%，比2010年53.07%提高5.36个百分点；以电力作为主要炊事燃料的接近四成，达36.27%，比2010年27.46%提高了8.81个百分点；以传统燃料（包括煤炭和柴草）作为主要炊事燃料的家庭户所占比重从2010年的17.05%降为3.31%，下降13.74个百分点（见表11-4）。

4. 超九成住房有管道自来水

随着公共设施事业的发展，安全卫生的管道用饮用水覆盖面持续提升。所调查的家庭户，饮用自来水的占91.84%，比2010年80.11%提高11.73个百分点。其中，城市、镇自来水普及率均超过九成，分别为98.26%和93.10%，分别比2010年93.78%和85.15%提高4.48和7.95个百分点；乡村超八成，占81.67%，比2010年66.43%提高15.24个百分点。

表 11-4　福建家庭户主要炊事燃料户数比较

单位：%

主要炊事燃料	家庭户比重		增减百分点
	2020 年	2010 年	
合计	100.00	100.00	0.00
燃气	58.43	53.07	5.36
电	36.27	27.46	8.81
煤炭	0.13	3.84	−3.71
柴草	3.18	13.21	−10.03
其他	1.98	2.41	−0.43

资料来源：1.福建省第七次全国人口普查领导小组办公室 福建省统计局编，《福建省人口普查年鉴-2020》，中国统计出版社，2022 年 9 月；2.福建省第六次人口普查办公室编，《福建省 2010 年人口普查资料》，中国统计出版社，2013 年 1 月。

5. 卫生条件大步改善

一是住房独立使用厕所比重接近百分百。家庭户本住房内有厕所的占 98.75%，比 2010 年 82.11% 提高 16.64 个百分点。其中水冲式卫生厕所占 96.78%，水冲式非卫生厕所占 1.17%；相应地，无厕所的比重为 1.25%，比 2010 年 17.89% 下降 16.64 个百分点。

表 11-5　福建家庭户住房内洗澡设施比较

单位：%

住房内洗澡设施	家庭户比重		增减百分点
	2020 年	2010 年	
合计	100.00	100.00	0.00
统一供热水	0.79	2.64	−1.85
自装热水器	94.81	64.28	30.53
其他	1.74	13.55	−11.81
无洗澡设施	2.65	19.53	−16.88

资料来源：1.福建省第七次全国人口普查领导小组办公室 福建省统计局编，《福建省人口普查年鉴-2020》，中国统计出版社，2022 年 9 月；2.福建省第六次人口普查办公室编，《福建省 2010 年人口普查资料》，中国统计出版社，2013 年 1 月。

二是住房有洗澡设施比重接近百分百。家庭户本住房内有洗澡设施的占 97.35%，比 2010 年 80.47% 提高 16.88 个百分点。其中，家庭自装热水器的比重最大，为 94.81%，比 2010 年 64.28% 提高 30.53 个百分点（见表 11-5）。

（四）家庭户住房来源以自建为主

家庭户的住房来源指每个家庭所居住的房子是通过什么途径获得的，主要有自建、购买、租用、继承等方式。自建方式是个人自筹资金建造的住房；购买方式主要包括购买商品房、购买二手房、购买经济适用房、购买两限住房（限房价、限套型普通商品住房）和购买原公有住房；租用方式主要包括租赁廉租住房（公租住房）和租用其他住房两种。

福建家庭户中，自建住房的比例为 44.97%，接近五成，是住房主要来源，但比重比 2010 年 58.19% 下降 13.22 个百分点；同时以购买与租用为补充，购买住房的比例为 26.16%，比 2010 年 15.44% 提高 10.72 个百分点，表明十年来房地产发展较快。其中购买新建商品房的

表 11-6 福建家庭户住房来源比较

单位：%

住房来源	家庭户比重		增减百分点
	2020 年	2010 年	
自建住房	44.97	58.19	-13.22
购买商品房 / 二手房	23.30	11.10	12.20
购买经济适用房 / 两限房	1.01	1.10	-0.09
购买原公有住房	1.85	3.24	-1.39
租赁廉租住房 / 公租房	2.73	3.39	-0.66
租赁其他住房	22.62	16.98	5.64
继承或赠予	1.14	6.00	-2.47
其他	2.39		

资料来源：1. 福建省第七次全国人口普查领导小组办公室 福建省统计局编，《福建省人口普查年鉴-2020》，中国统计出版社，2022 年 9 月；2. 福建省第六次人口普查办公室编，《福建省 2010 年人口普查资料》，中国统计出版社，2013 年 1 月。

占 17.42%，购买二手房的占 5.88%，购买原公有住房的占 1.85%，购买经济适用房和两限房的占 1.01%；租用住房的占 25.35%，比 2010 年 20.37% 提高 4.98 个百分点，其中租赁其他住房的占 22.62%，租用政府廉租房和公租房的占 2.73%（见表 11–6）。

（五）家庭户租房成本提高

一般说来，租房的原因主要是无房，或者家里有房但为了进城务工经商生活方便、子女就近就学方便、上班方便等原因而租房。在被调查的 32.12 万户租房家庭户中，月租以 200—999 元的为主体，占 64.46%，比 2010 年提高 19.46 个百分点；而 2010 年则以月租 200 元以下的为主，占 46.64%，比 2020 年高 38.80 个百分点。其余各组比重均有不同程度的提高。其中，1000—1999 元、2000—2999 元及 3000 元以上的分别占 16.46%、7.40% 和 3.84%，分别比 2010 年提高 9.61 个、6.43 个和 3.30 个百分点（见表 11–7）。

表 11–7　福建租房家庭户月租房费用情况

单位：%

月租房费用	家庭户比重		增减百分点
	2020 年	2010 年	
合计	100.00	100.00	0.00
200 元以下	7.84	46.64	−38.80
200—499 元	37.14	34.08	3.06
500—999 元	27.32	10.92	16.40
1000—1999 元	16.46	6.85	9.61
2000—2999 元	7.40	0.97	6.43
3000—3999 元	2.43		
4000—5999 元	1.00		
6000 元以上	0.41		
其中 3000 元以上	3.84	0.54	3.30

资料来源：1. 福建省第七次全国人口普查领导小组办公室 福建省统计局编，《福建省人口普查年鉴 –2020》，中国统计出版社，2022 年 9 月；2. 福建省第六次人口普查办公室编，《福建省 2010 年人口普查资料》，中国统计出版社，2013 年 1 月。

二、人口居住水平的差异

由于自然、经济、社会及传统习惯等方面的原因，福建省内地区之间、城乡之间，户主为不同职业、不同受教育程度之间的家庭户的住房数量、质量及设施等呈现出较大差异性，且差异与 2010 年相比出现不同程度的变化。

（一）地区之间家庭户居住水平差异

1. 居住密度的差异

（1）住房用途的差异

全省各市、县、区家庭户基本上都实现了住有所居，无住房的比重只占很小一部分。家庭户住房用于生活的比重在 98% 以上的有 5 个设区市，最高的是莆田，占 98.91%，其次是福州、厦门、宁德、漳州，分别占 98.67%、98.58%、98.56%、98.54%。家庭户住房除作为生活用房外，兼作生产经营用房比重最高的是泉州，占 2.64%，其次是龙岩占 2.06%。无住房比重最高的是三明，占 0.66%，此后依次是宁德、南平、龙岩、厦门、漳州、莆田，分别占 0.47%、0.37%、0.22%、0.21%、0.20%、0.17%，最低的是泉州，只占 0.09%。（见表 11-8）

表 11-8　2020 年福建各设区市家庭户住房用途情况

单位：%

地　区	生活用房	兼作生产经营用房	无住房
全　省	98.18	1.60	0.23
福州市	98.67	1.17	0.16
厦门市	98.58	1.21	0.21
莆田市	98.91	0.92	0.17
三明市	97.54	1.80	0.66
泉州市	97.26	2.64	0.09
漳州市	98.54	1.26	0.20
南平市	97.96	1.67	0.37
龙岩市	97.72	2.06	0.22
宁德市	98.56	0.97	0.47

资料来源：福建省第七次全国人口普查领导小组办公室 福建省统计局编，《福建省人口普查年鉴-2020》，中国统计出版社，2022 年 9 月。

（2）住房间数的差异

2020年人口普查数据表明，全省家庭户平均每户拥有住房3.46间，人均1.26间。从9个设区市情况看，平均每户住房间数在4间以上的有莆田、漳州、龙岩、三明4市，分别为4.57间、4.44间、4.05间、4.02间；3—4间的有泉州、南平、宁德、福州4市，分别为3.73间、3.72间、3.61间、3.36间；3间以下有厦门2.06间。平均每人住房间数除厦门为0.88间外，其余各市均在1间以上，其中莆田最多，为1.54间；其次是龙岩，为1.48间；三明、漳州、南平、宁德、泉州、福州6市分别为1.46间、1.42间、1.41间、1.30间、1.29间、1.25间。最低的厦门仅及莆田的57.14%（见表11-9）。

表 11-9　2020 年福建各设区市家庭户住房间数情况

单位：间

地区	户均住房间数	人均住房间数
总　计	3.46	1.26
福州市	3.36	1.25
厦门市	2.06	0.88
莆田市	4.57	1.54
三明市	4.02	1.46
泉州市	3.73	1.29
漳州市	4.44	1.42
南平市	3.72	1.41
龙岩市	4.05	1.48
宁德市	3.61	1.30

资料来源：福建省第七次全国人口普查领导小组办公室 福建省统计局编，《福建省人口普查年鉴-2020》，中国统计出版社，2022年9月。

（3）居住面积差异

2020年人口普查数据表明，全省9个设区市中，人均住房面积超过全省平均水平48.72平方米的有莆田、泉州、龙岩和漳州，分别达

67.04 平方米、54.26 平方米、52.78 平方米、50.16 平方米，均超过 50 平方米；居第 5 位的是三明，为 48.13 平方米，基本与全省平均水平相当；第 6—8 位的依次是南平、宁德、福州 3 市，人均面积均在 47 平方米左右，分别为 47.44 平方米、47.12 平方米、46.89 平方米；最低的厦门不足 30 平方米，为 28.72 平方米，仅为最高莆田的 42.84%。具体见表 11-10。与 2010 年相比，大部分地市人均住房建筑面积均有较大幅度增加，平均增加 12 平方米，但位次除莆田、泉州、龙岩、厦门保持居第 1 位、第 2 位、第 3 位和第 9 位外，其余 6 市均出现变化。其中变化最大的漳州，从 2010 年的第 8 位升至第 4 位，前移 4 位；三明从第 7 位升至第 5 位，前移 2 位；南平、宁德、福州则从第 4 位、5 位、6 位降至第 6 位、7 位、8 位。

从全省 84 个县（市、区）人均居住面积看，除厦门市湖里区、集美区、海沧区外，其余均超过 30 平方米，即超过人均居住面积 10 平方米的舒适标准。其中，30—40 平方米的有 16 个县（市、区）；40—50 平方米的最多，有 29 个县（市、区）；50—60 平方米的有 24 个县（市、区）；60 平方米及以上的有 12 个县（市、区）。与 2010 年比较，人均居住面积出现变化。从最高前 5 个县（市、区）看，莆田市秀屿区达 98.87 平方米，继续居于首位，福州市福清市 80.35 平方米，取代 2010 年的泉州市惠安县上升至第 2 位，泉州市惠安县 76.25 平方米，则回落到第 4 位，泉州市的泉港区跃居第 3 位，为 77.33 平方米，比 2010 年上升 1 位，龙岩市上杭县 74.08 平方米，继续居于第 5 位。从最低前 5 个县（市、区）看，均来自厦门市，分别为湖里区 21.34 平方米、集美区 24.34 平方米、海沧区 26.42 平方米、思明区 30.10 平方米和同安区 31.60 平方米。与 2010 年比，海沧区、思明区、同安区仍处于全省最低 5 县（市、区）行列。人均住房面积最少的厦门市湖里区与最多的莆田市秀屿区相比，前者比后者少 77.53 平方米，仅及后者的 21.6%，差异较为悬殊（具体见表 11-10）。虽然不同市、县之间家庭户人均住房面积因城市化水平、城乡结构、居住习惯等因素影响而产生比较大的差异，但各市、县市人均面积分布呈"中间大两头小"，趋于正态分布，基本合理。

表 11-10　2020 年福建地区间家庭户人均住房建筑面积差异情况

单位：平方米

市　　别	人均住房面积	县　　别	人均住房面积
总　　计	48.72	秀屿区	98.87
福州市	46.89	福清市	80.35
厦门市	28.72	泉港区	77.33
莆田市	67.04	惠安县	76.25
三明市	48.13	上杭县	74.08
泉州市	54.26	湖里区	21.34
漳州市	50.16	集美区	24.34
南平市	47.44	海沧区	26.42
龙岩市	52.78	思明区	30.10
宁德市	47.12	同安区	31.60

资料来源：福建省第七次全国人口普查领导小组办公室 福建省统计局编，《福建省人口普查年鉴-2020》，中国统计出版社，2022 年 9 月。

2. 居住质量的差异

（1）住房建成年代差异

从 9 个设区市情况看，厦门、龙岩、漳州三市 2000 年以来建造的住房比例均超过全省平均 63.90% 的水平，分别为 76.50%、68.60%、66.99%；其余 6 个设区市均在全省平均水平以下，泉州为 62.08%，宁德为 61.48%，莆田为 60.53%，福州为 60.11%，三明为 57.93%，南平为 52.67%。最高的厦门比最低的南平高出 23.83 个百分点。从 2010 年以后建造的比重看，在全省平均 31.60% 水平以上的是漳州、龙岩、厦门、莆田 4 市，比例分别为 37.36%、36.42%、32.85% 与 31.80%；而在全省平均水平以下的 5 市，依次是泉州、三明、宁德、南平、福州，分别为 30.61%、30.42%、32.07%、29.79%、29.47%。最高的漳州比最低的福州高出 9.27 个百分点（见表 11-11）。

从全省 84 个县（市、区）2000 年以来建造的住房比例看，超过全省平均 63.90% 水平的有 28 个县（市、区），其中超过 80% 之上有 5 个，分别是厦门市的海沧区、集美区、翔安区、同安区和漳州市的龙文区，比重比例分别达为 91.93%、85.88%、82.86%、82.61%、84.24%；其余的 56 个县（市、区）均在全省平均水平之下。其中比重在 50% 以下的有 10 个县（市、区），最低的 5 个县（市、区）分别是厦门市思明区、福州市闽清县、三明市三元区、福州市鼓楼区和长乐市，分别为47.27%、45.47%、45.16%、44.09%、42.23%。最低的长乐市比最高的海沧区低 49.70 个百分点（见表 11-11）。

表 11-11　2020 年福建家庭户 2000 年以来建成住房地区间差异情况

单位：%

市　　别	比　例		县　　别	比　例	
	合　计	2010 年以后建造的		合　计	2010 年以后建造的
总　　计	63.90	31.60	海沧区	91.93	48.88
福州市	60.11	28.09	集美区	85.88	42.33
厦门市	76.50	32.85	龙文区	84.24	52.54
莆田市	60.53	31.80	翔安区	82.86	52.86
三明市	57.93	30.42	同安区	82.61	46.36
泉州市	62.08	30.61	思明区	47.27	9.45
漳州市	66.99	37.36	闽清县	45.47	23.56
南平市	52.67	29.47	三元区	45.16	24.53
龙岩市	68.60	36.42	鼓楼区	44.09	12.77
宁德市	61.48	29.79	长乐区	42.23	21.79

资料来源：福建省第七次全国人口普查领导小组办公室 福建省统计局编，《福建省人口普查年鉴-2020》，中国统计出版社，2022 年 9 月。

从全省 84 个县（市、区）2010 年代以来建造的住房比例看，超过全省平均 31.60% 水平的有 39 个县（市、区），其中，超过 50% 的有 2 个，分别是厦门市翔安区和漳州市龙文区，比重比例分别达为 52.86%、52.54%；其余的 45 个县（市、区）均在全省平均水平之下。其中比重在 20% 以下的有台江区、湖里区、鼓楼区、思明区 4 个区，分别为19.36%、16.51%、12.77%、9.45%。最低的思明区比重比最高的翔安区低 43.41 个百分点。

综上所述，住房更新快慢，除经济发达因素外，还跟城市新区建设的因素有关。如近 20 年建成的家庭户比重最低的 5 个县（市、区）基本是城市化进程较早的地方，其中思明区、鼓楼区、三元区等均是所在地市老城区，城市建设更新年代较早。相反，近 20 年建成的家庭户比重最高的 5 区，主要分布在厦门与漳州市辖区，其城市新区建设、房地产开发力度较大，住房比较新。

（2）住房承重类型差异

从各设区市情况看，厦门、福州、龙岩 3 市家庭户住房建筑结构承重类型是钢筋混凝土与混合结构比重均超过全省平均 90.40% 的水平，分别为 98.15%、93.81% 和 90.55%，其余 6 市均在全省平均水平以下，漳州为 89.90%，比全省平均水平低 0.50 个百分点，居第 4 位；第 5 至 9 位依次为莆田、三明、泉州、宁德、南平，分别是 88.34%、88.03%、87.67%、84.75%、81.75%；最低的南平比最高的厦门低 16.40 个百分点，比 2010 年最低和最高两者间 34.86 个百分点差距明显缩小，说明十年来设区市之间的住房质量差异明显缩小。从质量更高的钢筋混凝土结构的比重看，在全省平均 59.93% 水平以上的则有厦门、福州、龙岩 3 市，比例分别为 69.27%、68.30%、62.16%；在全省平均水平以下的 6 市，依次为宁德、三明、南平、漳州、泉州、莆田，其比例分别是 56.85%、56.73%、55.90%、54.61%、54.43%、48.27%。最低的莆田比最高的厦门低 21.00 个百分点（具体见表 11-12）。

从全省 84 个县（市、区）家庭户住房建筑结构承重类型是钢筋混凝土与混合结构比重看，超过全省平均 90.40% 水平的有 35 个县（市、区），其中，超过 95% 的有 15 个，是厦门和福州各 5 个市辖区，漳州 2 个县（区），莆田、三明、泉州各 1 个市辖区，多为沿海地区。比重最高的 5 个依次是厦门市湖里区、福州市台江区和鼓楼区、厦门市海沧区和集美区，比例分别高达为 99.88%、99.24%、99.11%、99.10%、98.88%；其余的 49 个县（市、区）均在全省平均水平之下。比重在 75% 以下的有福州市永泰县、南平市政和县和建瓯县、宁德市屏南县，分别为 74.14%、73.65%、73.14%、67.54%。最低的屏南县比最高的湖里区低 32.34 个百分点，比 2010 年最低和最高两者间 56.82 个百分点差距明显缩小（具体见表 11-12）。

表 11-12　2020 年福建家庭户住房建筑结构承重牢固程度
地区间差异情况

单位：%

市　　别	钢混和混合结构的比重		县　　别	钢混和混合结构的比重	
	合　计	钢筋混凝土		合　计	钢筋混凝土
总　　计	90.40	59.93	湖里区	99.88	67.86
福州市	93.81	68.30	台江区	99.24	87.79
厦门市	98.15	69.27	鼓楼区	99.11	88.67
莆田市	88.34	48.27	海沧区	99.10	81.66
三明市	88.03	56.73	集美区	98.88	66.98
泉州市	87.67	54.43	古田县	75.01	37.25
漳州市	89.90	54.61	永泰县	74.14	37.82
南平市	81.75	55.90	政和县	73.65	59.46
龙岩市	90.55	62.16	建瓯市	73.14	49.53
宁德市	84.75	56.85	屏南县	67.54	54.49

资料来源：福建省第七次全国人口普查领导小组办公室 福建省统计局编，《福建省人口普查年鉴-2020》，中国统计出版社，2022 年 9 月。

从建筑结构承重类型是钢筋混凝土的比例看，在全省 59.93% 的平均水平以上的有 38 个县（市、区），比例超过 80% 的有 5 个区，为福州市 4 个市辖区、厦门市 1 个市辖区，按比重高低依次是福州市鼓楼区、台江区、晋安区，厦门市海沧区，福州市仓山区，分别达 88.67%、87.79%、83.19%、81.66%、80.85%；而比例在全省平均水平以下有 46 个县（市、区），其中比重在 50% 以下的有 27 个县（市、区），比重 35% 以下的有 2 个县（市、区），具体是宁德市福鼎市 34.03%、泉州市永春县 33.85%。最低的永春县比重比最高的鼓楼区低 54.82 个百分点，钢筋混凝土住房建筑结构差异较大（具体见表 11-12）。

上述各县（市、区）家庭户建筑结构承重牢固程度差异，除主要受经济发达程度、居民生活富裕程度以及城市化进程影响之外，地理位置与传统习惯也是影响建造住房质量档次的重要因素。比如，沿海或海岛为抵御台风必须建造较为牢固的钢筋混凝土或混合结构的住房；山区作为劳务输出地，随着入城落户政策不断放宽，年轻人进城买房比例不断提高，原有砖木、土木结构或木竹结构住房主要由老人居住，改造意愿较低，还有国家古村落保护政策，这些都是形成住房建筑结构质量差距原因。

（3）住房建筑层数的差异

从9个设区市家庭户住房平房、多层（7层及以下）、高层（8—33层）及超高层（34层及以上）楼房比重看，2层以上楼房所占比重最高的是厦门，占97.55%；居第2到5位的是福州、龙岩、三明、莆田4市，分别占92.66%、92.17%、92.14%、91.30%，均超过九成；泉州、宁德、南平分列第6到8位，分别占89.59%、87.13%、86.31%；最低的是漳州，占86.15%。其中，高层的有福州、厦门、三明3市占比超过全省

表11-13　2020年福建家庭户住房建筑层数地区间差异情况

单位：%

市　别	平房	多层 （7层及以下）	高层 （8—33层）	超高层 （34层及以上）
总　计	8.94	68.69	21.44	0.93
福州市	7.34	57.30	33.75	1.61
厦门市	2.45	71.20	24.22	2.13
莆田市	8.70	75.17	15.56	0.57
三明市	7.86	70.34	21.80	0.01
泉州市	10.41	69.99	18.94	0.67
漳州市	13.85	71.10	14.66	0.38
南平市	13.69	66.47	19.78	0.06
龙岩市	7.83	77.12	14.14	0.91
宁德市	12.87	73.00	14.09	0.04

资料来源：福建省第七次全国人口普查领导小组办公室 福建省统计局编，《福建省人口普查年鉴-2020》，中国统计出版社，2022年9月。

21.44% 平均水平，分别为 33.75%、24.22%、21.80%；其余 6 个地市均低于 20%，最低的是宁德，仅为 14.09%，比最高的福州低 19.66 个百分点。超高层的比重厦门最高，占 2.13%；福州次之为 1.61%；三明最低，仅 0.01%。（见表 11-13）

从 84 个县（市、区）家庭户住房为 2 层以上楼房比重看，超过全省平均 91.06% 的水平有 38 个县（市、区），46 个县（市、区）在平均数以下；比重超过 95% 的有 15 个县（市、区），低于 80% 的有 6 个县（市、区），最低的南平市浦城县仅 74.36%，比最高的厦门市湖里区低 24.86 个百分点，比 2010 年最低最高两者间 55.74 个百分点差距缩小明显。其中，超高层的主要分布在厦门、福州 2 市，比重超过 2% 的依次是福州市台江区和晋安区，厦门市思明区和集美区，龙岩市新罗区，泉州市丰泽区，福州市鼓楼区，厦门市海沧区，莆田市荔城区，福州市马尾区，分别为 8.47%、4.94%、3.50%、2.99%、2.91%、2.81%、2.73%、2.58%、2.25%、2.06%。全省有 33 个县（市、区）没有超高层住房。

3. 住房生活配套设施的差异

（1）住房内拥有独立使用厨房情况的差异

从 9 个设区市家庭户住房是否独立使用厨房比重看，独立使用厨房比重最高的是三明，占 97.71%，最低的是泉州，占 90.02%；居第 2 至 6 位的分别南平、宁德、龙岩、福州、莆田 5 市，分别占 97.01%、96.78%、96.26%、95.73%、93.87%，均超过全省平均比重 93.71% 的水平，厦门、漳州分列倒数第 2、3 位，分别为 90.41%、93.39%（见表 11-14）。

从 84 个县（市、区）家庭户住房是否独立使用厨房比重看，超过全省平均水平的有 66 个县（市、区），18 个县（市、区）在平均数以下；比重超过 90% 的有 75 个县（市、区），低于 80% 的有 1 个县（市、区）。比重在全省后 5 位的是泉州市石狮市、丰泽区、鲤城区和晋江市、漳州市龙文区，最低的石狮市仅 78.09%，比最高的宁德市霞浦县低 20.85 个百分点。主要原因除经济相对发达外来租房户多外，还有各

表 11-14 2020 年福建家庭户住房内独立使用厨房地区间差异情况

单位：%

市 别	有无厨房比重		县 别	有无厨房比重	
	独立使用有	无		独立使用厨房比重	无
福建省	93.71	4.45	霞浦县	98.94	0.49
福州市	95.73	2.37	宁化县	98.86	0.52
厦门市	90.41	8.70	尤溪县	98.84	0.44
莆田市	93.87	3.81	建宁县	98.56	0.81
三明市	97.71	1.42	罗源县	98.41	0.31
泉州市	90.02	6.52	龙文区	85.43	13.57
漳州市	93.39	5.51	晋江市	85.37	9.34
南平市	97.01	1.49	鲤城区	82.17	11.71
龙岩市	96.26	2.54	丰泽区	80.84	14.46
宁德市	96.78	1.44	石狮市	78.09	15.99

资料来源：福建省第七次全国人口普查领导小组办公室 福建省统计局编，《福建省人口普查年鉴 -2020》，中国统计出版社，2022 年 9 月。

地居住习惯不同所致。

（2）住房使用的主要炊事燃料的差异

从 9 个设区市家庭户住房使用的主要炊事燃料比重看，使用燃气比重最高的是宁德，占 78.17%，最低的是龙岩，占 37.59%；超过全省平均 58.43% 水平的还有福州、泉州 2 市，分别为 71.96%、65.57%（见表 11-15）。从洁净、环保角度看，以燃气与电为主要炊事燃料的比重最高的是漳州，占 98.37%，最低的是南平，占 83.65%，比前者低14.72 个百分点；超过全省平均 94.70% 水平的还有福州、龙岩、莆田、泉州 4 市，分别为 98.05%、97.22%、97.12%、96.59%，其余 4 市低于全省平均水平。相反，以传统的煤炭与柴草为主要炊事燃料的比重，则以南平、三明 2 市最高，分别为 15.25%、15.02%；最低的是厦门、漳州 2 市，仅 0.11%、0.62%。

表 11-15　2020 年福建家庭户住房主要炊事燃料地区间差异情况

单位：%

地　　区	燃气	电	煤炭	柴草	其他
总　　计	58.43	36.27	0.13	3.18	1.98
福州市	71.96	26.09	0.06	1.14	0.75
厦门市	52.97	41.32	0.06	0.05	5.60
莆田市	42.58	54.54	0.26	1.56	1.07
三明市	39.57	44.53	0.20	14.82	0.88
泉州市	65.57	31.02	0.22	0.47	2.72
漳州市	57.79	40.58	0.12	0.50	1.01
南平市	45.66	37.99	0.10	15.15	1.10
龙岩市	37.59	59.63	0.11	1.75	0.92
宁德市	78.17	11.47	0.15	9.27	0.94

资料来源：福建省第七次全国人口普查领导小组办公室 福建省统计局编，《福建省人口普查年鉴 -2020》，中国统计出版社，2022 年 9 月。

从 84 个县（市、区）家庭户住房使用的主要炊事燃料为燃气与电的比重看，超过全省平均水平的有 49 个县（市、区），35 个县（市、区）在平均数以下；比重超过 90% 的有 23 个县（市、区），低于 80% 的有 11 个县（市、区），最低的宁德市屏南县仅 66.26%，比最高的宁德市霞浦县 99.98% 低 33.72 个百分点。相反，以传统的煤炭与柴草为主要炊事燃料的比重，最高的是宁德市屏南县，为 32.91%，最低的是福州市鼓楼区和台江区，均仅 0.01%。

（3）住房内管道自来水拥有情况的差异

从 9 个设区市家庭户住房有否管道自来水比重看，有管道自来水所占比重最高的是宁德，占 99.55%，接近百分百，最低的是泉州，占 81.02%；居第 2 至 6 位的分别厦门、福州、龙岩、三明、南平 5 市，分别占 98.14%、95.73%、95.69%、95.55%、93.53%，均超过全省平均比重 91.84% 的水平；最后 3 位分别是莆田、漳州、泉州，分别为 90.74%、85.99%、81.02%，均低于全省平均水平（见表 11-16）。

表 11-16 2020 年福建家庭户住房内有无管道自来水地区间差异情况

单位：%

市　别	有无管道自来水比重		县　别	有无管道自来水比重	
	有	无		有	无
福建省	91.84	8.16	霞浦县	100.00	0.00
福州市	95.73	4.27	寿宁县	99.92	0.08
厦门市	98.14	1.86	马尾区	99.77	0.23
莆田市	90.74	9.26	福安市	99.73	0.27
三明市	95.55	4.45	福鼎市	99.71	0.29
泉州市	81.02	18.98	光泽县	69.23	30.77
漳州市	85.99	14.01	漳浦县	67.48	32.52
南平市	93.53	6.47	惠安县	66.86	33.14
龙岩市	95.69	4.31	南安市	63.02	36.98
宁德市	99.55	0.45	安溪县	62.58	37.42

资料来源：福建省第七次全国人口普查领导小组办公室 福建省统计局编，《福建省人口普查年鉴-2020》，中国统计出版社，2022 年 9 月。

从 84 个县（市、区）家庭户住房有否管道自来水比重看，有管道自来水比重超过全省平均水平的有 59 个县（市、区），25 个县（市、区）在平均数以下；比重超过 90% 的有 67 个县（市、区），低于 80% 的有 9 个县（市、区），最低的泉州市安溪县 62.58%，比最高的宁德市霞浦县低 37.42 个百分点，差异较大。主要原因除各地城镇化水平不同外，还受各地饮用水来源如井水、山泉水等的不同影响。

（4）住房内卫生条件的差异

一是住房内拥有水冲式厕所均超过九成。从 9 个设区市看，家庭户住房内有水冲式卫生厕所比重居前两位的分别是福州、厦门 2 市，分别占 99.19%、99.07%，均接近百分百，住房内无厕所的分别占 0.59%、0.79%，所占比例较低。住房内拥有水冲式厕所比重最低的两个地市分别是南平、三明，占 94.73%、94.84%，住房内无厕所的占 3.26%、1.92%；其余 5 市住房内拥有水冲式厕所比重均高于 97%，依次是宁德、龙岩、莆田、泉州、漳州 5 市，分别占 98.90%、98.13%、98.09%、98.01%、97.01%（见表 11-17）。

表 11-17　2020 年福建家庭户住房厕所拥有量地区间差异情况

单位：%

市　别	拥有厕所比重			县　别	拥有厕所比重		
	水冲式	非水冲式	无		水冲式	非水冲式	无
福建省	97.95	0.80	1.25	霞浦县	99.95	0.01	0.04
福州市	99.19	0.22	0.59	台江区	99.80	0.01	0.20
厦门市	99.07	0.14	0.79	海沧区	99.77	0.04	0.19
莆田市	98.09	0.88	1.03	福安市	99.77	0.07	0.16
三明市	94.84	3.24	1.92	连江县	99.73	0.05	0.22
泉州市	98.01	0.64	1.35	武夷山市	93.71	3.55	2.74
漳州市	97.01	0.96	2.03	浦城县	93.00	2.94	4.06
南平市	94.73	2.01	3.26	建阳区	92.02	2.86	5.12
龙岩市	98.13	0.70	1.17	大田县	90.82	7.99	1.19
宁德市	98.90	0.74	0.36	沙县	90.24	5.41	4.35

资料来源：福建省第七次全国人口普查领导小组办公室 福建省统计局编，《福建省人口普查年鉴-2020》，中国统计出版社，2022 年 9 月。

从 84 个县（市、区）家庭户住房内拥有水冲式厕所比重看，超过全省平均水平的有 38 个县（市、区），46 个县（市、区）在平均数以下；比重最高的 5 个县（市、区）为霞浦县、台江区、海沧区、福安市、连江县，分别为 99.95%、99.80%、99.77%、99.77%、99.73%，住房内无厕所的比重均在 0.22% 以下；拥有水冲式厕所比重最低的是三明市沙县，为 90.24%，比最高的宁德市霞浦县低 9.71 个百分点，其住房内无厕所的比重为 4.35%，比霞浦县高 4.31%。主要原因除各地城镇化水平不同外，还受各地居住习惯、农业生产用肥需求不同的影响（见表 11-17）。

二是住房内洗澡设施情况的差异。从 9 个设区市看，家庭户住房内有洗澡设施比重最高的是福州，占 98.70%，最低的是厦门，占 94.95%，比前者低 3.75 个百分点；龙岩、宁德、莆田、三明市分别为 98.68%、98.29%、98.19%、97.43%，分别居第 2 至 5 位，均超过全省平均 97.35% 的水平；居第 6 至 8 位的分别是漳州、泉州、南平 3 市，分别占 97.17%、97.13%、96.47%。从洗澡设施方式看，各市均以自装热水器为主，比重均在 90% 以上，全省平均比重为 94.81%，最高的是福州，为 96.64%，最低的是厦门为 91.35%，比前者低 5.29 个百分点。采取统一供热的比重福州最高，为 1.07%，三明最低，为 0.43%（见表 11-18）。

表 11-18　2020 年福建家庭户住房内拥有洗澡设施地区间差异情况

单位：%

设区市	有洗澡设施				无洗澡设施
	合计	统一供热水	自装热水器	其他	
福建省	97.35	0.79	94.81	1.74	2.65
福州市	98.70	1.07	96.64	0.99	1.30
厦门市	94.95	0.96	91.35	2.65	5.05
莆田市	98.19	0.77	96.35	1.07	1.81
三明市	97.43	0.43	94.65	2.35	2.57
泉州市	97.13	0.84	94.60	1.70	2.87
漳州市	97.17	0.55	94.63	1.98	2.83
南平市	96.47	0.65	93.75	2.07	3.53
龙岩市	98.68	0.60	96.53	1.55	1.32
宁德市	98.29	0.61	96.05	1.62	1.71

资料来源：福建省第七次全国人口普查领导小组办公室 福建省统计局编，《福建省人口普查年鉴-2020》，中国统计出版社，2022 年 9 月。

从 84 个县（市、区）看，家庭户住房内有洗澡设施比重超过全省平均水平的有 54 个县（市、区），30 个县（市、区）在平均数以下；比重低于 95% 的全省仅 7 个县（市、区），其他均超过 95% 水平，最高为宁德市霞浦县、福州市台江区超过 99.7%，分别为 99.99%、99.74%。比重最低的分别是厦门市海沧区和集美区，分别为 92.02%、92.80%；海沧区比霞浦县低 7.97 个百分点。

4. 住房来源的差异

从 9 个设区市家庭户住房来源构成看，自建住房比重最高的是漳州，占 63.77%，最低的是厦门，仅占 10.78%，比前者低 52.99 个百分点；莆田、宁德、龙岩、泉州、南平、三明 6 市分别为 62.31%、60.67%、57.03%、50.44%、49.89%、48.78%，分别居第 2 至 7 位，均超过全省平均 44.97% 的水平；福州为 35.65%，居第 8 位。从 84 个县（市、区）家庭户自建住房比重看，超过全省平均水平的有 56 个县（市、区），28 个县（市、区）在平均数以下；比重超过 80% 的有 3 个县（市、区），具体是莆田市秀屿区、漳州市诏安县和平和县，分别为 89.39%、85.94%、84.20%；低于 5% 的有 5 个县（市、区），最低的福州市鼓楼区仅为 0.27%，比最高的莆田市秀屿区低 89.12 个百分点，差距明显。

租赁房比重最高的是厦门，占 64.97%，比全省平均 25.35% 水平高出 39.62 个百分点，是唯一超过全省平均水平的市；泉州居第二位，为 25.29%，基本与全省平均水平相当；其余 7 市均低于全省平均水平，最低的宁德为 11.69%，比厦门低 53.28 个百分点。其中，廉租房的比重由高到低居前 3 位的分别是厦门、福州、泉州，分别为 5.40%、2.60%、2.53%。从 84 个县（市、区）家庭户租赁房比重看，超过全省平均水平的有 18 个区（市），排前 3 位的分别是厦门市的湖里区、集美区、海沧区，分别为 77.90%、71.22%、69.78%；低于全省平均水平的有 66 个县（市、区），其中，低于 10% 的有 32 个县（市、区），最低的漳州市诏安县为 2.17%，比最高的厦门市湖里区低 75.73 个百分点。

购买住房比重最高的是福州，为 36.66%，其次是三明、南平，分别为 35.05%、34.08%，均超过全省平均 26.16% 水平；其余 6 市均在全省平均水平之下，最低的是莆田仅 19.03%，比最高的福州低 17.63 个百分点。其中购买商品房比重由高到低居前 3 位的分别是福州、南平、三明，分别为 26.45%、19.77%、19.61%，均超过全省平均 17.42% 的水平，其余 6 市在全省平均水平之下，最低的是厦门，仅 11.54%，比最高的福州低 14.91 个百分点。购买二手房比重居全省前 5 位的依次是三明、南平、厦门、福州、龙岩，分别为 8.79%、8.79%、8.19%、6.69%、5.93%，均超过全省平均 5.88% 的水平。各市购买经济适用房与原公房的比重分别在 0.73%—2.05%、0.70%—4.59%，差别不大。从 84 个县（市、区）家庭户购买住房比重看，超过全省平均水平的有 33 个县（市、区），51个县（市、区）在平均数以下；比重超过 60% 以上的有 3 个区，分别是福州市鼓楼区和台江区、三明市梅列区，分别为 70.62%、64.47%、68.78%；低于 10% 的有 3 个县（市、区），最低的莆田市秀屿区仅为 3.32%，比最高的福州市鼓楼区低 67.30 个百分点。（见表 11–19）

表 11–19　2020 年福建省家庭户住房来源地区间差异情况

单位：%

| 设区市 | 自建 | 租赁 | | 购买 | | | | 继承或赠予 | 其他 |
		廉租房	其他	商品房	二手房	经济适用房	原公房		
总　计	44.97	2.73	22.62	17.42	5.88	1.01	1.85	1.14	2.39
福州市	35.65	2.60	20.63	26.45	6.69	1.08	2.44	1.21	3.24
厦门市	10.78	5.40	59.57	11.54	8.19	0.74	1.74	0.38	1.66
莆田市	62.31	2.16	13.91	15.29	2.22	0.75	0.77	1.01	1.59
三明市	48.78	2.05	10.02	19.61	8.79	2.05	4.59	1.42	2.68
泉州市	50.44	2.53	22.77	15.55	3.48	0.73	0.70	0.82	2.99
漳州市	63.77	1.94	10.47	14.59	4.60	0.79	1.18	1.28	1.39
南平市	49.89	1.90	9.99	19.77	8.79	1.15	4.37	1.63	2.51
龙岩市	57.03	2.20	12.04	15.50	5.93	1.70	1.94	1.19	2.47
宁德市	60.67	1.63	10.06	15.17	5.83	1.04	1.00	2.57	2.05

资料来源：福建省第七次全国人口普查领导小组办公室 福建省统计局编，《福建省人口普查年鉴–2020》，中国统计出版社，2022 年 9 月。

5. 租赁住房的家庭户租房费用的差异

从 9 个设区市租赁住房的家庭户月租房费用情况看，各市均以月租 500 元以下为主体。从月租 500 元以下的比重由高到低看，在 9 个设区市中，漳州、南平、三明 3 市居前 3 位，分别为 52.89%、52.33%、48.92%；福州、莆田、宁德 3 市居后 3 位，分别为 34.11%、39.18%、44.82%。在 84 个县（市、区）中，长泰县、寿宁县、同安区居前 3 位，分别为 81.27%、77.95%、75.61%；鼓楼区、台江区、思明区居后 3 位，分别为 5.09%、3.72%、15.75%。

从月租 500 元及以上到 2000 元以下的比重看，各地市分布较为均匀，均处于 40%—50% 区间，位居前 3 位的分别是龙岩、宁德、莆田，分别为 49.85%、49.84%、49.35%；而厦门、漳州、福州 3 市最低，分别仅 40.49%、41.24%、42.02%。从 84 个县（市、区）比重看，超过全省平均 43.78% 水平的有 42 个县（市、区），居前 3 位的分别是安溪县、泉港区、蕉城区，分别为 76.49%、68.82%、68.05%；居后 3 位的是长泰县、鼓楼区、寿宁县，分别仅为 17.61%、20.60%、20.73%。

从月租 2000 元及以上的比重由高到低看，位居前 3 位的分别是福州、厦门、莆田 3 市，分别为 23.87%、11.78%、11.47%；而南平、三明分居后 2 位，分别仅 2.72%、2.58%。在 84 个县（市、区）中，居前 4 位分别是福州市鼓楼区、台江区、晋安区、厦门市思明区，比重

表 11–20　2020 年福建省租赁住房的家庭户月租房费用
地区间差异情况

单位：%

地区	500 元及以下			500—999 元	1000—1999 元	2000—2999 元	3000 元以上
	合计	200 元以下	200—499 元				
总　计	44.98	7.84	37.14	27.32	16.46	7.40	3.84
福州市	34.11	6.34	27.77	21.90	20.12	17.40	6.47
厦门市	47.72	3.85	43.88	27.65	12.84	6.41	5.37
莆田市	39.18	6.90	32.29	26.27	23.08	8.33	3.14
三明市	48.92	17.32	31.60	34.15	14.34	2.06	0.52
泉州市	46.55	10.58	35.97	29.67	18.74	4.08	0.96
漳州市	52.89	13.05	39.85	22.54	18.70	4.33	1.54
南平市	52.33	20.17	32.16	33.42	11.54	1.38	1.34
龙岩市	45.56	14.00	31.57	31.80	18.05	3.47	1.12
宁德市	44.82	12.22	32.61	31.83	18.01	3.60	1.74

资料来源：福建省第七次全国人口普查领导小组办公室 福建省统计局编，《福建省人口普查年鉴 –2020》，中国统计出版社，2022 年 9 月。

分别为 74.31%、56.32%、38.96%、38.94%，是全省唯有 4 个比重超过
30% 的县（市、区）；而三明市清流县、建宁县、南平市顺昌县比重
位居后 3 位，分别为 0.30%、0.31%、0.37%。（见表 11-20）

（二）城乡间家庭户居住水平的差异

1. 乡村居住密度低于市镇

人口普查资料显示，家庭户人均住房建筑面积、住房间数与户均
间数均呈乡村高于镇、镇高于城市的格局，城镇人口密度高于乡村，
居住密度也相应高于乡村。从人均住房建筑面积看，乡村为 64.38 平方
米，分别高出镇、城市 15.57 平方米、28.52 平方米；从人均住房间数
看，乡村为 1.63 间，分别高出镇、城市 0.40 间、0.65 间；从平均每户
住房间数看，乡村为 4.52 间，分别高出镇、城市 0.95 间、1.95 间（见
表 11-21）。

表 11-21　2020 年福建家庭户住房面积和间数城乡差异情况

地区	人均住房建筑面积 （平方米／人）	平均每户住房间数 （间／户）	人均住房间数 （间／人）
总　计	48.72	3.46	1.26
城　市	35.86	2.57	0.98
镇	48.81	3.57	1.23
乡　村	64.38	4.52	1.63

资料来源：福建省第七次全国人口普查领导小组办公室 福建省统计局编，《福
建省人口普查年鉴-2020》，中国统计出版社，2022 年 9 月。

2. 城镇住房质量整体优于乡村

（1）城镇住房新于乡村

家庭户住房新旧程度呈城市新于镇、镇新于乡村的格局。从家
庭户住房建成的年代看，2000 年及以后建成的比例，城市最高，为
67.92%，分别比镇、乡村高出 2.85 个百分点、10.69 个百分点；而
1979 年及以前建成的比例，乡村最高，为 11.03%，分别比镇、城市高
出 6.14 个百分点、8.35 个百分点（见表 11-22）。

表 11-22   2020 年福建城乡家庭户住房建成年代差异情况

单位：%

地区	1979 年及以前	1980—1999 年	2000—2014 年	2015 年及以后
总　计	5.81	30.29	52.23	11.67
城　市	2.68	29.40	56.22	11.70
镇	4.89	30.05	52.88	12.19
乡　村	11.03	31.74	46.04	11.19

资料来源：福建省第七次全国人口普查领导小组办公室 福建省统计局编，《福建省人口普查年鉴-2020》，中国统计出版社，2022 年 9 月。

（2）城镇住房承重类型比乡村稳固

家庭户住房承重类型稳固程度呈城市好于镇、镇好于乡村的格局。从家庭户住房承重类型看，钢及钢筋混凝土结构的比例，城市最高，为 73.92%，分别比镇、乡村高出 12.22 个百分点、35.31 个百分点；而砖木结构、石、土木等其他稳固性相对较差的结构比重，乡村为 20.71%，分别比镇、城市高出 13.31 个百分点、17.65 个百分点（见表 11-23）。

表 11-23   2020 年福建城乡家庭户住房承重类型差异情况

单位：%

地　区	钢及钢筋混凝土结构	混合结构	砖木结构	竹草土坯结构	其他结构
总　计	59.92	30.48	5.44	1.24	2.92
城　市	73.92	23.02	1.74	0.08	1.25
镇	61.70	30.90	3.96	0.59	2.84
乡　村	38.61	40.68	11.93	3.44	5.34

资料来源：福建省第七次全国人口普查领导小组办公室 福建省统计局编，《福建省人口普查年鉴-2020》，中国统计出版社，2022 年 9 月。

（3）城镇住房建筑层数比乡村多

家庭户住房建筑层数城市多于镇、镇多于乡村。从家庭户住房是平房的比例看，城市最少，为 3.07%，分别比镇、乡村低 4.98 个百分

点、14.95 个百分点；高层在城市和镇分布比例较高，分别为 36.03%
和 20.31%；超高层楼房比例均较小，城市比重为 1.98%，镇为 0.23%，
乡村为 0.03%。城市多层楼房最多，比重接近六成，为 58.92%，高
层楼房次之，占 36.03%，近四成；乡村多层楼房比重超过八成，占
80.19%，平房次之，占 18.02%，接近二成；镇的住房建筑高度也以多
层为主，多层楼房占 71.42%，高层楼房次之，占 20.31%。（见表 11-
24）

表 11-24　2020 年福建城乡家庭户住房建筑层数差异情况

单位：%

地区	平房	多层 （7 层及以下）	高层 （8—33 层）	超高层 （34 层及以上）
总　计	8.94	68.69	21.44	0.93
城　市	3.07	58.92	36.03	1.98
镇	8.05	71.42	20.31	0.23
乡　村	18.02	80.19	1.76	0.03

资料来源：福建省第七次全国人口普查领导小组办公室 福建省统计局编，《福
建省人口普查年鉴-2020》，中国统计出版社，2022 年 9 月。

3. 住房基本生活配套设施的差异

（1）城镇住房设施好于乡村

从家庭户住房内有管道自来水比重看，城市、镇、乡村分别为
98.26%、93.10% 与 81.67%，乡村的比重比城市低 16.59 个百分点，比
镇低 11.43 个百分点，乡村的自来水普及率低于城镇。从家庭户住房内
拥有厨房比重看，乡村高于城镇，乡村比重为 97.75%，比城市、镇分
别高 4.43 个和 1.09 个百分点。从家庭户住房内拥有电梯比重看，城镇
明显高于乡村，城市、镇、乡村比重分别为 37.10%、21.08%、3.01%。
（见表 11-25）

（2）城乡住房卫生条件相对均衡

从家庭户住房内有洗澡设施比重看，城市、镇、乡村的分别为
96.97%、98.45% 与 96.94%，三者比例均处于较高水平，相对均衡。再

表 11-25　2020 年福建城乡家庭户住房公共设施差异情况

单位：%

地区	住房所在建筑有电梯的比重	住房内有管道自来水的比重	住房内有厨房的比重	使用独立厨房的比重
总　计	22.49	91.84	95.55	93.71
城　市	37.10	98.26	93.32	91.34
镇	21.08	93.10	96.66	95.14
乡　村	3.01	81.67	97.75	95.84

资料来源：福建省第七次全国人口普查领导小组办公室 福建省统计局编，《福建省人口普查年鉴 -2020》，中国统计出版社，2022 年 9 月。

从具有热水设备看，统一供热与有热水器的比例，城市、镇、乡村分别为 95.18%、97.38% 与 94.68%，水平相对均衡。住房内有厕所的比例，城市、镇、乡村分别为 99.12%、99.14% 与 97.88%，乡村的比例略低于城镇。其中使用抽水式厕所的比例，乡村 95.97%，比城市、镇低 2.97 和 2.66 个百分点。（具体见表 11-26）

表 11-26　2020 年福建城乡家庭户住房卫生设施差异情况

单位：%

地区	住房内有厕所的比重	使用抽水式厕所的比重	有洗澡设施的比重	统一供热与有热水器的比重
总　计	98.75	97.95	97.35	95.60
城　市	99.12	98.94	96.97	95.18
镇	99.14	98.63	98.45	97.39
乡　村	97.88	95.97	96.94	94.68

资料来源：福建省第七次全国人口普查领导小组办公室 福建省统计局编，《福建省人口普查年鉴 -2020》，中国统计出版社，2022 年 9 月。

（3）城乡炊事燃料均以燃气和电为主

由于城市市政设施比较完善，一般新村、公寓都配套开通了管道燃气，其他平房、老房的住户大多数也用上了液化气，因此炊事燃料以燃气为主，占了 66.34%，辅以电，占 30.03%，煤、柴草分别仅占 0.09%、0.09%。

而乡村尽管以燃气为主要炊事的比重最大，为 47.44%，但比城市低
18.90 个百分点；由于乡村水电、山林资源丰富，电的比重为 42.12%，
居第 2 位；柴草比重为 9.50%，居第 3 位。（具体见表 11-27）

表 11-27　2020 年福建城乡家庭户住房炊事燃料差异情况

单位：%

地区	以燃气为炊事燃料的比重	以电为炊事燃料的比重	以煤为炊事燃料的比重	以柴草为炊事燃料的比重
总　计	58.43	36.27	0.13	3.18
城　市	66.34	30.03	0.09	0.09
镇	58.20	39.77	0.17	0.89
乡　村	47.44	42.12	0.16	9.50

资料来源：福建省第七次全国人口普查领导小组办公室 福建省统计局编，《福建省人口普查年鉴 -2020》，中国统计出版社，2022 年 9 月。

（4）城乡住房来源差异明显

从城乡家庭户住房来源构成看，自建住房比重最高的是乡村，占
88.73%，分别比城市、镇高出 75.53 个百分点、42.37 个百分点。而购
买住房比重最高的是城市，为 40.58%，分别比镇、乡村高出 10.60 个
百分点、38.09 个百分点。其中购买商品住房的比例，城市最高，为
26.03%，镇次之，为 21.82%，乡村仅为 1.50%。

从租赁房比重看，最高的是城市，为 42.80%，分别比镇、乡村高
出 23.20 个百分点、37.25 个百分点。其中，乡村廉租房的比重最低，
仅 0.56%，比城市低 3.67 个百分点（见表 11-28）。

（5）租赁住房的家庭户租房费用的差异

从租赁住房的家庭户月租房费用情况看，乡村比城镇低得多。从
月租 500 元以下的比重看，乡村为 68.45%，分别比城市、镇高出 28.38 个、
13.45 个百分点。其中，月租 200—499 元的比重看，乡村为 51.05%，
分别比城市、镇高出 16.65 个、8.60 个百分点。而月租 3000 元以上的
比重，城市为 4.86%，分别比镇、乡村高出 3.85、3.64 个百分点（见表
11-29）。

表 11-28　2020 年福建城乡家庭户住房来源差异情况

单位：%

地区	自建	租赁		购　买				继承或赠予	其他
		廉租房	其他	商品房	二手房	经济适用房	原公房		
总计	44.97	2.73	22.62	17.42	5.88	1.01	1.85	1.14	2.39
城市	13.20	4.24	38.56	26.03	9.80	1.40	3.35	0.57	2.85
镇	46.36	2.76	16.84	21.82	5.61	1.24	1.32	1.18	2.88
乡村	88.73	0.56	4.98	1.50	0.58	0.26	0.16	1.90	1.33

资料来源：福建省第七次全国人口普查领导小组办公室 福建省统计局编，《福建省人口普查年鉴-2020》，中国统计出版社，2022 年 9 月。

表 11-29　2020 年福建城乡间租赁住房的家庭户月租房费用差异情况

单位：%

地　区	500 元及以下			500—999 元	1000—1999 元	2000—2999 元	3000 元以上
	合　计	200 元以下	200—499 元				
总　计	44.98	7.84	37.14	27.32	16.46	7.40	3.84
城　市	40.07	5.66	34.40	27.91	17.90	9.27	4.86
镇	55.00	12.55	42.45	27.57	13.99	2.43	1.01
乡　村	68.45	17.41	51.05	20.18	8.28	1.87	1.22

资料来源：福建省第七次全国人口普查领导小组办公室 福建省统计局编，《福建省人口普查年鉴-2020》，中国统计出版社，2022 年 9 月。

（三）不同职业户主家庭户间居住水平的差异

1. 居住密度的差异

户主是党的机关、国家机关、群众团体和社会组织、企事业单位负责人，专业技术人员，办事人员和有关人员，社会生产服务和生活服务人员，农、林、牧、渔业生产及辅助人员，生产制造及有关人员，不便分类的其他从业人员七种职业类别户主的家庭户中，人均住房建筑面积最大的是户主为农、林、牧、渔业生产及辅助人员的家庭户，为 57.40 平方米，其次是户主为党的机关、国家机关、群众团体和社会组织、企事业单位负责人的家庭户，为 45.82 平方米；低于全省平均 43.83 平方米的有专业技术人员，办事人员和有关人员，社会生产服务和生活服务人员和生产制造及有关人员四类家庭户，分别为 38.83 平方米、41.08 平方米、40.77 平方米、41.60 平方米。

从平均每户住房间数和人均住房间数来看，间数最多的均是户主为农、林、牧、渔业生产及辅助人员的家庭户，分别为户均 4.58 间、人均 1.47 间；其次是户主为党的机关、国家机关、群众团体和社会组织、企事业单位负责人的家庭户，分别为户均 3.47 间、人均 1.08 间；户主为其他五类职业的家庭户都低于全省户均 3.27 间和人均 1.14 间（除户主为不便分类的其他从业人员家庭户人均住房间数高于全省平均水平外）水平（见表 11-30）。

表 11-30　2020 年福建不同职业户主家庭户住房面积和间数差异情况

职业别	人均住房建筑面积（平方米/人）	平均每户住房间数（间/户）	人均住房间数（间/人）
各职业类型户主家庭户平均	43.83	3.27	1.14
单位负责人	45.82	3.47	1.08
专业技术人员	38.83	2.81	1.02
办事人员和有关人员	41.08	3.05	1.05
社会生产服务和生活服务人员	40.77	3.02	1.06
农、林、牧、渔业生产及辅助人员	57.40	4.58	1.47
生产制造及有关人员	41.60	3.06	1.09
不便分类的其他从业人员	44.63	3.21	1.17

资料来源：福建省第七次全国人口普查领导小组办公室 福建省统计局编，《福建省人口普查年鉴-2020》，中国统计出版社，2022 年 9 月。

2. 住房来源的差异

七种职业类别户主的家庭户中，自建住房比重最高的是户主为农、林、牧、渔业生产及辅助人员的家庭户，为 89.42%，比全省平均

39.74% 的水平高出 49.68 个百分点；其余六类家庭户均低于全省平均水平；比重最低的是户主为专业技术人员的家庭户，为 14.12%，比最高的低 75.30 个百分点。

购买住房比重最高的是户主为专业技术人员的家庭户，为 52.66%，比全省平均 25.22% 水平高出 27.44 个百分点；其次是户主为办事人员和有关人员的家庭户，为 52.26%；比重最低的是户主为农、林、牧、渔业生产及辅助人员家庭户，仅为 5.33%，比最高的低 47.33 个百分点。

租赁住房比重最高的是户主为生产制造及有关人员的家庭户，为 43.72%，比全省平均 31.95% 水平高出 11.76 个百分点；其次是户主为不便分类的其他从业人员的家庭户，为 38.67%；比重最低的是户主为农、林、牧、渔业生产及辅助人员的家庭户，仅 2.57%，比最高的低 41.15 个百分点（见表 11-31）。

表 11-31　2020 年福建不同职业户主家庭户住房来源差异情况

单位：%

| 职业别 | 自建 | 租　赁 | | 购　买 | | | | 继承或赠予 | 其他 |
		廉租房	其他	商品房	二手房	经济适用房	原公房		
总　计	39.74	2.99	28.97	17.09	6.18	0.97	0.99	0.90	2.19
单位负责人	24.34	1.57	19.74	37.37	12.12	1.01	1.32	0.69	1.82
专业技术人员	14.12	3.28	26.53	34.82	13.68	1.86	2.30	0.54	2.87
办事人员和有关人员	19.48	3.58	20.76	35.14	11.97	2.14	3.00	0.77	3.14
社会生产服务和生活服务人员	30.44	3.40	35.08	19.37	6.98	0.96	0.91	0.79	2.08
农、林、牧、渔业生产及辅助人员	89.42	0.32	2.25	3.45	1.40	0.30	0.19	1.68	0.99
生产制造及有关人员	39.01	3.82	39.90	9.35	3.30	0.75	0.55	0.76	2.57
不便分类的其他从业人员	39.26	5.58	33.10	15.07	2.61	1.54	0.36	1.07	1.42

资料来源：福建省第七次全国人口普查领导小组办公室 福建省统计局编，《福建省人口普查年鉴-2020》，中国统计出版社，2022 年 9 月。

3. 月租房费用的差异

七种职业类别户主的家庭户中，户主为党的机关、国家机关、群众团体和社会组织、企事业单位负责人的家庭户，其月租在 500 元及以下的比重最低，仅 16.59%，比全省平均 45.34% 水平低 28.75 个百分点；月租 500—999 元、1000—1999 元、2000—2999 元和 3000 元以上的比重分别为 20.82%、26.94%、18.07%、17.58%。月租在 500 元以下的比重比较高的前 3 类分别是户主为不便分类的其他从业人员，农、林、牧、渔业生产及辅助人员和生产制造及有关人员的家庭户，其比重分别为 66.87%、66.78%、66.24%，分别比全省平均水平高出 21.53 个、21.44 个、20.90 个百分点；这三类家庭月租房费用在 2000 元以上的比重均较低，分别仅为 5.21%、3.07%、2.36%。户主为专业技术人员、办事人员和有关人员、社会生产服务和生活服务人员的家庭户，其月租房费用在 500 元以下的比重均低于全省 45.34% 的平均水平，分别为 24.61%、29.70% 和 33.88%，这三类家庭月租房费用在 500–1999 元的比重较高，分别为 52.54%、48.13%、52.99%。可见，租赁住房的家庭户月租房费用由不同职业户主收入的高低决定（见表 11–32）。

表 11–32 2020 年福建不同职业户主家庭户月租房费用差异情况

单位：%

职业别	500 元以下	500—999 元	1000—1999 元	2000—2999 元	3000 元以上
总　计	45.34	27.91	16.15	7.02	3.58
单位负责人	16.59	20.82	26.94	18.07	17.58
专业技术人员	24.61	26.71	25.83	14.17	8.67
办事人员和有关人员	29.70	25.09	23.04	13.36	8.82
社会生产服务和生活服务人员	33.88	31.87	21.12	9.07	4.06
农、林、牧、渔业生产及辅助人员	66.78	21.06	9.09	1.94	1.13
生产制造及有关人员	66.24	24.49	6.91	1.75	0.61
不便分类的其他从业人员	66.87	15.64	12.27	4.60	0.61

资料来源：福建省第七次全国人口普查领导小组办公室 福建省统计局编，《福建省人口普查年鉴–2020》，中国统计出版社，2022 年 9 月。

（四）不同文化程度户主家庭户间居住水平的差异

1. 住房来源的差异

从户主文化程度为未上过学、学前教育、小学、初中、高中、大学专科、大学本科、硕士研究生、博士研究生的家庭户住房来源看，呈文化程度越高自建房比重越低、购买住房比重越高的格局。从自建房比重看，从未上过学、学前教育和小学文化程度的家庭户分别为74.52%、81.37%、68.18%，居前3位，在全省平均43.02%水平之上；而初中、高中、大学专科、大学本科、硕士研究生、博士研究生文化程度的家庭户分别为44.59%、26.75%、11.57%、5.66%、1.52%、0.72%，逐组降低。其中户主为博士研究生文化程度的家庭户自建房比重仅0.72%，比户主为学前教育的家庭户低80.65个百分点。从购房比重看，高文化素质户主家庭户购房比重较高，户主为大学专科、大学本科、

表 11-33　2020 年福建不同文化程度户主家庭户住房来源差异

单位：%

受教育程度	自建	租赁		购买				继承或赠予	其他
		廉租房	其他	商品房	二手房	经济适用房	原公房		
总计	43.02	2.85	23.66	17.96	6.06	1.04	1.87	1.08	2.46
未上过学	74.52	1.79	8.41	5.59	2.27	0.47	1.34	2.77	2.84
学前教育	81.37	1.51	5.76	4.19	1.69	0.29	0.81	2.21	2.15
小学	68.18	1.88	13.49	8.16	2.81	0.60	1.07	1.50	2.31
初中	44.59	3.16	28.19	14.21	4.29	0.84	1.30	0.99	2.42
高中	26.75	3.56	28.45	25.19	7.76	1.48	3.26	0.90	2.64
大学专科	11.57	3.35	30.46	34.81	11.80	1.69	3.21	0.61	2.49
大学本科	5.66	3.01	25.48	40.93	16.42	2.05	3.31	0.45	2.70
硕士研究生	1.52	3.29	22.33	40.35	24.15	2.32	3.44	0.33	2.28
博士研究生	0.72	7.97	21.49	35.81	18.35	3.76	7.07	0.54	4.30

资料来源：福建省第七次全国人口普查领导小组办公室 福建省统计局编，《福建省人口普查年鉴-2020》，中国统计出版社，2022 年 9 月。

硕士研究生、博士研究生的家庭户购房比重分别为51.52%、62.71%、70.26%、65.00%，而户主为未上过学和学前教育文化程度的家庭户最低，分别为9.66%、6.98%。

租赁住房比重较高的前3位分别是户主为初中、高中和大学专科文化程度的家庭户，分别为31.35%、32.01%、33.82%；此外，户主文化程度较高的大学本科、硕士研究生和博士研究生的家庭户租房比重也较高，分别为28.49%、25.62%、29.45%；比重最低的是户主文化程度为未上过学、学前教育、小学的家庭户，分别为10.20%、7.28%和15.37%（见表11-33）。

2. 月租房费用的差异

九种不同文化程度户主的家庭户中，文化程度越高，月租房费用水平越高，随着受教育水平的提高，月租房费用在500元以下的家庭户比重总体呈降低趋势；而月租房费用1000—1999元、2000—2999元、3000元以上的比重基本呈户主文化程度越高，比重越大的特征。（见表11-34）

表 11-34　2020 年福建不同文化程度户主家庭户月租房费用差异情况

单位：%

受教育程度	500 元以下	500—999 元	1000—1999 元	2000—2999 元	3000 元以上
总　计	45.10	27.34	16.41	7.35	3.79
未上过学	67.34	21.25	7.29	2.85	1.27
学前教育	60.80	25.60	6.40	4.80	2.40
小学	63.01	23.53	9.22	2.93	1.31
初中	52.78	28.84	12.56	4.10	1.71
高中	37.57	29.54	19.25	9.49	4.16
大学专科	21.88	27.89	27.53	14.97	7.72
大学本科	15.45	22.64	31.09	18.31	12.50
硕士研究生	12.31	12.89	25.79	24.08	24.93
博士研究生	14.89	15.50	20.97	20.67	27.96

资料来源：福建省第七次全国人口普查领导小组办公室 福建省统计局编，《福建省人口普查年鉴-2020》，中国统计出版社，2022年9月。

三、居住环境的发展前景

过去十年间，福建城乡居民居住状况不断改善，有99.77%的家庭户都有房居住（包括租房），正从住有所居向住有宜居转变，家庭户每户平均住房3.46间，人均建筑面积达到48.72平方米，超过国际上通行的舒适标准；住房建造质量较高，承重类型较为稳固，钢及钢筋混凝土结构比重占59.93%；住房中炊事设施比较健全，饮用水、卫生条件比较好，燃料较为环保。但也存在着不同地区之间、城乡之间、不同职业户主家庭之间、不同文化程度户主家庭之间居住水平不平衡现象。比如，仍有3.47%的家庭户人均住房建筑面积在8平方米以下，租房条件差异有所扩大，一些地方家庭炊事设施、管道自来水和卫生设施等仍有差距。为此，省委、省政府和各职能部门应强化多重保障，推进以人为核心的新型城镇化建设，促进实现全省人民住有所居、住有宜居。

（一）加强住房建设制度保障

《福建省国民经济和社会发展第十四个五年规划和二〇三五年远景目标纲要》中明确指出要健全住房保障体系。提出因城施策，健全房地产市场平稳健康发展长效机制，加快形成多主体供应、多渠道保障、租购并举的住房体系。合理利用存量和增量住房资源，大力发展租赁住房，完善长租房政策，加快培育专业化、规模化住房租赁企业，有效增加保障性住房供给。着力解决新市民、青年人，特别是从事基本公共服务人员等住房困难群体的住房问题。落实完善城镇建设。用地增加规模与吸纳农业转移人口落户数量挂钩政策。优化城镇化空间格局提升主要城市能级和核心竞争力。推进有条件的地方高质量建设城市新区。有序推进条件成熟的县（市）撤县（市）设区。优化发展中小城市和小城镇。深入实施"大城关"战略，促进县城人口集聚、产业集中和功能集成，打造中心城区至县城1小时交通圈。推进县城城镇化补短板强弱项工程，强化县城综合服务能力，把乡镇建设成服务农民的区域中心。

（二）加强住房建设政策保障

国家、省分别出台了《国务院办公厅关于加快发展保障性租赁住房的意见》（国办发〔2021〕22号）和《关于加快发展保障性租赁住房的实施意见》，提出坚持租购并举，以深化住房供给侧结构性改革为主线，加快完善以公租房、保租房和共有产权住房为主体的住房保障体系。明确到2025年，全省计划新建改建保租房36.5万套（间）以上。提出要统筹用好土地资源。探索利用集体经营性建设用地建设保租房，其用地使用权可以办理抵押贷款；允许利用企事业单位依法取得使用权的土地建设保租房，变更土地用途，不补缴土地价款，原划拨的土地可继续保留划拨方式；可将产业园区中工业项目配套建设行政办公及生活服务设施的用地面积占比上限由7%提高到15%，提高部分主要用于建设宿舍型保租房；允许将闲置和低效利用的非居住存量房屋改建为保租房，不变更土地使用性质，不补缴土地价款；适当利用新供应国有建设用地等方式发展保租房。落实财税优惠政策。对保租房项目免收城市基础设施配套费。对利用非居住存量土地和非居住存量房屋建设保租房，执行民用水电气价格。对符合规定的保租房项目，积极争取中央预算内投资、中央城镇保障性安居工程专项等资金支持、积极申请专项债券支持。提高金融支持水平。建立健全与金融机构的对接机制，支持拓宽保租房项目融资渠道，引导银行业金融机构加大对符合信贷条件保租房项目的信贷支持力度，并根据国家房地产金融政策，完善与保租房相适应的贷款统计；支持金融机构开展面向保租房项目的金融产品和服务创新，支持符合条件的保租房建设运营企业在银行间市场发债融资，支持符合条件保租房项目申报基础设施不动产投资信托基金（REITs）试点。

（三）加强住房环境配套保障

在《福建省"十四五"城乡基础设施建设专项规划》中提出：一是加快城镇老旧小区改造。连线成片改造老旧小区，加强城市与建筑风貌管理，全面推进绿色社区建设。到2025年，全面完成2000年前建成的老旧小区改造，以适应居民不同生活需求为出发点，重点实施基础类改造，突出补齐功能性设施短板，有条件的地方推进完善类改造和提升类改造，全面完成 2000 年前建成、失养失修失管、市政配套设施不完善、社会服务设施不健全、居民改造意愿强烈的城市、县城（城关镇）住宅小区（含单栋住宅楼）改造，实施一批 2001 年至 2010 年间建成、基础设施不完善的小区和街区、片区改造。二是推进棚户区改造。推广统一组织领导、统一资金使用、统一政策执行、统一拆迁安置、统一建设管理的方式，成片区推动建成时间长、整体环境差、结构安全等级低的棚户区（危旧房）改造。加快城镇旧住宅区综合整治，加强环境综合整治和房屋维修改造，统筹布局配套基础设施和各类公共服务设施，落实节约集约用地和节能减排各项措施，完善社区公共服务，增强城市活力。三是加快居住环境建设。建立从"水源头到水龙头"全流程饮用水安全保障体系，推动供水水质持续提升，提升农村饮水安全保障水平，确保人民群众喝上安全、放心、优质的饮用水。"十四五"期间，新、扩建水厂 28 座，工艺改造 3 座，新增供水能力150 万吨 / 日，新建改造供水管网 2500 公里，福州、厦门、泉州等开展自来水深度处理试点，到 2025 年，农村自来水普及率达到 90%。积极推进县（市、区）城乡供水一体化建设，推进城乡供水融合发展。设区市中心城区、县城基本覆盖天然气管道，主要餐饮集中区"瓶改管"。四是积极稳妥推动燃气下乡。采用管道气、压缩天然气、液化天然气、液化石油气储配站等多种形式，宜管则管、宜罐则罐，在镇乡中心村、人口较大村或"新农村建设"集中安置点等（以沿海条件较成熟的农村和山区建制镇相对较集中的村为主）启动建设安全可靠的乡村储气罐站和微管网供气系统，提高农村地区管道燃气通达能力。五是推动社区更新。完善水、电、路、气、信、无障碍等市政配套基础设施，完善社区综合服务站、老年服务站等基本公共服务设施，健全快递服务等便民商业服务设施，提升公共活动空间，实现物业管理全覆盖，健全社区管理机制和服务机制，打造百个绿色社区更新样板。2021 年，力争全省 25% 以上的城市社区达到绿色社区创建要求；2022 年，力争全省 60% 以上的城市社区达到绿色社区创建要求。六是提升农村宅基地和村民住宅建设管理水平。以"节约资源、提升品质"为主，推动"崇尚集约建房"移风易俗专项行动，培育集约建房新风，逐步消除农房"高大裸空"现象。落实农民建房用地保障，规范宅基地审批和乡村建设规划许可，加强新建农房建筑风貌管控，整县、整镇、整村开展既有农房综合整治，县乡通过政府购买服务加强过程指导，提升农房设计水平。到 2025 年底，全省既有农房基本完成整治，新建农房彰显地域风貌，居住环境明显提升。

第十二章 人口与资源环境

　　人口数量的多少、素质的高低以及人口分布、结构的变化等因素直接关系到资源的消耗、环境的保护，与社会经济的发展密切相关。党的十八大报告将生态文明建设与经济、政治、文化、社会建设并列为"五位一体"，这是在科学发展观指导下更加强调均衡、可持续和以人为本的发展。习近平总书记指出："生态资源是福建最宝贵的资源，生态优势是福建最具竞争力的优势，生态文明建设应当是福建最花力气的建设。"因此，正确处理人口与资源环境的关系，对于实现福建高质量发展具有重大意义。

一、人口与资源环境的现状

（一）人口现状

　　人口普查资料显示，2020 年福建共有常住人口 4154.01 万人，与 2010 年相比，十年增加 464.59 万人，增长 12.59%，年均增长 1.19%，比全国平均水平 0.53% 高 0.66 个百分点。福建常住人口占全国人口的比重由 2010 年的 2.75% 提高到 2.94%，居全国位次由第 17 位上升到第 15 位，人口十年增量居全国第 6 位，平均增幅居全国第 7 位。主要原因：一是"二孩"生育政策调整有效发挥作用，使福建生育水平有所回升，人口出生率和自然增长率整体比上一个十年提高；二是经济社会发展较快，吸引了大量外省流入人口。2020 年福建常住人口中，外省流入人口 488.99 万人，比 2010 年增加 57.63 万人。人口净流入规模较大，省际净流入人口 227.59 万人。

　　2020 年，福建 15 岁以上人口的平均受教育年限达 9.66 年，比

2010 年的 9.06 年提高 0.6 年；文盲人口所占比重为 2.34%，比 2010 年的 2.44% 下降 0.1 个百分点，比全国平均水平 2.7% 低 0.4 个百分点。各种受教育程度同 2010 年相比，每 10 万人中具有大专以上程度的由 8361 人上升为 14148 人；具有高中及中专程度的由 13876 人上升为 14212 人；具有初中程度的由 37886 人下降为 32218 人；具有小学程度的由 29801 人下降为 28031 人。

2020 年，福建城镇人口占总人口的比重为 68.75%，比 2010 年的 57.09% 提高了 11.66 个百分点，比全国平均水平 63.9% 高 4.9 个百分点。从省内地区人口分布的数据来看，人口进一步向沿海地区集聚。2020 年，泉州常住人口继续居福建第一，达 878.23 万人；福州位居其后，常住人口 829.13 万人；厦门、漳州常住人口突破 500 万人，福建常住人口在 500 万人以上的设区市由 2010 年的 2 个增加到 4 个。莆田、宁德常住人口突破 300 万人，其余设区市常住人口均在 200 万人—300 万人之间。随着福建经济社会发展以及高铁动车等交通网络快速发展，人口流动愈发频繁，人口向福厦泉等闽南、闽东沿海地区集聚程度明显增大。与 2010 年相比，福建人口增加较多的前三个设区市依次是厦门、福州、泉州。其中，厦门十年人口共增加 163.26 万人，福州增加 117.59 万人，泉州增加 65.38 万人，这三个设区市十年人口增量占福建人口增量的 3/4，反映出十年来，福建常住人口较快增长主要是缘于这三个设区市对人口的虹吸效应。

（二）自然资源

1. 土地资源

福建地处中国东南沿海，面对台湾，邻近港澳，北承长江三角洲，南接珠江三角洲，西连广阔内地，地理位置独特，地形地貌复杂。地势自西北向东南下降，横断面略呈马鞍形，受新华夏构造的控制，在西部和中部形成走向大致与海岸平行的、斜贯福建的两列大山带：西列是以武夷山脉为主体的闽西大山带；中列是由鹫峰山、戴云山、博平岭等山脉组成的闽中大山带。这两大山带之间为互不贯通的河谷、盆地，俗称闽中大谷地。东部沿海为丘陵、台地和滨海平原。

福建省内峰岭耸峙，丘陵连绵，河谷、盆地穿插其间，山地、丘陵占全省总土地面积的 80% 以上，素有"八山一水一分田"之称。根据福建省第三次国土调查结果，2019 年底，福建土地总面积为 12.4 万平方千米，占全国土地总面积的 1.3%，其中，耕地 93.10 万公顷，园地 91.84 万公顷，林地 881.14 万公顷，草地 7.49 万公顷，湿地 18.86 万公顷，城镇村及工矿用地 70.49 万公顷，交通运输用地 21.75 万公顷，水域及水利设施用地 37.31 万公顷。

2. 水资源

福建水系密布，河流众多，2020 年，全年水资源总量 760.31 亿立方米，人均 1913.70 立方米。其中：地表水资源量 759.01 亿立方米，地下水资源量 243.51 亿立方米，地下水和地表水不重复量 1.30 亿立方米。全年供水总量 183.00 亿立方米，其中：地表水源供水量 177.77 亿立方米，地下水源供水量 3.43 亿立方米，其他水源供水量 1.80 亿立方米。全年用水量 183.00 亿立方米，其中：农业用水量 99.69 亿立方米，工业用水量 41.08 亿立方米，城镇公共用水量 11.47 亿立方米，居民生活用水量 21.51 亿立方米；生态环境用水量 9.25 亿立方米。

3. 森林资源

福建是中国南方重点集体林区，自然条件优越，森林资源丰富，森林覆盖率 66.80%，继续保持全国第一，森林面积 811.58 万公顷，森林积蓄量 72937.63 万平方米。三明宁化、三明建宁、泉州安溪、南平顺昌、南平邵武、龙岩武平等 6 个县（市）获得第四批国家生态文明建设示范市县称号；漳州东山、泉州永春被命名为第四批"绿水青山就是金山银山"实践创新基地称号。截至目前，福建共有 22 个县（市、区）获得国家生态文明建设示范市县称号，3 个县被授予"绿水青山就是金山银山"实践创新基地称号。

4. 海洋资源

福建自古以来就有"闽在海中"的说法，是海洋大省之一，海岸线漫长曲折，北起福鼎沙埕港，南至诏安宫口港，总长 3751.5 千米，居全国第二位。海洋资源种类繁多，拥有丰富的港口资源、渔业资源、滨海旅游资源、盐业资源、砂矿资源、风能和海洋能资源等。

（1）海洋生物资源

福建海域面积 13.6 万平方千米，沿海滩涂广布，浅海滩涂可利用养殖面积 1500 平方千米。近海生物种类 3000 多种，贝、藻、鱼、虾种类数量居全国前列。可作业渔场面积 12.51 万平方千米，有闽东、闽中、闽南、闽外和台湾浅滩五大渔场。

（2）海岸港湾资源

福建陆地海岸线长达 3752 千米，居全国第二位；海岸线曲折率 1：7.01，居全国第一位。由于海岸曲折，岛屿众多，因而形成许多港湾，有大小港湾 125 个，其中深水港湾 22 处，自北而南较大的港湾有沙埕港、三沙湾、罗源湾、福清湾、兴化湾、湄洲湾、泉州湾、深沪湾、厦门湾、旧镇湾、东山湾、诏安湾等。其中能直接满足 5 万吨级以上船舶自由进出港的天然深水良港有厦门湾、沙埕港、湄洲湾、兴化湾、罗源湾、三沙湾、东山湾等 7 处，占全国 1/6 多。纳入港口规划的岸线 467.1 千米，其中深水岸线 210.9 千米，可开发建设 20 万吨级以上的大型深水港岸线总长 47 千米，共 23 处，可建设 20 万吨以上深水港口泊位 80 个。

（3）滨海旅游资源

福建山多海阔，山海兼容，优越的亚热带海洋性气候，多种多样的海岸类型，景色秀丽的岛屿，千姿百态的海蚀景观，加之沿海众多富有宗教、文化、军事、历史内涵的名胜古迹和新兴的港口城市，构成理想的观光度假胜地，其中有被列为国家重点风景名胜区的鼓浪屿、清源山、太姥山、海坛岛和国家旅游度假区的湄洲岛以及"海上绿洲"东山岛等。

（4）海洋能源资源

福建沿海地热梯度较大，地热资源丰富，具有开采价值的热水区域较多；沿海风能资源丰富，可利用时数达 7000—8000 小时；沿海可利用潮汐发电的海水面积达 3000 平方千米，潮汐能理论装机容量达 3425 万千瓦，可开发装机容量 1033 万千瓦，占全国的 49.2%，居全国首位。

5. 旅游资源

"山海一体，闽台同根，民俗奇异，宗教多元"是福建旅游的鲜明特色。迷人的武夷仙境、浪漫的鼓浪琴岛、神圣的妈祖朝觐、奇特的水上丹霞、动人的惠女风采、神奇的客家土楼、光辉的古田会址、悠久的昙石山文化、神秘的白水洋奇观、壮美的滨海火山构成了福建独具特色的十大旅游品牌。截至 2020 年底，福建拥有 A 级旅游景区 401 家，其中 5A 级旅游景区 10 家 11 处、4A 级旅游景区 99 家，3A 级及以下旅游景区 292 家，福建成为全国第二个实现市市有 5A 的省份。

（三）生态环境

2020 年，是福建生态省建设 20 周年，也是国家生态文明试验区建设 5 周年，全年生态环境质量继续保持全优。12 条主要流域Ⅰ—Ⅲ类水质比例 97.9%，比全国平均水平高 14.5 个百分点；县级及县级以上集中式生活饮用水水源地水质达标率 100%；9 市 1 区城市环境空气质量平均达标天数比例 98.8%，比全国平均水平高 11.8 个百分点。

1. 大气环境质量

全年城市环境空气质量保持优良水平，福建 68 个城市（含 9 个设区市、平潭综合实验区、58 个县级城市）二氧化硫年平均浓度为 0.006 毫克/立方米，二氧化氮年平均浓度为 0.013 毫克/立方米，可吸入颗粒物年平均浓度为 0.034 毫克/立方米，细颗粒物年平均浓度为 0.018 毫克/立方米。按照《环境空气质量标准》评价，空气质量优良（达到国家二级标准）天数比例在 95.9%—100% 之间，平均为 99.6%。9 个设区市空气质量优良天数比例在 95.9%—100% 之间，平均值为 98.8%。按空气质量综合指数从小到大排序，福建 9 个设区城市环境空气质量自优开始排名，依次为南平、厦门、龙岩、泉州、福州、宁德、莆田、三明、漳州，各市首要污染物均为臭氧。在全国 168 个重点城市中，福州、厦门环境空气质量排名分别为第 8 位、第 4 位。

2. 主要河流水环境质量

福建 12 条主要河流水质状况为优，其中，Ⅰ—Ⅱ类优质水比例 67.8%，Ⅰ—Ⅲ类优良水质比例 97.9%。12 条主要河流中，闽江、九龙江、萩芦溪、交溪、霍童溪、敖江、晋江、汀江、漳江和东溪的水域功能达标率和Ⅰ—Ⅲ类水质比例均为 100%。

福建 9 个设区市、平潭综合实验区、14 个县级市（含长乐区和建阳区）、43 个县城（含永定区）共监测 118 个集中式生活饮用水水源，其中地表水源 111 个、地下水水源 7 个。监测结果表明，118 个集中式生活饮用水水源各期监测值均达标（达到或优于Ⅲ类标准），达标率为 100%。

3. 主要湖泊水库水环境质量

福建 19 个淡水湖泊水库中，水质为Ⅰ—Ⅲ类的湖库 18 个占 94.7%，Ⅴ类水质湖库 1 个（福州市西湖，主要污染指标为总磷）占 5.3%；无Ⅳ类和劣Ⅴ类水质湖库。按综合营养状态指数评价，19 个淡水湖泊水库中，无贫营养状态的湖库；中营养状态的湖库 17 个，占 89.5%；轻度富营养化状态的湖库 2 个（福州市西湖、峰头水库），占 10.5%。

4. 近岸海域水环境质量

福建近岸海域优良水质（一、二类）比例 87.2%，其中国家考核点位优良水质比例 82.9%；按面积比例评价，福建近岸海域优良海域面积（一、二类）比例 85.0%。劣四类海水水质主要分布在沙埕港、三沙港、诏安港等局部海域，超标项目主要为无机氮和活性磷酸盐。

5. 城市声环境质量

2020 年，福建城市声环境质量持续保持稳定，24 个城市道路交通噪声平均等效声级为 68.0dB（A）。其中，道路交通噪声评价为一级的城市 14 个，占 58.3%；二级的城市 7 个，占 29.2%；三级的城市 2 个，占 8.3%；四级的城市 1 个，占 4.2%。

福建 24 个城市区域环境噪声昼间平均等效声级为 56.1dB（A），各城市区域声环境质量总体处于二级和三级水平。其中，城市区域昼间声环境质量为二级的城市占 58.3%，三级的占 37.5%，四级的占 4.2%。

二、人口发展对资源环境的影响

人口、资源、环境三者的关系实质上是人与自然的关系，既相互独立自成体系又相互联系、相互影响、相互制约。一定数量和质量的人口是可持续发展的前提，而人口总量又必须控制在资源和环境所能承载的范围之内；资源的永续利用是经济可持续发展的基础，保护环境则是可持续发展的重要手段。随着福建人口出生率、自然增长率持续下降，老龄化程度不断加深，人口规模对资源、环境的影响将呈日趋加大的态势。福建自然资源的禀赋相对薄弱，近年来随着工业化和城市化的快速推进，资源环境约束的问题日益显现，福建可持续发展面临严峻挑战。

（一）人口老龄化问题日益突出

福建人口老龄化加速发展，老年人口呈现老龄化、高龄化、空巢化加速发展的新特征。人口普查资料显示，2020 年福建 65 岁及以上人口为 461 万人，占常住人口的比重为 11.1%（60 岁及以上人口占常住人口的比重达到 15.98%）。按照联合国人口年龄构成类型划分标准衡量，福建人口年龄结构类型已进入老年型社会初期阶段。在"未富先老"的国情下，人口老龄化将对经济、政治、社会生活等方面产生重大影响，社会养老保障体系和老年人口服务体系面临巨大压力。一是劳动力老化影响经济发展的活力、影响劳动生产率的提高和经济发展的速度；二是老年人抚养系数提高，家庭和社会负担加重；三是制约社会生活质量的提高。家庭和谐是社会稳定的基础，随着 4-2-X 家庭人口结构的不断增加，即一对夫妇赡养四个老人抚养多个孩子，家庭养老在经济上就会变得不堪重负，造成大量的家庭经济矛盾，有的还可能诱发破坏正常家庭伦理关系的种种问题，对社会的和谐、稳定和发展产生危害。

（二）人口与自然资源

1. 土地人均占有量低，耕地质量差

随着福建经济结构调整，工业化和城镇化进程的加快，人口的持续增加，土地使用结构发生了很大变化，居住用地面积和工业用地面积逐渐扩大，耕地面积受到了一定的挤占。一是人均耕地少。福建陆地面积较小，仅占全国陆地总面积的 1.30%，而人口占全国总人口的 2.91%，人均土地拥有量 0.29 公顷，土地资源特别是耕地资源少，2020年福建耕地面积 2012.67 万亩，人均耕地面积仅 0.55 亩，远低于全国人均耕地面积 1.33 亩的水平，是全国人均耕地面积最少的省份之一。二是耕地质量差。福建丘陵山地约占土地总面积的 90%，平原、台地约占 10%，平地不但少而且零碎。三是地质灾害多发。福建是地质灾害多发的省份。由于地质面貌以山地丘陵为主，更处在沿海的多雨区，山地洪涝灾害、泥石流、地震灾害频繁。自身生态系统的脆弱性，在土地利用的过程中，容易因不合理的盘山引水及坡改梯、梯改水田工程引起崩塌、滑坡等工程地质灾害。四是土地资源空间分布差异较大。福州、厦门、泉州、莆田、漳州五个设区市人口约占福建的 74.4%，耕地面积占福建的 43.8%，人均耕地面积仅为 0.34 亩；南平、三明、龙岩、宁德四个设区市人口约占福建的 25.6%，耕地面积占福建的 56.2%，人均耕地面积为 0.81 亩。

当前福建发展正处于关键时期，城镇化、工业化水平处于快速发展阶段。各地对建设土地需求量极大，然而可用于经济发展的建设用地和可用于土地开发整理的后备资源不断减少，开发难度不断加大，土地供给弹性系数明显降低，土地资源尤其是耕地资源约束日益突显，将成为今后长时期经济社会发展的瓶颈。

2. 人均水资源丰富，时空差异显著

2020 年，福建平均降雨量 1439.1 毫米，水资源总量为 760.31 亿立方米，人均水资源量 1830 立方米，约为全国人均水资源量的 81.7%。但是天然降水量的时空分布极不均匀，每年的 4—9 月为丰水期，降水量和径流量均占全年的 70%—80%。降雨年际波动也较大，丰枯年份极值比 2—4 倍。汛期雨多时，汛期洪水径流难以利用，大量水资源奔腾入海，天然径流可利用率不高，甚至造成洪水成灾，防洪除涝和抢险任务艰巨；枯水期缺水少雨，许多地区，尤其是沿海和岛屿地区供水紧张，粮食和经济作物歉收。2020年，福建供水总量183亿立方米，仅占当年水资源总量的24.1%，比全国高5.7个百分点。水资源空间分布很不均匀，也是福建水资源存在的主要问题，2020年福州、厦门和泉州三个设区市实现地区生产总值占福建比例高达60.5%，常住人口占福建54.5%，而水资源总量仅为福建的15.2%，特别是厦门人均水资源量不到福建的十分之一。经济发达地区呈现出资源性、长年性的缺水状况，制约工、农业生产和国民经济发展。

3. 森林资源丰富，保护和使用水平有待提高

虽然福建森林覆盖率居全国第一位，但随着人口增长和经济快速发展，不断消耗木材而砍伐森林，现有林木生长稀疏，林相残破，植被破坏、土地退化、森林锐减，生物多样性减少，森林生态系统整体功能减弱。亚热带常绿阔叶林面积不断缩小，并呈孤岛状分布，野生动物栖息地环境持续恶化，导致部分野生动植物资源的丧失，一些珍稀野生动植物资源濒临灭绝。森林病虫害和火灾也严重威胁着森林资源，2020年，福建发生森林火灾55次，受害森林面积为356.26公顷，受害率0.04%。林业产业发展水平有待提升，特别是林产品结构单一、附加值低等问题还比较突出，比较优势还没有得到应有发挥、潜力有待进一步挖掘。

（三）人口与生态环境

环境是人类生存和发展的基础。在人口与环境资源的相互关系过程中，人口是开发环境资源的力量和动力，环境资源则是人类赖以生存的基本条件和物质基础。尽管福建人口资源环境与社会经济发展已呈良性发展态势，但也应该看到人口数量的压力对环境资源的破坏性。随着人口的不断增长和经济的持续发展，人均收入水平的提高，2020年，福建城镇人均可支配收入47160元，比2010年增长117%，年均增长达到9%；农村人均可支配收入20880元，比2010年增长181%，年均增长达到12%。福建城镇居民人均消费支出30487元，比2015年增长29.6%；农村居民人均消费支出16339元，比2015年增长37%，居民人均消费的增长将驱动资源总量消耗的扩大，对生态环境的压力和污染

排放不断增加，生态环境形势不容乐观。维护生态环境安全，促进人与自然和谐发展，任重而道远。

1. 水环境

福建的江河湖海均有不同程度的污染。2020年，福建废水排放总量达34.74亿吨，比2019年增加2.13亿吨，增长6.53%。其中工业废水排放量15.66亿吨，城镇生活废水排放量19.04亿吨。化学需氧量排放量为37.49万吨。

2. 水土流失和耕地污染

这几年福建因工程建设、山地开发等，每年造成水土流失依然明显，尤其是长汀、安溪、诏安、永春、福安等22个水土流失重点县，水土流失面积占福建水土流失面积一半以上，个别严重的地方"山光、水浊、田瘦、人穷"。据2020年福建省水土保持公报显示，土壤侵蚀总面积9240.15平方公里，占福建省国土面积的7.52%。按侵蚀强度分：轻度7275.01平方公里，中度1358.35平方公里，强烈427.58平方公里，极强烈133.09平方公里，剧烈45.85平方公里。

福建耕地平均化肥施用量为753.4千克/公顷，是全国平均水平的1.5倍，远远超过了国际公认的化肥施用安全上限（225千克/公顷）；农药平均用量高达32.3千克/公顷，大量农药、化肥的使用及部分地区工矿企业"三废"直接或间接向耕地排放，逐渐出现土壤养分比例失衡、土壤板结、理化性状被破坏，致使部分区域的农业生态环境日趋恶化。

（四）环保制度有待健全，环保意识有待提高

目前，有关生态建设与环境保护立法方面，比较突出的问题为缺乏有效的生态环境建设规划制度，存在规划不协调、不科学等问题；缺乏有效的生态环境建设管理体制，导致投资分散，责任推诿，有效治理不显著；缺乏有效的生态环境建设技术保障制度，导致生态环境建设投资效益差，生态环境建设达不到预期效果；缺乏有效的生态环境建设资金保障制度，生态环境建设规划无法落实，导致生态环境不断恶化。在尚未建立可持续发展的法律体系情况下，一些地方存在"功

利主义价值观"的施政观念和行为，在眼前经济利益和长远生态效益上，个别地方往往选择眼前经济利益而不惜破坏生态平衡，这是生态环境恶化得不到控制和根治的一个重要原因。

三、人口与资源环境的可持续发展

历史经验告诉我们，无论是人口素质的提升，还是资源的有效利用，环境生态的保护，都有赖于经济发展所带来的技术和资金支持，它是实现人口、资源、环境与经济协调发展的根本保障。同时经济的高质量发展有赖于资源利用效率的提高，人口的增长不能超过环境承载能力，可持续发展需要在合理利用自然资源、保持生态平衡条件下寻求最优的经济发展模式，使经济发展与自然资源和环境承载能力相适应。由于长期计划经济体制、粗放的资源利用方式、不合理的经济和产业结构，造成了生态环境不断遭到破坏，资源利用缺乏效率，在向市场经济转轨的过程中，传统产业改组与升级面临极大困难，如何在今后的社会经济发展过程中，贯彻可持续发展战略，是摆在福建人民面前的重要任务，为此，要围绕省情，逐步实现人口、资源和环境的可持续发展。

（一）加快发展高质量产业

发展不够仍然是福建最大的实际问题、最突出的矛盾，因此，必须在保护资源环境的同时加快经济高质量发展，要积极调整产业结构，改变传统的粗放发展方式，提高资源利用效率，实现资源环境的可持续发展。

一要大力推进农业现代化。加大对农业基础设施的投入力度，发展节水农业、生态农业，努力建设农业强省。

二要加快新型工业化进程。当前，福建省工业化发展水平不高，制约了工业污染治理的资金投入，要减缓工业污染对生态环境的压力，关键是加快新型工业化进程，走科技含量高、经济效益好、资源消耗低、环境污染少、人力资源优势得到充分发挥的新型工业化道路。同时，合理调整产业结构和布局，重点发展轻污染产业，限制重污染企业的立项、审批和建设，淘汰落后产能，依靠科学技术实现工业发展方式的转变。

三是优化提升第三产业。要在第一、第二产业加速发展的同时，加快整合和开发资源，加大第三产业的发展力度，使第三产业成为解决就业问题的有效途径，并促进结构节能、降耗和治污。

四是大力发展环保产业。传统发展战略高投入、重复建设，重数量速度、轻质量效益，重开发利用、轻保护恢复，可以说，经济发展在很大程度上是靠牺牲环境为代价的，因此解决生态环境问题是当务之急，必须做好水污染防治、"三废"综合利用、清洁生产、生物多样性和生态保护技术，推动新污染控制技术、低污染生产工艺以及新的低污染、高资源利用率的产品加速进入市场，加强成果推广应用，培育和发展环保技术市场，大力发展环保产业。尽管福建的污染物处理率在近年有了较大的提高，但是由于经济规模的扩大，排放到生态环境中的污染物在总量上并没有明显减少，大量废弃物不能及时得到处理，不仅要占用大量土地，还容易造成多次污染。因此，今后对于固液气废弃物无害化处理以及综合利用是污染控制中需要着重解决的问题之一。

（二）优生优育提高人口素质

人口与资源、环境的冲突是诸多生存与发展问题的症结之所在，特别是人口老龄化压力渐增，人力财力物力消耗越来越多，当前的关键是提高人口素质，促进从人口红利到人力资本红利的转变。但教育结构发展不平衡造成的与高技术产业发展相关的人才以及高层次经营管理人才缺乏，人口素质偏低已经成为阻碍福建提高资源利用率及经济社会发展的重要因素。因此，福建要从战略高度认识到提高人口质量的紧迫性，在严格控制人口数量的同时，把战略重点转移到提高人口素质上来。人口素质包含两个方面：一是优生，人口素质的安全问题突出体现在出生婴儿缺陷干预不力，应推动孕前检查、产前检查和遗传咨询，防止先天病儿的出现，做好科学宣传，让孕妇安然度过孕期；

二是优育，要大力推进教育事业，增强创新能力和创新意识，特别是要提高边远穷困地区的文化水平，让丰富的人口资源有效地转化为人力资源，转化为国民财富。

一要增加资源供给。要加大教育投入，注重改革培训教育体制，满足人口增长的需求，使人才层次结构符合经济、科技发展的需要，要健全全民教育机制，把教育摆在优先发展的战略地位，切实加强基础教育，大力发展职业技术教育和成人教育，在提高质量的基础上稳步发展高等教育。

二要确保教育公平。确保教育公平，重点放在农村，实现农村免费义务教育；采取强有力的措施扶持、强化农村职业教育的发展；加大对贫困县教育资源的投入力度，全面改善教育条件，扩大教育规模。大力发展教育事业，特别是农村人口教育。继续大力普及、发展教育事业，增加教育投资，使适龄儿童都能受到良好的学校教育，并且逐步提高高等学校的入学率，为现代化建设培养有用人才。

三要发展职业教育。积极开展更多有针对性的职业技能培训和就业创业指导，充分利用线上平台和线下招聘会提高招聘质效。探索政府、企业、高校三方联动的人才培养机制，高校设置匹配市场需求的专业、课程，企业提供实习岗位，建立实习基地，鼓励企业定向、定岗培养人才。

四要开展宣传工作。强化宣传提高广大人民群众的人口意识、资源意识、环保意识，努力提高人口的整体素质，树立全新的经济发展观念，重新认识人与自然、经济发展、经济发展与资源环境的关系。

（三）调整人口分布结构

近年来福建污染源构成有了较大变化，工业污染由于加大了治理力度，所占比例不断下降，而生活污染和农村面源污染却越来越严重，但是，目前对生活污染物的削减和农村面源污染的控制却缺乏有效的手段。特别是在贫困山区，为防止农民向山林"要饭"，要进行移民规划，而且人口的年龄结构难以调整，因此，当前的主要任务是调整城乡结构和贫困地区的人口分布结构，大力发展小城镇，重点抓好四个方面：

一要发展支撑产业。要根据小城镇的实际情况，明确城镇功能定位，大力培育主导产业和特色产业；要不断调整和优化小城镇产业结构，大力发展二、三产业，促进小城镇产业结构升级。

二要关注主体人群。发展小城镇的重点要放在农村人口向小城镇聚集和转移上，要以农民为主体，充分依靠农民，发挥农民的积极性和创造性。

三要提高管理水平。要不断提高小城镇管理水平，注重小城镇环境保护，最大限度地限制新污染源的产生，要严格建设施工管理和镇容镇貌管理，杜绝乱盖乱建现象，实现小城镇环境、秩序与生态示范区相称映；以优良的环境吸引农民及外来人口到小城镇居住、经商办厂，对贫困深山区、高山区及抗灾能力弱的区域人口进行适度移民工作。

四要推进体制改革。目前福建小城镇发展的核心问题是体制障碍多，必须尽快消除各种体制障碍，使小城镇在户口准入标准、建设发展用地、投融资、财政、行政管理体制等方面进行深入改革，为小城镇发展注入持久的动力。同时，要大力推进小城镇就业、养老、医疗等社会保障制度改革，为小城镇可持续发展创造条件。

（四）提升资源承载力

目前福建仍处在工业化和城镇化加快发展阶段，资源消耗强度仍然比较大，面对人口不断增长、环境压力加大的挑战，必须以提高资源承载力为重点，走资源节约型发展道路，使有限的资源实现效益最大化。

一是提升土地资源承载力。发展生态高效农业，优化农业用地结构；加大科技投入与技术创新，保护耕地，提高土地资源人口承载力；加强城乡互动，统筹安排城乡用地，优化土地利用结构与布局；加强城市与区域的发展战略研究，转变规划思路，合理划分区域，调整产业布局，改善远城区居住环境，加快人口转移，减小中心城市人口密度，提高土地利用效率；进一步完善土地管理制度，坚持各类建设少占地、不占或少占耕地，以较少的土地资源消耗支撑更大规模的经济增长；加大耕地开发复垦力度，做到耕地动态平衡，重点抓好集中连片、水土条件好、投资少、见效快的宜耕荒地和工矿废弃地以及江河、沿海滩涂的开发利用。

二是提升水资源承载力。一要搞好水利建设，以大型水库与小型拦蓄工程相结合，重点抓拦水坝建设，在条件适宜的干支沟内重点建设小型水坝，实现发电、防洪、灌溉、航运、供水、渔业等利用价值；二要保护水资源，建设污水排江治理工程，切实保护九龙江流域环保治理，探索建立流域管理的新体制和新方式，实现水环境质量再提升；三要推行节水措施，合理用水，循环用水，工农业发展和城市建设要充分考虑水资源的承受能力，促进产业结构调整和节水工艺及设备的使用。引导农民采用现代灌溉技术，做好城市污水处理回用、节水技术改造等工作，促进企业实行污水回用，协调生活、生产和生态用水，努力探索新形势下开源节流并举的对策和机制。

三是提升森林资源承载力。一要做好宣传工作，宣传保护森林的意义，强化全民绿化意识；二要强化政策落实，加强《森林法》及其他林业法规的宣传和落实，使森林资源管理走上法制化的轨道，充分调动广大群众绿化造林的积极性，扩大森林资源；三要推进科学造林，根据市场需求和土地条件，合理确定用材林树种及各种树木种植面积的比例关系，并培育足够的良种壮苗，搞好科学造林，实现"产、加、销"综合经营。

四是提升能源承载力。要从产业节能、技术创新节能、生活节能上加强组织领导，实现结构调整、技术升级、降耗节能；建立能源消耗定额制度和节能目标责任制度；加快非耗竭性恒定资源的开发与利用，如太阳能、风能、地热能等是可持续利用的资源，也是随着科学技术发展从原来不能被利用或利用率较低的资源，逐步变为非常有用的资源，并成为取代那些短缺而制约经济发展的资源。福建作为沿海省份，可利用的风能资源丰富，同时，利用太阳能发电，在解决边远缺电山区的农民电话载波通信、微波中继、电视差转、气象观测、地震预报、森林防火预报等方面可以起到重要作用。

（五）创造良好支持环境

人口与资源环境的可持续发展离不开一个好的软环境，要以健全法制为基础，综合多种手段，创造良好的支持环境。

一是加强法制建设。一要完善法律法规，建立健全人口、资源、环境各项法律法规，为人口、资源、环境和经济社会协调发展提供法律保障。二要严格执法。政府和有关部门要以生态经济示范区的生态标准制定相关的生态保护条例或办法，并对条例、办法组织实施，对违反《环境保护法》和生态保护条例、办法一律从严查处。同时，要加强执法监督，建立和完善包括司法监督、行政监督、舆论监督、社会监督、群众监督在内的完整的监督体系，建立公开、公示制度和行政执法考核评估体系，严肃依法行政。

二是加强统筹规划。一个好的规划是建立在一个好的产业政策导向基础上的，政策的导向是要防止低水平的重复建设，避免资源浪费和环境污染。规划要科学，体现可持续发展，比如工业园区的选址、设计要体现科学性，符合现代工业发展潮流，园区规划的拓展要有余地，为园区规模做大留下足够的发展空间，企业要类聚，降低治污成本，设施要配套，让企业进驻放心。规划之前要加强对资源的勘探和清查工作，做到心中有数，实施矿产资源勘探，探明矿源储量、矿体结构，为矿产资源综合开采、保护环境提供服务。对再生性的动植物资源、土地资源和水资源做好清查监控，我们经常所见的污染都是日积月累已具明显症状和后果的严重污染，对这类污染治理起来成本大，环境恢复慢，因此要加强事前的定期监测、监控，环保部门要加强环保监测体系建设，对环境污染重点区域和可预见区域加大动态监测频次，实现预防治污，把环境的优化和保护提升到新境界。

三是加强部门协调。目前在生态环境管理中出现的管理失灵现象，主要原因之一就是各部门间的协调不够，无法把相关政策落实到位，例如政府经济部门和环境保护部门的不协调，许多地区政府经济部门与环境部门发生目标冲突时，往往放弃环境目标确保经济目标，以环境损失为代价；其次，环境保护部门间缺乏协调，由于环境保护涉及林业、农业、水力、能源、城建等多个部门，在开展环境保护工作时各部门往往从各自部门出发，造成了力量分散，无法形成合力，有时还会因为部门利益冲突而无法协调与合作。

四是利用市场机制。要采取征收税费、贷款控制等手段，建立责任制度等方式，引导当事人的行为选择，实现资源环境保护目的。福建应该因地制宜，根据不同地区的生态重要性和环境承载力的不同，制定不同的排污标准。在诸如高原湖泊区、区域生物多样性中心这样一些地区实行更为严格的排污标准。今后需要逐步扩大排污收费范围，根据具体行业的环境污染危害大小和行业承受能力逐步征收排污费；对有经济承受能力地区的居民生活污染物排放也可尝试进行收费。同时，建立排污交易市场，控制环境污染，建立能够反映污染治理成本的排污价格和收费制度，强化"排污者付费、治污者赚钱"的利益导向，增强企业减污、治污的内生动力。按照"谁开发谁保护、谁破坏谁恢复、谁受益谁补偿、谁排污谁付费"的原则，探索建立生态补偿机制，落实企业保护环境的责任。

五是提高思想认识。一要纠正发展旧观念。长期以来，人们片面追求经济增长速度和物质财富的增加，忽视资源的有限性和未来发展对资源的依赖性，长期的重使用、轻保护，重开采、高浪费负面影响大，要实现福建经济可持续发展的有效途径是转变经济增长方式，使经济由粗放型向集约型转变，由速度型向速度效益型转变，由数量性向质量性转变，由增长型向发展性转变，把资源危机感和忧患意识贯穿于经济发展的全过程。二要植入环境新意识。要加大宣传，提高全民自觉保护环境意识，保护环境要靠公民的参与和监督，要靠公民的行动和帮助，他山之石可以攻玉，要通过宣传和教育，实现可持续发展的全民行动。

总之，人口资源环境问题关切到人类生存与发展的根本道路选择，要实现可持续发展离不开由"人口资源环境"所构成的基本省情，在资源环境开发过程中务必遵循"保护性开发为重、长远利益为重、全局利益为重"的原则，实现"生态和谐、经济高效、社会公平"目标。

参考文献：

1. 福建省统计局，国家统计局福建调查总队 . 福建统计年鉴 2020〔M〕. 北京：中国统计出版，2020.

2. 福建省第三次国土调查领导小组办公室，福建省自然资源厅，福建省统计局 . 福建省第三次国土调查主要数据公报〔Z〕.2021.

3. 福建省水利厅 .2020 年福建省水资源公报〔Z〕.2021.

4. 福建省环境保护厅 .2020 年福建省生态环境状况公报〔Z〕.2021.

5. 中共福建省委，福建省人民政府，福建省年鉴编纂委员会 . 福建年鉴 2020〔M〕. 福州：福建人民出版社，2020.

第十三章 人口发展展望

进入新时代以来，随着人口发展内在动力和外部条件不断变化，福建人口发展和结构变动呈现一些鲜明特征。2020 年人口普查数据显示：2020 年 11 月 1 日零时，全省 15—59 岁劳动力人口比 2010 年普查减少 9.91 万人，60 岁及以上人口增加 242.55 万人。劳动力人口负增长已经到来，老年人口规模迅速扩大，老龄化持续加深。人口迁移流动更加频繁，全省流动人口达 1366.12 万人，比 2010 年普查增长 33.4%，平均每 3 个常住人口中有 1 人是流动人口。人口发展在年龄结构、迁移流动等方面变化必然对全省经济社会发展产生影响，这就要求我们对全省人口发展趋势进行前瞻性的合理预测，在准确分析未来人口变化趋势的基础上，针对可能出现的劳动力供给短缺、社会养老保障不足等问题提出有针对性的对策建议，共同推动经济社会可持续发展，实现人口长期均衡发展。

一、人口发展展望

（一）预测方法

本章直接采用国际人口预测软件 PADIS-INT 进行人口预测分析。该软件主要运用队列要素预测法，在给定基年分性别和年龄人口的基础上，按队列估计人口出生、死亡和迁移随时间变化的递进结果，从而进行未来人口的预测。

（二）参数设置

本次预测的起始年份、终止年份分别设置为 2020 年、2040 年，预测期 20 年。起始年份人口数使用 2020 年人口普查的分性别年龄人口，预测期所需的主要参数设定如下：

1. 生育率的设定

（1）总和生育率。2020 年人口普查数据显示：全省妇女总和生育率 1.38，比 2010 年普查的 1.12 有所提高。"单独二孩""全面二孩"政策相继出台，政府及有关部门采取了各项积极措施，鼓励生育，支持生育，为提高妇女生育水平发挥了一定的积极作用。十年间，全省妇女总和生育率先升后降，2017 年回升至近十年来的峰值 1.8 后又逐年回落。基于近十年妇女总和生育率的变化分析，在整个预测周期内，考虑到 2021 年实施全面三孩政策会引起总和生育率短期升高，而且政府出于人口自身发展和经济社会发展需要，也有意向通过出台各种鼓励生育的配套政策推动提高妇女生育水平，为此确定如下三种方案：

高方案：全省妇女总和生育率从 2021 年起逐步提高，2025 年升至 1.8，以后稳定在这一水平。

中方案：全省妇女总和生育率从 2021 年起小幅提高，2025 年升至 1.5，以后稳定在这一水平。

低方案：全省生育水平继续保持在低位，妇女总和生育率维持 1.38 的水平。

（2）分年龄别生育率。假定现有的生育模式不变，以 2020 年人口普查的分年龄别生育率作为固定模式，推算预测期每年的生育率。

2. 死亡参数（预期寿命）的设定

预测设置的生命表模型为联合国生命表，输入参数为人口平均预期寿命。2020 年人口普查数据显示：全省人口平均预期寿命 78.49 岁，比 2010 年普查提高了 2.73 岁。其中，男性 75.81 岁，比 2010 年普查提高 2.54 岁，女性 81.55 岁，提高 2.91 岁。从趋势上看，随着生活环境不断改善、人们对健康更加重视以及卫生医疗条件的进步，预测期内人口平均预期寿命仍会逐年提高，但当人口平均预期寿命提高到越来越高的年龄时，速度将逐步减慢。参考联合国平均预期寿命增长模型，预测假定，到 2030 年男性平均预期寿命比 2020 年提高 1.6 岁，女性提高 1.8 岁；2040 年男性平均预期寿命比 2030 年提高 1.0 岁，女性提高 1.2 岁。

3. 出生性别比的设定

福建出生人口性别比在全国依然较高。2020 年普查的全省出生人口性别比 118.73，比 2010 年普查下降 6.87，仍高于全国平均出生性别比水平（111.3）。伴随着经济社会发展、生育政策调整完善以及家庭生育观念不断转变，出生人口性别比将继续下降，回调速度相比近十年略有加快，使得出生性别比高于全国的局面逐步地改善。预计到 2030 年，全省出生性别比可以降至 110 左右水平，到 2035 年前后趋于自然平衡，降至 107 的正常水平，以后维持在这一水平。

4. 净迁移参数的设定

（1）分年龄别净迁移率。人口净迁入是福建人口的重要组成部分，也是人口预测必须考虑的重要因素。假定以 2020 年普查分性别、分 5 岁组跨省净迁移人数占全部净迁移人口的比重作为固定模式，推算预测期每年净迁移人口的性别年龄构成。

（2）总净迁移率。人口普查和近年来人口抽样调查数据显示，全省常住人口年均增长率为 0.6%—1%，而自然增长率为 0.6%—0.8%，常住人口增长率都高于自然增长率，根据净迁移率（机械增长率）= 常住人口增长率 – 自然增长率，表明还不断有人口净迁入。但近年全省净迁移率有逐年减少趋势，2020 年普查比 2010 年普查，跨省净流入人口规模减少了 14.0%。因此，对净迁移率做如下假定，以净迁移率 2021—2030 年为 0.12%，2031—2040 年为 0.09% 的每十年递减模式，推算预测期的人口净迁入状况。

（三）预测结果

1. 总人口

以上三种方案是基于全省妇女生育率水平保持高于或维持 2020 年基期水平、并且每年都有 2 万左右人口净流入增量的前提下进行的人口预测。根据预测结果，全省未来人口增长总体趋势减缓，在保持一段时间的低迷增长后人口总量将转为下降。2020 年普查，全省常住人口十年共增加 464.59 万人，而高方案下，未来二十年全省总人口虽然保持增加，但二十年里仅增加213.13万人，不及前十年增加量的一半；中方案和低方案下，全省总人口呈先增后减的趋势，只是人口峰值和达到峰值的年份不同。若预测期内全省妇女生育水平出现下降或每年人口净流入规模不是增加而是减少，那么人口峰值到来的时间将比预测提前。

高方案：生育政策调整完善和政府出台各项支持措施，有助于提升妇女生育意愿，全省妇女总和生育率能够提高至1.8左右水平，同时每年人口净流入保持增加。在此背景下，全省总人口将持续增长，2029年突破4300万人，2040年达到4386万人。虽然人口规模保持增加，但人口增量不断减少。未来二十年里，每五年的年均人口增量由19.2万人、13.6万人、7.8万人减至5.8万人。

中方案：妇女总和生育率小幅提升至1.5左右水平，结合人口迁移方案，全省总人口将于2035年达到峰值4270万人。峰值人口比2020年基期人口仅增加116.4万人，平均每年增加约7.8万人。2035年后总人口进入负增长阶段。从自然增长人口看，2030年起，全省自然增长人口开始少于净流入人口增量，之所以人口规模还在增加，是由于预测设定净流入人口增量有2.58万人。若没有净流入人口的补充，全省总人口从2030年已经开启负增长模式。因此，中方案下，中长期全省人口发展变化是靠迁移驱动为主，将人口净流入维持在一定水平对全省人口长期均衡发展具有十分重要的战略意义。

低方案：全省妇女总和生育率维持与2020年基期相同水平，结合人口迁移方案，全省总人口将于2031年达到峰值4241万人，比中方案提前4年，峰值人口少31万人，之后总人口转入持续下降阶段。低方案下，2028年起全省自然增长人口开始少于净流入人口增量，2030年起自然增长人口由正转负，出生人口开始少于死亡人口，而且差值逐年拉大。如果全省妇女生育水平持续降低，且经济发展不景气无法吸引外来人口持续流入或无法留住已经流入的外来人口，那么，总人口负增长到来的时间将提早到2028年之前。

表 13-1　2021—2040 年福建人口预测各年人口数

单位：万人

年份	总人口		
	高方案	中方案	低方案
2021	4183.05	4181.36	4180.52
2022	4198.57	4193.39	4191.21
2023	4212.03	4201.97	4197.99
2024	4231.28	4215.33	4208.89
2025	4250.23	4227.22	4217.96
2026	4267.07	4237.29	4225.31
2027	4282.07	4245.71	4231.11
2028	4295.40	4252.65	4235.49
2029	4307.33	4258.31	4238.65
2030	4318.16	4262.93	4240.78
2031	4327.29	4265.87	4241.24
2032	4335.59	4267.95	4240.84
2033	4343.25	4269.33	4239.70
2034	4350.43	4270.11	4237.93
2035	4357.24	4270.40	4235.61
2036	4363.78	4270.26	4232.79
2037	4370.02	4269.66	4229.46
2038	4375.92	4268.57	4225.57
2039	4381.36	4266.88	4221.04
2040	4386.18	4264.44	4215.70

2. 出生人口

妇女生育状况是影响出生人数的重要因素。对比三种预测方案，出生人口变化的共同特点是呈现先减后增的主要趋势。高方案下，未来五年出生人数增加，主要是预测假定妇女生育率由 2020 年的 1.38 升至 2025 年的 1.8，比中方案妇女生育率升至 2025 年的 1.5 更快，带动

出生人数的增加，这也表明只有生育率较快提升，且提高到一个适度
水平，才有可能增加出生人数，否则，未来十年出生人数还将继续减
少。未来二十年，全省出生人数在 2031 年左右降至最低点，对应的出
生人数为：高方案 38 万人，中方案 32 万人，低方案不到 30 万人。之
后出生人数开始逐年增加。高方案下，到 2040 年出生人数将重新回到
2020 年基期水平之上，而中方案和低方案下，2040 年出生人数仍然低
于 2020 年基期水平。从三种预测方案来看，推动实现适度生育水平是
增加出生人数、缓和人口结构问题的重要手段。全省妇女总和生育率
只有提高到 1.8 及以上水平，才可能逐步扭转出生人数减少的局面。

图 13-1　2021—2040 年福建人口预测出生人数

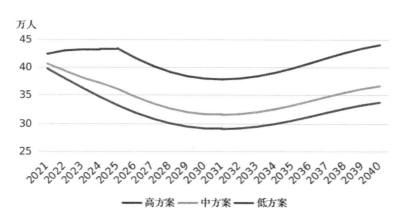

3. 死亡人口

死亡人口变化趋势相对稳定。随着人口结构老化的不断加深，老
年人口快速增加，无论哪种预测方案，全省死亡人口均呈现逐年递增、
死亡率持续上升的趋势。以中方案为例，未来二十年，死亡人口以年
均 8000 人左右的速度递增，到 2031 年突破 30 万人，2040 年突破 40
万人。2033 年全省人口死亡率达到 7.61‰，反超出生率，人口自然增
长率变为负值。之后，死亡率提高速度加快，与出生率差值不断拉大。
2040 年，全省死亡人口达 40.88 万人，死亡率达 9.59‰，人口自然增长
率降到 -1‰。

表 13-2　2021—2040 年福建人口预测出生、
死亡、自然增长情况（中方案）

年份	人口自然增长数量（万人）			人口自然增长比率（‰）		
	出生人口	死亡人口	自然增长人口	出生率	死亡率	自然增长率
2021	40.60	25.66	14.94	9.73	6.15	3.58
2022	39.35	25.79	13.56	9.40	6.16	3.24
2023	38.11	26.01	12.09	9.07	6.19	2.88
2024	37.18	26.33	10.85	8.82	6.25	2.57
2025	36.09	26.71	9.39	8.54	6.32	2.22
2026	34.69	27.14	7.56	8.19	6.40	1.79
2027	33.55	27.64	5.91	7.90	6.51	1.39
2028	32.63	28.20	4.43	7.67	6.63	1.04
2029	31.98	28.83	3.16	7.51	6.77	0.74
2030	31.63	29.52	2.11	7.42	6.92	0.50
2031	31.52	30.44	1.08	7.39	7.14	0.25
2032	31.65	31.43	0.23	7.42	7.36	0.06
2033	31.99	32.47	−0.48	7.49	7.61	−0.12
2034	32.51	33.57	−1.06	7.61	7.86	−0.25
2035	33.17	34.72	−1.55	7.77	8.13	−0.36
2036	33.92	35.90	−1.98	7.94	8.41	−0.47
2037	34.70	37.12	−2.42	8.13	8.69	−0.56
2038	35.45	38.36	−2.91	8.31	8.99	−0.68
2039	36.12	39.61	−3.50	8.46	9.28	−0.82
2040	36.63	40.88	−4.25	8.59	9.59	−1.00

4. 分年龄人口（以下以中方案预测结果进行分析）

（1）年龄结构

未来二十年，全省人口年龄结构呈现少儿人口和劳动力人口比重下滑、老龄化比重快速升高的趋势。到 2040 年，全省 0—14 岁少儿人口比重降至 11.52%，少子化特征突出。15—59 岁劳动力人口比重持续下降，2034 年降至 60% 以下。60 岁及以上老年人口比重加快上升，2026 年突破 20%，正式进入中度老龄化阶段，2037 年突破 30%，进入重度老龄化阶段。60 岁及以上老年人口与少儿人口在总人口中的比例从 2024 年起发生逆转，老年人口规模超过少儿人口，老少比由 2024 年的 103.62%，即 1 个老人对应 1 个少儿，上升到 2032 年的 206.89%，即 2 个老人对应 1 个少儿，最终到 2040 年的 275.27%，变成 2.7 个老人对应 1 个少儿。

表 13-3　2021—2040 年福建人口预测年龄结构（中方案）

单位：‰

年份	0—14 岁	15—59 岁	60 岁及以上	65 岁及以上
2021	19.09	64.88	16.03	11.49
2022	18.77	64.54	16.69	12.09
2023	18.36	63.84	17.80	12.58
2024	17.92	63.52	18.57	12.90
2025	17.52	63.00	19.48	13.24
2026	17.02	62.61	20.38	13.29
2027	16.28	62.58	21.14	13.93
2028	15.60	62.19	22.21	14.99
2029	14.84	61.99	23.18	15.72
2030	14.11	61.70	24.19	16.58
2031	13.43	61.31	25.26	17.42
2032	12.68	61.09	26.23	18.12
2033	12.24	60.53	27.23	19.09
2034	11.94	59.95	28.11	19.96
2035	11.81	59.31	28.88	20.87
2036	11.67	58.65	29.68	21.81
2037	11.57	58.10	30.34	22.66
2038	11.51	57.53	30.96	23.52
2039	11.50	57.03	31.47	24.26
2040	11.52	56.76	31.72	24.90

（2）年龄中位数

未来全省人口年龄结构持续老化。人口年龄中位数由 2020 年的 37.71 岁，2027 年突破 40 岁，2035 年突破 45 岁，到 2040 年最终达到 48.23 岁，平均每年增加 0.5 岁以上。

图 13-2　2021—2040 年福建人口预测年龄中位数（中方案）

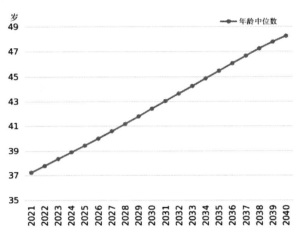

（3）小学适龄人口

受出生人口数量变化的影响，小学义务教育阶段适龄人数也呈现出较大的起伏。根据教育部门的统计数据显示，近十年来，全省小学在校学生数不断增加，由 2010 年的 238.89 万人持续上升到 2020 年的 343.61 万人。根据中方案人口预测，未来二十年，全省小学适龄人数将经历先上升，到快速减少，再到缓慢减少的三个阶段。2024 年小学适龄人数将达到高峰值 368.28 万人，之后进入快速减少阶段，到 2031 年小学适龄人数锐减至 233.42 万人，只有 2024 年高峰值的六成左右，平均每年减少近 20 万人。从 2032 年起，小学适龄人数继续减少但减速趋缓，到 2037 年人数减少到 200 万人以下，2040 年降至 187.07 万人，平均每年减少约 5 万人。经过未来二十年的人口发展变化，小学适龄人数先升后减，最终只剩下高峰期的一半，小学适龄人数变化将直接影响教育资源的规划配置。

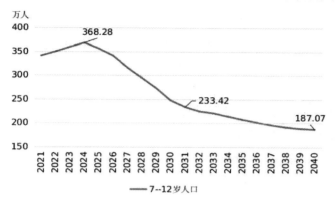

图 13-3　2021—2040 年福建人口预测小学适龄人口（中方案）

（4）劳动力人口

2020 年人口普查数据显示，全省 15-59 岁劳动力人口十年间减少 9.91 万人，劳动力人口负增长时期已经到来。未来二十年，全省劳动力人口将开启加速减少模式，先是以平均每年近 8 万人左右的速度递减，到 2033 年劳动力人口减少至 2600 万人以下，之后开启新一轮急剧下跌阶段，年平均减少人数达 23 万人左右，到 2040 年全省劳动力人口只有 2420.57 万人，二十年共减少 260 万人以上。随着劳动力人口的迅速减少，全省劳动力人口负担系数不断攀升，2028 年突破 60%，2040 年升至 68.62%，人口红利窗口逐渐关闭。

图 13-4　2021—2040 年福建人口预测劳动力人口（中方案）

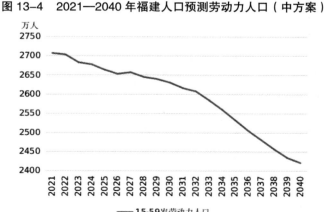

（5）老年人口

未来二十年，全省人口老龄化进程将分别跨进中度老龄化、重度老龄化的两个门槛。老年人口数量持续扩大，按照人口预测发展，全省 60 岁及以上老年人口将以每年 35 万人左右的速度递增，2030 年 60 岁及以上老年人口突破 1000 万人，2040 年达到 1352.53 万人。其中，65 岁及以上老年人口将以每年 30 万人左右的速度递增，到 2038 年突破 1000 万人，2040 年达到 1061.88 万人。从增速看，2040 年全省 60 岁及以上、65 岁及以上老年人口将分别比 2020 年增长 103.8%、130.3%，老年人口的绝对数量翻一番。

表 13-4　2021—2040 年福建人口预测老年人口（中方案）

单位：万人

年份	60 岁及以上人口	65 岁及以上人口
2021	668.60	479.33
2022	698.71	506.45
2023	747.99	528.59
2024	782.63	543.66
2025	823.43	559.47
2026	863.44	563.34
2027	897.69	591.35
2028	944.33	637.60
2029	987.00	669.33
2030	1031.21	706.76
2031	1077.52	742.98
2032	1119.64	773.17
2033	1162.56	814.99
2034	1200.23	852.49
2035	1233.33	891.06
2036	1267.46	931.41
2037	1295.29	967.41
2038	1321.36	1003.96
2039	1342.79	1035.23
2040	1352.53	1061.88

（6）育龄妇女

一个地区人口的出生情况，主要取决于两个因素：一个是育龄妇女的数量，另一个是育龄妇女的生育水平。未来二十年，全省15—49岁育龄妇女人数随着时间推移整体下降，以平均每年10万人的速度在减少。但从20—34岁旺盛期育龄妇女来看，具有比较明显的阶段性特征。旺盛期育龄妇女先减后增，2028年达到最低值303.09万人，八年间人数共锐减近120万人，减幅接近三成，之后人数开始逐年增加，2040年又增加到369.03万人。根据以上分析，未来十年是全省育龄妇女特别是旺盛期育龄妇女人数"双减少"的重要时期，也是考验实施生育调整政策效果、平衡人口结构的重要时期。如果生育政策调整完善，加之政府采取支持生育的积极措施能够一定程度地提高妇女生育水平，那么，出生人数减少的状况可能逐步改变。如果放宽生育政策，但家庭生育意愿依然比较低迷，伴随着妇女生育群体减少，出生人数将加快下滑，人口年龄结构面临失衡加速的风险。这一风险从世界范围看是切实存在且难以逆转的。

表 13-5　2021—2040 年福建人口预测育龄妇女数量（中方案）

单位：万人

年份	15—49 岁育龄妇女	20—34 岁育龄妇女
2021	983.04	406.98
2022	970.53	385.88
2023	958.50	365.98
2024	948.76	344.20
2025	939.66	321.77
2026	931.03	309.41
2027	929.19	304.46
2028	926.15	303.09
2029	926.36	303.73
2030	930.86	303.15
2035	886.29	345.68
2040	778.90	369.03

二、未来二十年的主要人口问题及对策建议

未来二十年，全省人口增速下降，人口总量在一段时间后将呈现下降趋势，劳动力负增长加剧，老龄化进程提速，流动人口也将随着经济发展和产业结构转型升级发生新的变化，人口发展处于数量、结构、流动、分布各要素相互交织、综合作用的时期，统筹人口与经济社会协调发展、推动实现人口长期均衡发展的任务依然艰巨。

（一）人口发展面临的主要问题

1. 人口红利持续减弱加大发展压力

一方面，近十年，全省人口总量保持增长的同时，劳动力人口已经转入负增长，人口结构逐步老化，人口红利已显现减弱势头。未来二十年，随着总人口增速不断趋于缓慢，人口总量增长进入下行通道。同时，全省人口年龄中位数提高，劳动力人口绝对数量加速减少，人口总抚养比持续升高，劳动人口抚养压力不断增大，以人口平均年龄较小、劳动力负担较轻为特征的人口红利效应将加快消失，影响经济发展。另一方面，净流入人口规模缩小，人口迁移红利削减。2020 年人口普查数据显示：省外流入人口比 2010 年普查只增长了 13.4%，低于全国平均增幅水平（45.4%)，在东部 10 个省（市）中增幅最低。跨省净流入人口规模比 2010 年普查减少 14.0%，人口迁移红利逐步失去，这与福建产业结构调整、薪酬待遇、城市发展和公共服务等多重因素有关，将影响劳动力供给和经济发展增速，对人口年龄结构也产生影响。

2. 劳动力供给面临数量和结构的多重风险

一是劳动力供给减少，加大短缺风险。近年来，全省劳动力市场总体呈现用工短缺的局面。根据人力资源和社会保障部门统计显示，全省各设区市人力资源市场的求人倍率均超过 1，即企业用工登记大于求职人员登记。随着省外流入人口规模不断下降，本省农村劳动力转移潜力殆尽，老龄化程度加快加深，全省未来劳动力供给持续快速下降，劳动力短缺局面或将加重，将导致人力成本上升，从而减弱传统劳动密集型经济发展方式的比较优势。二是劳动力结构不断老化。

根据中方案预测结果，未来二十年，全省 15—59 岁劳动力人口规模共减少 260 万人以上，其中 15—49 岁青壮年劳动力减少超过 380 万人，50—59 岁老年劳动力增加近 120 万人。劳动力内部结构趋老化明显，将不利于激发劳动力创新活力。三是劳动力素质有待提高。2020 年人口普查数据显示，全省 15—59 岁劳动力人口平均受教育年限为 10.45 年，比全国低 1.11 年，每 10 万劳动力人口中具有大专及以上学历的有 2.11 万人，比全国少 0.40 万人。当前，全省劳动力人口文化素质依然偏低，未来一段时间，加快提高劳动力素质、缩小与全国差距的任务十分紧迫和艰巨。

3. 学龄人口变化给义务教育资源均衡配置带来挑战

义务教育资源配置与学龄人口的分布变动有着高度的正相关关系。当学龄人口高峰到来时，基础教育配套如果没有及时跟进，可能会造成学校、学位等教育资源的紧缺；低谷来临时，如果没有及时调剂，可能导致教育供大于求，形成教育资源的浪费。未来二十年，全省 7—12 岁小学适龄人口将在 2024 年达到高峰，之后转为下降，2040 年小学适龄人口只有高峰期的一半。在学龄人口总量变化的同时，城乡、地区间的适龄人口分布差异将更加明显。随着城镇化进程持续推进，人口不断由乡村向城镇集聚，城镇地区教育资源压力进一步加大。尽管高峰期过后，小学适龄人口总规模持续减少，但城镇地区由于优质资源相对集中、人口大量流入等因素影响，其教育资源压力不会减弱。乡村地区小学适龄人口持续减少，教育资源可能出现剩余，学校生源不足、师生比下降等问题会在乡村地区、城乡接合部陆续出现，特别是以人口流出为主的城市，如果不及时对现有教育资源作出规划整合，很容易形成教育资源的过剩。未来，学龄人口变化特征给教育资源优化配置和区域均衡发展提出较大挑战，这就要求城乡教育资源要及时跟进人口区域发展变化，避免产生结构性失衡。

4. 养老压力加大，适老化的社会服务水平仍待完善

未来二十年，全省人口老龄化将继续加快发展，60 岁及以上老年人口比例平均每年升高约 0.8 个百分点，2040 年全省老龄化比例将达

到 31.73%，即每 3 个常住人口中有 1 人是 60 岁及以上老年人口。60岁及以上老年人口数量达到 1352.53 万人，老年人口负担系数升高至55.88%，相当于每 2 个劳动力人口要抚养 1 个老年人口。从家庭户类别看，2020 年人口普查，平均每个家庭户的人口 2.68 人，比十年前减少 0.3 人，一代户家庭比例提高，二代户、三代户家庭比例下降，呈现出家庭小型化、结构多样化、居住离散化、关系松散化的特点。老年人口数量的持续增长和传统家庭养老功能的不断弱化，使社会养老服务需求快速上升。一方面，养老事业与养老产业的发展滞后于老龄化的进程，存在着社会养老服务需求与供给不匹配。另一方面，随着经济社会发展进步，社会养老服务需求将进一步分化和升级，呈现多元化趋势，满足不同层次的养老服务需求将成为各级政府和社会面临的共同挑战。

（二）对策建议

1. 努力实现适度生育水平

实施更加积极的生育政策，政策措施要从放开生育向鼓励生育推进，加大对二孩、三孩生育的激励促进。要千方百计降低生育、养育、教育成本。加快发展普惠托育服务体系，提高 3 岁以下孩子入托率，减轻年轻家庭照顾孩子的身心负担、经济负担，并在税收减免、住房优惠、就业公平等领域配套发力，以更多实质性的经济鼓励破除家庭"生不起、养不起"难题。如提高"三孩家庭"成员所得税的起征点、有条件的地方可发放育儿补贴金、加大政府购买服务力度、有序引导社会组织开发各类公益性的家庭服务和家庭教育项目等。除了制度保障外，还应倡导更健康积极婚恋观念。要加强家庭文化责任意识宣传倡导，革除不良婚嫁陋习，提高适婚人群结婚比例。

2. 增强对跨省流动人口的吸引力

一是提升产业实力。经济是人口流动的最重要因素，要抓住当前新技术大爆发的时代机遇，加快培育和引进行业领军企业，以此带动吸引配套企业集聚，形成百亿级、千亿级产业集群。以产引人，吸引省外产业工人入闽，扩大福建人口规模。二是推进福州、厦漳泉都市圈建设。优化提升福州市都市圈，培育发展厦漳泉都市圈，促进大中小城市和小城镇协调发展，形成城乡和城市间人口有序流动的机制。强化中心城市对周边欠发达地区的辐射带动作用，减缓本省劳动力尤其是高素质人才的外流趋势。同时，密切关注闽西北人口流出比较集中区域尤其是农村发展，防止出现人口过度流失隐患。三是加快户籍制度改革的步伐，实现公共服务的普惠性和均等化。完善以合法稳定住所及合法稳定职业为基本依据的户口迁移政策体系，构建更具包容性的社会治理环境，真正做到能吸引人、留住人。深化与户籍相关联的各项配套制度改革和调整，逐步实现农业转移人口与当地户籍人口享受同等基本公共服务，完善共建共治共享的社会治理共同体。四是健全完善收入分配宏观调控体系，促进劳动报酬与社会经济同步协调发展，更好吸引人口聚集。

3. 积极应对人口老龄化

一是完善养老体系，加大对农村的辐射和投入。加强居住区公共设施的无障碍设计和适老化改造，推进街道、社区"老年人生活圈"配套设施建设，为老年人提供一站式便捷服务。加大对农村的辐射和投入，使农村的公共服务、养老服务水平更均衡。二是发展"银发"经济，积极开发老年人力资源。加快老年产业，支持有意愿有能力的大龄劳动者和老年人就业创业。实施渐进式延迟退休年龄政策，逐步完善职工退休年龄政策，有效挖掘开发老年人力资源。鼓励专业技术领域人才延长工作年限，积极发挥其在科学研究、学术交流和咨询服务等方面的作用。鼓励老年人积极参与家庭发展、互助养老、社区治理、社会公益等活动，继续发挥余热并实现个人价值。

4. 全面提高劳动者素质

紧抓经济转型升级的机遇，建立完善人力资本投资体系，加快人才培育和引进力度，以人力资本红利接替人口数量红利，支撑经济高质量发展。加大教育投入，通过大学和职业教育等，形成多层次网络式综合培养模式。促进劳动者职业发展可持续性，使劳动者可以在职业发展的不同阶段通过多种方式、多种选择、灵活接受职业教育和培训，打造具备更好专业素养、更高技能水平、更强创新能力的劳动者队伍，进一步强化劳动者素质提升能力。同时，积极推动科技、健康事业发展，充分发挥城市创新发展的引领作用，加强人力资本积累。

5. 加强人口与经济社会政策配套研究

加强人口发展趋势的宏观把握与监测预警，统筹社会公共服务资源，协调推进完善人口发展政策体系，通过调整完善义务教育、卫生医疗、社会保障、养老服务等方面配套政策和实施方案来适应未来人口发展规律，形成经济社会发展与人口发展变化的良性互动，营造有利于人口长期均衡发展的舆论氛围。教育方面，要依据学龄人口数量和分布情况，科学规划落实学校建设、学位配比、经费投入等资源配置，开展教育资源余缺调剂，合理安排儿童照料、学前和中小学教育等资源，在家庭二孩、三孩入学保障、接送等方面出台有针对性具体措施，解决群众急难愁盼的教育民生问题。养老方面，通过加快构建"以居家为基础、社区为依托、机构为补充、医养相结合"的养老服务体系，满足多形式、多层次的社会养老服务需求。加强养老服务机构建设，通过政策扶持逐步实现养老机构平民化；探索在公立医疗机构开设老年慢性病专科，先行先试，为老年群体提供更方便专业的服务，以积极应对人口老龄化不断加深的趋势。

参考文献：

1. 福建省第七次全国人口普查领导小组办公室，福建省统计局. 福建省人口普查年鉴 2020〔M〕.北京：中国统计出版，2022.

2. 国务院第七次全国人口普查领导小组办公室. 中国人口普查年鉴 2020〔M〕.北京：中国统计出版，2022

3. 福建省人民政府. 福建省人口发展规划 2016—2030 年〔Z〕.2017.

4. 福建省第六次全国人口普查办公室. 迈向小康社会的中国人口：福建卷〔M〕.北京. 中国统计出版社，2015.